Casano

Giacomo Casanova

Casanova's reizen

Vertaald door Theo Kars

Rainbow Pocket

Rainbow Pockets® worden uitgegeven door Muntinga Pockets,
onderdeel van Uitgeverij Maarten Muntinga bv, Amsterdam

www.rainbow.nl

Een uitgave in samenwerking met Athenaeum–Polak & Van Gennep,
Amsterdam

www.klassieken.nl

Oorspronkelijke titel: *Histoire de ma vie. Edition intégrale.* Tome deux,
volume 3 et tome trois, volume 6.
Tome deux © 1993 Athenaeum–Polak & Van Gennep, Amsterdam
Tome trois © 1994 Em. Querido's Uitgeverij bv, Amsterdam
Vertaald door: Theo Kars
Omslagontwerp: Studio Bunder
Foto omslag: Rue des Archives / Hollandse Hoogte
Druk: Bercker, Kevelaer
Uitgave als Rainbow Pocket juni 2008
Tweede druk juli 2008
Alle rechten voorbehouden

ISBN 978 90 417 0730 7   NUR 320

Inhoud

Voorwoord

Casanova, iedereen kent die naam, maar wie was hij werkelijk?

Giacomo Girolamo Casanova werd geboren op 2 april 1725 in Venetië. Zijn hele leven heeft in het teken gestaan van reizen door Europa op zoek naar fortuin. Zijn omzwervingen voerden hem onder andere naar Frankrijk, Spanje, Nederland, Engeland, Pruisen, Zwitserland, Polen en Rusland. Steden waar hij regelmatig verbleef zijn Venetië, Parijs, Padua en Dresden.

Zoals de meeste mensen vermoeden was hij een zeer succesvol rokkenjager met weinig scrupules. De dames in kwestie waren vaak getrouwd of erg jong, en zelfs zijn eigen dochter kon niet ontkomen aan zijn onweerstaanbare charmes. Minder bekend is dat hij zijn geld verdiende met zeer uiteenlopende activiteiten. Hij studeerde rechten in Padua en jaagde een grote carrière in de kerk na, maar maakte dat met zijn levensstijl onmogelijk. Hij was secretaris van verschillende hooggeplaatste personen, violist in een theaterorkest, spion in dienst van regeringen, onderhandelaar, schrijver en vertaler, zette loterijen op en kon regelmatig een beroep doen op de beurs van rijke dames. Uiteraard ontkwam hij er met deze levensstijl niet aan dat hij een aantal keer gevangen werd gezet. Gelukkig werd hij altijd na niet al te lange tijd weer vrijgelaten of was hij inmiddels zelf al ontsnapt.

Casanova zocht ook het avontuur op door af en toe in een duel verzeild te raken. In Polen bijvoorbeeld kreeg hij het aan de stok met graaf Xavier Branicki over een actrice, en in het duel dat daarop volgde raakte de graaf zwaargewond. Hierdoor moest Casanova Polen verlaten, maar het had het voordeel dat hij in heel Europa veel aandacht kreeg en in aanzien steeg. Als een lid van een van de meest vooraanstaande families in Polen het de moeite waard vond te duelleren met Casanova moest hij ten slotte wel een belangrijk persoon zijn.

In 1786, toen Casanova 61 jaar oud was, bereikte hij het eindstation na zijn omzwervingen: Dux, in wat nu Tsjechië heet. Hij was daar niet gelukkig en raakte depressief. Ter genezing begon hij zijn memoires op te schrijven om zo te genieten van zijn leven en zijn herinneringen.

Op een vlotte manier beschrijft Casanova in zijn memoires zijn liefdesaffaires vol complotten en intriges, zijn reizen en ontmoetingen. Er komt een mens met joie de vivre uit naar voren die vooral geniet van de zintuiglijke genoegens van het leven. Behalve dat de memoires over het wel en wee van Casanova gaan, krijgt de lezer ook een idee van het dagelijks leven in de achttiende-eeuw.

De twee episoden in dit boek spelen zich af in Parijs en Zwitserland als Casanova respectievelijk 25 en ongeveer 35 jaar oud is. In het eerste deel verblijft hij in Parijs en vertelt hij over zijn manier om met mensen in contact te komen, hoe hij zijn Frans probeert te verbeteren en zijn verdere belevenissen. Het tweede deel verhaalt over zijn verblijf in Zwitserland en staat vooral in het teken van de liefdesaffaires waar vele vermakelijke haken en ogen aan zitten. Ook zijn ontmoeting met Voltaire komt in dit deel aan de orde.

Deze twee episoden geven een kijkje in het leven van een van de beroemdste achttiende-eeuwse avonturiers en vrouwenversierders. Zijn gehele memoires zijn in het Nederlands verschenen bij Uitgeverij Athenaeum – Polak & Van Gennep in twaalf delen.

Parijs
1750-1752

Wij namen twee plaatsen in de diligence om in vijf dagen naar Parijs te gaan. Balletti berichtte zijn familie de tijd van zijn vertrek waardoor zij wist op welk uur wij zouden aankomen.

Wij bevonden ons met zijn achten in dit rijtuig dat men diligence[1] noemt: wij zaten allemaal, maar allemaal ongemakkelijk, want het was ovaal. Niemand zat in een hoek, omdat er geen hoeken waren. Ik vond dit slecht bedacht, maar ik zei niets, want als Italiaan diende ik alles in Frankrijk bewonderenswaardig te vinden. Een ovaal rijtuig: ik had alle hulde voor de mode, en vervloekte haar tegelijk, want de merkwaardige beweging van het voertuig maakte mij misselijk. De vering ervan was te goed. Van hotsen zou ik minder last hebben gehad. Door de vaart waarmee het zich over de uitmuntende weg bewoog, deinde het; men noemde het om die reden 'gondel', maar de echte Venetiaanse gondel, die wordt voortgestuwd door twee vaarbomen, gaat gelijkmatig en veroorzaakt geen onpasselijkheid waarbij de maag zich omkeert. Alles draaide voor mijn ogen. De door de snelle vaart veroorzaakte beweging, waarbij ik echter niet de geringste schokken voelde, bracht mijn gestel in de war, en ik moest alles overgeven wat ik in mijn maag had. Mijn reisgenoten vonden mij slecht gezelschap, maar spraken dit niet uit. Het enige wat iemand zei was dat ik te zwaar had gesoupeerd, waarop een Parijse abbé mij verdedigde door te zeg-

1 Diligence: het woord diligence betekent ook spoed, naarstigheid, voortvarendheid.

gen dat ik een zwakke maag had. Hierop volgde een discussie. Geïrriteerd legde ik hun het zwijgen op door te zeggen: 'U hebt beiden ongelijk, want ik heb een uitstekende maag en ik heb niet gesoupeerd.'

Een man van middelbare leeftijd, met naast zich een jongen van twaalf of dertien jaar, zei mij op minzame toon dat ik niet tegen de heren diende te zeggen dat zij ongelijk hadden, maar dat ik had kunnen zeggen dat zij geen gelijk hadden, in navolging van Cicero die de Romeinen niet meedeelde dat Catilina en de andere samenzweerders dood waren, maar dat aan hun bestaan een eind was gekomen.

'Is dat niet hetzelfde?'

'Neemt u mij niet kwalijk, mijnheer, het ene is onbeleefd, het andere beleefd.'

Hij hield daarop een schitterende uiteenzetting over beleefdheid die hij beëindigde door glimlachend te zeggen: 'Ik wed dat mijnheer een Italiaan is.'

'Ja, maar mag ik zo vrij zijn u te vragen waaruit u dat hebt afgeleid?'

'O, uit de aandacht waarmee u naar mijn langdurig geklets hebt geluisterd.'

Heel het gezelschap barstte daarop in lachen uit, en ik legde mij erop toe deze excentrieke figuur te paaien, die de gouverneur was van de jongen naast hem. Ik gebruikte hem vijf dagen om les in Franse omgangsvormen te krijgen. Toen wij zouden scheiden, riep hij mij ter zijde en zei mij dat hij mij een geschenk wilde geven.

'En wat is dat?'

'U moet het woordje "non", waarvan u te pas en te onpas genadeloos gebruik maakt, vergeten en uitbannen. *Non* is geen Frans woord. Zegt u maar pardon, dat komt op hetzelfde neer, en geeft geen aanstoot. *Non* komt neer op vierkante tegenspraak. Mijd dit woord, mijnheer, of bereid u erop voor in Parijs ieder ogenblik uw degen te trekken!'

'Ik dank u, mijnheer, en ik beloof u heel mijn leven nooit meer *non* te zullen zeggen.'

Tijdens het begin van mijn verblijf in Parijs kreeg ik het gevoel dat ik de schuldigste sterveling op de aardbodem was, want ik deed niets anders dan pardon zeggen. Op een keer dacht ik zelfs dat men boos op mij werd omdat ik het misplaatst gebruikte. In de schouwburg ging een dandy bij vergissing op mijn voet staan.

'Pardon, meneer,' zei ik snel tegen hem.

'Niet u dient mij pardon te vragen, maar ik u.'

'Pardon!'

'Pardon!'

'Helaas mijnheer, laten we elkaar maar niets kwalijk nemen en elkaar omhelzen.'

Hiermee was ons twistgesprek ten einde.

Op een dag dat ik vrij vast zat te slapen in de gondel-diligence die zich in volle vaart voortbewoog, werd ik opeens wakker geschud door mijn buurman.

'Wat is er?'

'Ach, mijnheer, kijkt u alstublieft naar dat kasteel!'

'Ik zie het. Het is niets bijzonders. Wat voor opmerkelijks ziet u eraan?'

'Niets – als wij niet veertig mijl van Parijs zouden zijn. Zouden mijn op sensatie beluste stadsgenoten mij geloven als ik hun vertel dat ik op veertig mijl van de hoofdstad zo'n prachtig kasteel heb gezien? Wat weet een mens weinig, als hij niet een beetje heeft gereisd.'

'Gelijk hebt u.'

Deze man was zelf een Parijzenaar, een op nieuwtjes beluste rondslenteraar in hart en nieren, als een Galliër in de dagen van Caesar.

Als de Parijzenaars al van 's morgens vroeg tot 's avonds laat

nieuwsgierig rondlopen, alles vermakelijk vinden en alles bewonderen – hoeveel te meer een vreemdeling als ik! Het verschil tussen hen en mij was dat ik, die gewend was de dingen te
zien zoals ze waren, ze tot mijn verrassing in een vermomming
zag waardoor ze van karakter veranderden, terwijl de verbazing
van de Parijzenaars voortkomt uit het feit dat men hun vaak
suggereert wat zich achter het masker bevindt.

Wat ik heel plezierig vond, was de schoonheid van de grote
straatweg, het onsterfelijk werk van Lodewijk xv, de netheid
van de herbergen, de goede maaltijden die er werden geserveerd, de snelheid waarmee wij werden bediend, de uitstekende
bedden, het bescheiden optreden van de persoon die ons aan
tafel bediende – meestal de beste vrouwelijke kracht van het
huis, die door haar houding, verzorgd voorkomen, en manieren bandeloos gedrag in toom hield. Wie van ons in Italië kijkt
met genoegen naar de kelners van onze herbergen, met hun
schaamteloos en onbeschoft gedrag? In die tijd wist men in
Frankrijk niet wat te veel berekenen was. Frankrijk was het vaderland van de buitenlanders. Is het nu het vaderland van de
Fransen? De mensen toen hadden vaak te lijden onder een ver-
foeilijk despotisme dat bestond uit *lettres de cachet*.[1] Dit was het
despotisme van een koning. Wij zullen nog zien waar het despotisme op neerkomt van een tomeloos, meedogenloos, on-
bedwingbaar volk dat te hoop loopt, ophangt, hoofden afhakt[2]
en degenen vermoordt, die niet tot het volk behoren en die zeggen wat zij denken.

1 Lettres de cachet: geheime koninklijke brieven. Een soort decreten
waarin meestal last werd gegeven tot arrestatie van iemand zonder dat
een vorm van proces volgde.
2 Hoofden afhakt: deze passage is kennelijk geschreven voor juli
1794, toen met de val van Robespierre een eind kwam aan de Terreur,
het schrikbewind van de Jacobijnen.

Wij sliepen in Fontainebleau. Een uur voordat wij Parijs bereikten, zagen wij een berline die ervandaan kwam.

'Dat is mijn moeder,' zei Balletti. 'Stop, stop!'

Wij stapten uit. Na de gebruikelijke emotionele begroeting tussen moeder en zoon, stelde hij mij voor. Zijn moeder, de beroemde actrice Silvia, begroette mij slechts met de woorden: 'Mijnheer, ik hoop dat de vriend van mijn zoon mij het genoegen wil doen vanavond bij ons te souperen.'

Terwijl zij dit zei, stapte zij met haar zoon en haar negenjarige dochter weer in haar rijtuig. Ik stapte weer in de gondel.

Bij mijn aankomst in Parijs trof ik een bediende van Silvia aan met een huurrijtuig. Hij droeg overal zorg voor en bracht mij naar een woning, die ik heel schoon vond. Nadat hij mijn koffer en al mijn eigendommen naar binnen had gedragen, bracht hij mij naar het huis van zijn meesteres, dat zich vijftig passen verder bevond. Balletti stelde mij voor aan zijn vader, die Mario heette en herstellende was van een ziekte. Mario en Silvia waren de namen die zij droegen in de komedies waarin zij improviseerden. De Fransen noemden de Italiaanse acteurs in het dagelijks leven uitsluitend bij de namen waaronder zij hen kenden van het toneel. 'Bonjour, monsieur Arlequin, bonjour monsieur Pantalon,' zei men in het Palais-Royal[1] tegen degenen die deze figuren speelden.

---

1 Palais-Royal: een door kardinaal Richelieu aan de koning nagelaten paleis tegenover het Louvre, waarin zich twee schouwburgzalen bevonden. De tuin van het Palais-Royal was een modieuze wandeldreef.

MIJN LEERTIJD IN PARIJS. PORTRETTEN.
EIGENAARDIGHEDEN. DUIZEND-EN-ÉÉN ZAKEN.

Silvia vierde de komst van haar zoon door haar familieleden uit te nodigen voor een souper bij haar thuis. Het deed mij veel genoegen dat ik op tijd in Parijs was aangekomen om kennis met hen te maken. Mario, de vader van Balletti, kwam niet aan tafel omdat hij nog herstellende was, maar ik ontmoette zijn oudere zuster die bij haar toneelnaam Flaminia[1] werd genoemd. Zij had naam verworven in de Republiek der Letteren[2] met enkele vertalingen, maar de reden waarom ik zin had mij in haar te verdiepen was het verhaal, dat heel Italië kende, over het verblijf in Parijs van drie beroemde mannen. Deze drie mannen waren Maffei, abate Conti en Pier Giacomo Martelli.[3] Zij werden vijanden, zegt men, als gevolg van hun streven de plaats van eerste gunsteling bij deze actrice in te nemen, en als erudiete mannen bestreden zij elkaar met de pen. Martelli schreef een satire op Maffei die hij met toepassing van letterkeer Femia noemde.

1 Flaminia: Elena Virginia Balletti (1686-1771), getrouwd met de Italiaanse acteur en toneelschrijver Lodovico Riccoboni. Zij vertaalde, schreef gedichten en een toneelstuk.
2 Republiek der Letteren: in het achttiende-eeuwse Frankrijk werden onder deze term zowel schrijvers als alfawetenschappers verstaan.
3 Maffei, abate Conti en Pier Giacomo Martelli: Scipione Maffei (1675-1755) was een Italiaanse schrijver en literair criticus. Hij schreef (in 1712) voor Flaminia zijn tragedie *Merope*. Antonio Conti (1677-1749) was een Italiaanse dichter, filosoof en toneelschrijver. Pier Giacomo Martelli (1665-1727), een Italiaanse dichter, schreef in 1724 een bijtende satire op Maffei.

Aangezien ik aan Flaminia was voorgesteld als aspirant-onderdaan van de Republiek der Letteren, meende zij mij te moeten vereren met haar conversatie. Ik vond haar gezicht onsympathiek, evenals haar toon, optreden en zelfs haar stem. Zij zei het niet met zoveel woorden, maar liet mij voelen dat zij zich ervan bewust was dat zij als beroemdheid in de Republiek der Letteren tegen een nietswaardig insect sprak. Zij sprak op docerende toon, en meende daartoe als zeventigjarige tegenover een jonge man van vijfentwintig die nog nooit iets aan een bibliotheek had toegevoegd gerechtigd te zijn. Om haar gunstig te stemmen sprak ik over abate Conti, en citeerde in een bepaald verband twee versregels van deze diepzinnige man. Zij verbeterde op welwillende toon mijn uitspraak van het woord *scevra*, dat gescheiden betekent en waarvan ik de u uitsprak als v.[1] Zij zei mij dat de v als klinker diende te worden uitgesproken, en dat ik het vast niet onaangenaam vond dat ik dit op de eerste dag van mijn verblijf in Parijs had geleerd.

'Ik wil inderdaad graag kennis opdoen, mevrouw, maar niet kennis kwijtraken. Men moet *scevra* zeggen en niet *sceura*, want het is een samenstelling van *scèvera*.'

'De vraag is wie van ons beiden zich vergist.'

'Volgens Ariosto bent u dat, mevrouw, want hij laat *scevra* op *persevra* rijmen.'

Zij wilde doorgaan, maar haar tachtigjarige echtgenoot zei dat zij ongelijk had. Zij zweeg, en zei vanaf dat ogenblik tegen iedereen dat ik een bedrieger was. De echtgenoot van deze vrouw was Lodovico Riccoboni, die bekendstond onder de

1 V: verschillende commentatoren menen dat de discussie over de uitspraak van scevra/sceura geen hout sneed omdat in oude Romeinse en Italiaanse teksten de u en de v samenvielen. Toch is er reden aan te nemen dat de uitspraak niet overal hetzelfde was (vergelijk het Franse nevrose met het Nederlandse neurose, het Spaanse pavo met ons pauw, het Griekse ναυζ (naus) met het Latijnse navis).

naam Lelio. Hij was degene die in '16 het Italiaanse gezelschap in dienst van de hertog-regent[1] naar Parijs had gebracht. Ik was mij bewust van zijn verdiensten. Hij was een heel knappe man geweest, en stond terecht in aanzien bij het publiek zowel vanwege zijn talent als zijn levenswandel. Tijdens dit souper hield ik mij voor alles bezig met het gadeslaan van Silvia, die alom hemelhoog werd geroemd. Ik vond dat zij haar reputatie overtrof. Haar leeftijd was vijftig jaar, haar figuur elegant, haar houding voornaam evenals haar optreden. Zij gedroeg zich ongedwongen, was vriendelijk, vrolijk, converseerde geestig, en trachtte het eenieder naar de zin te maken. Zij was erg intelligent, maar miste iedere pretentie. Zij had een raadselachtig gezicht. Het was interessant, iedereen vond het innemend, en toch kon men haar niet mooi vinden als men haar opnam. Er is echter ook nooit iemand geweest die tot de conclusie kwam dat zij lelijk was. Men kon niet uitmaken of zij mooi of lelijk was doordat haar boeiende karakter al het andere overheerste. Dus, wat was zij? Mooi, maar dan wel volgens wetten en verhoudingen die niemand kende, behalve degenen die zich door een verborgen kracht tot haar aangetrokken voelden en de moed hadden gehad haar te bestuderen en erin geslaagd waren ze te onderscheiden.

Deze actrice was het idool van heel Frankrijk, en haar talent vormde de steunpilaar voor al die komedies die de grootste schrijvers voor haar schreven, vooral Marivaux. Zonder haar zouden zijn komedies niet voor het nageslacht zijn blijven leven. Men heeft nooit een actrice gevonden die haar plaats kon innemen, en men zal die ook nooit vinden, want zij zou alles in zich moeten verenigen wat Silvia bezat op het gebied van de zo moeilijke toneelkunst – haar uitstraling, stem, uiterlijk, intelli-

---

1 Hertog-regent: Philippe, hertog van Orléans, neef van Lodewijk XIV, regent van 1715-1723.

gentie, houding en kennis van de menselijke ziel. Alles ging haar natuurlijk af. Het ermee samengaand vakmanschap dat alles vervolmaakte, bleef verborgen.

Om in alle opzichten uniek te zijn voegde zij bij de eigenschappen die ik zojuist heb vermeld, er een zonder dewelke zij toch als actrice de toppen van de roem zou hebben bereikt. Haar levenswandel was smetteloos. Zij wilde vrienden hebben, maar nooit minnaars, en was niet geïnteresseerd in een voorrecht dat haar weliswaar toekwam, maar haar in haar ogen zou hebben verlaagd. Hierdoor verwierf zij de naam achtenswaardig te zijn op een leeftijd, waarop dit voor alle andere vrouwen met haar beroep absurd en zelfs beledigend zou zijn geweest. Als gevolg hiervan waren er verschillende dames uit de hoogste kringen die haar niet zozeer met hun protectie als met hun vriendschap eerden. Eveneens als gevolg hiervan durfde het wispelturige Parijse parterre-publiek haar nooit uit te fluiten in een rol die het niet aanstond. Het algemene, unanieme oordeel over Silvia luidde dat zij een vrouw was die uitstak boven haar beroep.

Omdat zij niet vond dat haar ingetogen gedrag haar als een verdienste kon worden aangerekend – zij wist namelijk dat zij alleen zo leefde vanwege haar persoonlijke opvatting van eigenwaarde – toonde zij geen spoor van trots of hooghartigheid in haar omgang met haar collega-actrices, die niet de behoefte voelden naast faam vanwege hun talent vermaardheid te verwerven door deugdzaam gedrag. Silvia mocht hen allen, en allen mochten haar. Zij liet hun in het openbaar recht wedervaren, en loofde hen. Terecht: zij had niets te vrezen, geen van hen kon een schaduw op haar werpen.

De natuur ontnam deze vrouw tien jaren van haar leven. Zij ging op zestigjarige leeftijd aan tering lijden, tien jaar nadat ik haar had leren kennen. Het Parijse klimaat haalt dergelijke streken met Italiaanse actrices uit. Ik zag haar twee jaar voor haar dood de rol van Marianne spelen in het toneelstuk[1] van Mari-vaux, en zij leek toen even oud als Marianne. Zij stierf in mijn bijzijn, terwijl zij haar dochter in de armen hield en het meisje haar laatste raad gaf, vijf minuten voor zij overleed. Zij werd eervol begraven in de Saint-Sauveur zonder enig verzet van de kant van de pastoor, die zei dat haar beroep als actrice haar nooit had belet een christen te zijn.

Neemt u mij niet kwalijk, lezer, dat ik een grafrede op Silvia heb gehouden tien jaar voordat ik bij haar dood ben aange-komen. Als ik zo ver zal zijn, zal ik u haar besparen.

Haar enige dochter, het voornaamste voorwerp van haar ge-negenheid, zat bij dit souper naast haar aan tafel. Zij was toen pas negen jaar. Doordat ik geheel in beslag werd genomen door de kwaliteiten van de moeder, stond ik geen ogenblik stil bij de dochter. Dit zou pas later gebeuren. Zeer ingenomen met deze eerste avond ging ik naar mijn kamer in het huis van mevrouw Quinson. Dit was de naam van de vrouw van wie ik de kamers had gehuurd.

Bij mijn ontwaken kwam mejuffrouw Quinson mij zeggen dat buiten een knecht stond, die was gekomen om mij zijn diensten aan te bieden. Ik zag een zeer kleine man. Ik was daar niet blij mee en zei hem dit.

'Hoogheid, door mijn kleine postuur bent u er zeker van dat ik nooit uw kleren zal aantrekken om op stap te gaan.'

'Wat is uw naam?'

'Wat u maar wilt.'

'Wat bedoelt u? Ik vraag u mij te zeggen wat uw naam is.'

'Ik heb geen naam. Iedere meester die ik dien, geeft mij een naam, en ik heb er in mijn leven meer dan vijftig gehad. Ik zal de naam aannemen die u mij geeft.'

1 Het toneelstuk: Casanova verwijst naar *Jeu de l'amour et du hasard* (1730).

'Ach kom, u moet toch een naam van uzelf hebben, uw familienaam.'

'Familie? Ik heb nooit familie gehad. Ik had een naam in mijn jeugd, maar die ben ik vergeten in de twintig jaar dat ik onder steeds andere meesters als bediende heb gewerkt.'

'U krijgt van mij de naam l'Esprit.'[1]

'Ik ben zeer vereerd.'

'Hier is een louis. Haalt u daarvoor kleingeld.'

'Dat heb ik zo wel bij de hand.'

'Ik zie dat u rijk bent.'

'En geheel tot uw dienst, mijnheer.'

'Bij wie kan ik inlichtingen over u inwinnen?'

'Bij het bediendenbureau, en ook bij mevrouw Quinson. Iedereen in Parijs kent mij.'

'Ik weet genoeg. Ik geef u dertig sous per dag, ik zorg niet voor uw kleding, u slaapt in uw eigen huis, en u moet elke morgen om zeven uur voor mij klaarstaan.'

Balletti kwam bij mij langs, en vroeg mij elke dag te komen dineren en souperen. Ik vroeg l'Esprit mij mee te nemen naar het Palais-Royal en liet hem achter bij de poort. Omdat ik graag mijn nieuwsgierigheid wilde stillen naar deze zo hoog geroemde wandeldreef, nam ik eerst alles grondig in me op. Ik zag een tamelijk mooie tuin, lanen omzoomd door grote bomen, fonteinen, het geheel omringd door hoge huizen, veel wandelende mannen en vrouwen, her en der banken. Handelaars boden hier nieuwe pamfletten, reukwaters, tandenstokers en snuisterijen te koop aan. Ik zag rieten stoelen die voor een sou werden verhuurd, mannen die in de schaduw de krant zaten te lezen, vrouwen en mannen die alleen of in gezelschap ontbeten, cafékelners die snel een kleine, achter heggen verborgen trap op en af liepen. Ik ging aan een leeg tafeltje zitten, een kelner vroeg

1 L'Esprit: letterlijk: 'geest', hier: 'gevatheid'.

mij wat ik wenste, ik vroeg hem chocolade zonder melk, waarop hij mij in een zilveren kopje ongenietbare chocolade serveerde. Ik liet deze staan en zei tegen de kelner mij koffie te brengen als die goed was.

'De koffie is uitstekend, ik heb hem gisteren zelf klaargemaakt.'

'Gisteren? Ik wil die koffie niet.'

'Er zit uitstekende melk in.'

'Melk? Ik drink nooit melk. Haal snel een kopje koffie met water voor mij.'

'Met water? We maken zulke koffie pas na de middagmaaltijd. Wilt u een bavaroise?[1] Wilt u een karaf orgeade?'[2]

'Ja, brengt u dat maar.'

Deze drank beviel mij uitstekend, en ik besloot daarmee altijd te ontbijten. Ik vroeg aan de kelner of er nog nieuws was, en hij antwoordde mij dat de Dauphine het levenslicht had geschonken aan een prins; een abbé zei hem dat hij niet goed bij zijn hoofd was: zij was bevallen van een prinses. Een derde man stapte naar voren en zei: 'Ik kom net uit Versailles, en de Dauphine is noch van een prins noch van een prinses bevallen.'

Hij zei mij dat hij vermoedde dat ik een buitenlander was, waarop ik antwoordde dat ik Italiaan was, en de vorige dag was aangekomen. Hij vertelde me daarop over het hof, de stad, het toneel. Hij bood mij aan mij overal mee naartoe te nemen, waarop ik hem bedankte, en wegging. De abbé vergezelde mij en noemde de naam van alle meisjes van lichte zeden die daar aan het wandelen waren. Hij kwam iemand van de orde van advocaten tegen, die hem omhelsde. De abbé stelde hem aan mij voor als een specialist in de Italiaanse literatuur. Ik richtte mij in

1 Bavaroise: sterke thee met rietsuiker, waaraan een eidooier, melk en kirsch waren toegevoegd.

2 Orgeade: amandelmelk.

het Italiaans tot hem, hij antwoordde gevat. Ik lachte om zijn stijl en vertelde hem waarom: hij drukte zich geheel uit in de stijl van Boccaccio. Mijn opmerking beviel hem. Ik overtuigde hem van de wenselijkheid niet deze stijl te gebruiken, in weerwil van het feit dat het taalgebruik van deze oude schrijver volmaakt was. In minder dan een kwartier raakten wij met elkaar bevriend doordat wij bij elkaar dezelfde voorkeuren waarnamen. Hij dichtte; ik eveneens. Hij was geïnteresseerd in de Italiaanse literatuur; ik in de Franse. Wij gaven elkaar onze adressen en beloofden elkaar op te zoeken.

Ik zag veel mannen en vrouwen in een dichte drom in de hoek van de tuin omhoog staan kijken. Ik vroeg aan mijn nieuwe vriend wat voor bijzonders er te zien was. Hij zei mij dat zij de zonnewijzer gadesloegen, ieder met zijn horloge in de hand, in afwachting van het ogenblik dat de schaduw van de naald precies het middaguur aanwees en zij hun horloge konden gelijkzetten.

'Maar er staan toch overal zonnewijzers?'

'Ja, maar de beroemdste is die van het Palais-Royal.'

Ik kon mijn lachen toen niet houden.

'Waarom lacht u?'

'Omdat de zonnewijzers onmogelijk van elkaar kunnen verschillen. Dit is het toppunt van modieuze onbenulligheid!'

Hij dacht een ogenblik na, en lachte er toen eveneens om. Hij gaf mij de moed de goede Parijzenaars te hekelen. Wij liepen het Palais-Royal door de hoofdpoort uit, en ik zag toen een grote drom mensen voor een winkel staan met als uithangbord de afbeelding van een civetkat.

'Wat is hier aan de hand?'

'Nu zult u echt lachen. Al deze mensen staan te wachten om snuif te kopen.'

'Wordt er alleen snuif verkocht in deze winkel?'

'Die is overal te koop, maar sinds drie weken willen de mensen alleen nog tabak van La Civette in hun snuifdoos hebben.'

'Is die snuif beter dan die van andere winkels?'

'Helemaal niet, misschien wel slechter, maar sinds mevrouw de hertogin van Chartres het in de mode heeft gebracht, willen de mensen alleen nog die snuif.'

'Hoe is het door haar in de mode gebracht?'

'Zij liet haar koets twee of drie keer stoppen voor deze winkel, uitsluitend om haar snuifdoos met snuif te vullen, en zei in het openbaar tegen de jonge vrouw die de tabak verkoopt dat het de beste tabak van Parijs was. De modieuze meelopers die om haar heen stonden, vertelden dit verder, en heel Parijs vernam dat men voor goede tabak naar La Civette moest gaan. Deze vrouw gaat een vermogen verdienen, want zij verkoopt per dag voor meer dan honderd écu's aan tabak.'

'De hertogin van Chartres weet misschien niet dat zij aan de wieg heeft gestaan van de welstand van deze vrouw.'

'Integendeel. De hertogin, die erg intelligent is, heeft dit zelf bedacht. Zij mocht de vrouw, die net is getrouwd, heel graag. Nadenkend over een manier waarop zij haar van nut kon zijn, kwam zij tot de slotsom dat zij moest doen wat zij nu heeft gedaan. U kunt zich niet voorstellen wat een simpele zielen de Parijzenaars zijn. U bevindt zich in het enige land ter wereld waar intelligentie op tweeërlei wijze grote successen oplevert: óf zij openbaart zich zuiver – en dan wordt zij verwelkomd door het verstand – óf zij manifesteert zich door bedrieglijkheden – en dan wordt zij door de dwaasheid beloond. Dwaasheid is kenmerkend voor dit volk, en het wonderlijke is dat zij de dochter is van de intelligentie. Het is daarom geen contradictio te stellen dat het Franse volk zich wijzer zou gedragen als het minder intelligent was.'

De goden die men hier vereert, ook al richt men dan geen altaren voor hen op, zijn het nieuwe en de mode. Een man hoeft maar te gaan hollen, en allen die hem zien, hollen achter hem aan. Ze zouden pas stilstaan als ze erachter zouden komen dat hij niet goed bij zijn hoofd was, maar dit onderzoeken is onbegonnen werk. Wij hebben hier gekken die vanaf hun geboorte niet goed bij hun hoofd zijn, en voor wijze mensen worden gehouden. De tabak van La Civette is een heel klein voorbeeld van de kuddegeest van de stad. Onze koning ging jagen en kreeg op de brug van Neuilly zin ratafia[1] te drinken. Hij stopte bij het café daar, en vroeg erom. Door een merkwaardig toeval had de arme caféhouder een stopfles met deze drank. Nadat de koning er een glas van had gedronken, meende hij tegen de mensen die om hem heen stonden te moeten zeggen dat de likeur uitstekend was, en vroeg om een tweede glas. Meer was niet nodig om van de caféhouder een vermogend man te maken. Binnen vierentwintig uur wist heel het hof en heel de stad dat de ratafia van Neuilly de beste likeur van Europa was. De koning had dit immers gezegd. De meest elegante gezelschappen gingen om middernacht naar Neuilly om ratafia te drinken, en de caféhouder werd binnen drie jaar een rijk man, en liet op dezelfde plaats een huis bouwen waarop u de inscriptie *ex liquidis solidum* ('vastigheid uit nattigheid')[2] kunt zien, een zeer vermakelijke spreuk, die een van onze Académiciens voor deze man bedacht. Welke heilige moet deze man nu danken voor zijn zo snel bereikte blakende welstand? Domheid oppervlakkigheid, speelsheid.'

'Ik heb de indruk,' zei ik, 'dat dit toejuichen van de meningen van de koning en vorstelijke personen voortkomt uit een niet te beteugelen liefde van het volk dat hoog tegen hen opkijkt. Die liefde is zo groot dat men denkt dat zij onfeilbaar zijn.'

1 Ratafia: een zeer zoete vruchtenlikeur, die de naam had te helpen bij maagkwalen.
2 Ex liquidis solidum: letterlijk: 'uit vloeibare zaken een vaste zaak'.

'Dat is waar. Alles wat in Frankrijk gebeurt, wekt bij buitenlanders de indruk dat de mensen hier de koning vereren, maar degenen onder ons die doordenken zien dat de liefde van het volk voor de monarch klatergoud is. Hoe kan men bouwen op een liefde waarvoor geen enkele grond is? Het hof hecht er geen waarde aan. De koning komt naar Parijs, en iedereen roept "Leve de koning" omdat een leegloper dit als eerste heeft geroepen. Men roept dit uit vrolijkheid, uit angst misschien, en de koning laat zich hierdoor niet beetnemen, gelooft u mij. Hij verlangt ernaar terug te keren naar Versailles, waar hij over vijfentwintigduizend man beschikt die hem behoeden voor de woede van ditzelfde volk dat wel eens "Dood aan de koning" zou kunnen gaan roepen, als het tot bezinning komt. Lodewijk xiv kende het volk. Dit inzicht kostte enkele raadsheren van De Grote Kamer[1] het leven, toen zij het waagden te opperen de Staten-Generaal[2] bijeen te roepen tijdens de rampen die de staat teisterden. Frankrijk heeft niet van zijn koningen gehouden, behalve van Lodewijk de Heilige[3] vanwege zijn vroomheid, van Lodewijk xii[4] en van Henri iv[5] na diens dood. De koning die nu aan het bewind is, zei in alle ernst toen hij van een ziekte was hersteld: "Ik verbaas mij over de grote vreugde die heerst vanwege

1 De Grote Kamer: de voornaamste kamer van het Parlement (hooggerechtshof).

2 De Staten-Generaal: een politiek lichaam dat de drie standen (adel, geestelijkheid en burgerij) vertegenwoordigde. Het was gecreëerd met de bedoeling dat de koning het zou bijeenroepen voor overleg over belangrijke staatszaken. Dit gebeurde tijdens het absolute bewind van Lodewijk xiv en Lodewijk xv niet eenmaal.

3 Lodewijk de Heilige: Lodewijk ix, koning van Frankrijk van 1226-1270, in 1297 heilig verklaard.

4 Lodewijk xii: koning van Frankrijk van 1498-1515, bijgenaamd De Vader des Volks.

5 Henri iv: koning van Frankrijk van 1589-1610.

mijn herstel, want ik kan geen reden bedenken waarom men zoveel van mij houdt." Men heeft die uitspraken van onze monarch hemelhoog geprezen. Hij gebruikte echter zijn verstand. Een filosofische hoveling zou hem moeten zeggen dat men zoveel van hem hield omdat zijn bijnaam Bien-Aimé[1] luidde.'

'Zijn er filosofen onder de hovelingen?'

'Filosofen niet, omdat men in de hoedanigheid van hoveling geen filosoof kan zijn, maar er zijn wel intelligente mensen die vanwege hun eigenbelang de kaken op elkaar klemmen. Niet lang geleden toen de koning tegen een hoveling, wiens naam ik u niet zal noemen, hoog opgaf over de genietingen die hij ondervond als hij de nacht doorbracht met mevrouw De M.,[2] zei hij dat hij niet dacht dat er een andere vrouw op aarde bestond die hem een dergelijk genot kon geven. De hoveling antwoordde dat Zijne Majesteit dit meende omdat hij nog nooit een bordeel had bezocht. De hoveling werd naar zijn landgoederen verbannen.'

'De koningen van Frankrijk hebben reden, lijkt mij, voor hun afkeer de Staten-Generaal bijeen te roepen, want zij komen daardoor in dezelfde positie te verkeren als een paus die een concilie bijeenroept.'

'Niet helemaal, maar het scheelt niet veel. De Staten-Generaal zouden gevaarlijk zijn als de stemmen van het volk, de derde stand, een tegenwicht zouden kunnen vormen voor die van de adel en de geestelijkheid. Dit is echter niet het geval, en zal nooit gebeuren, omdat het onwaarschijnlijk is dat de politiek gevaarlijke krankzinnigen een zwaard in handen zal geven. Het volk zou heel graag evenveel macht verwerven, maar er zal nooit een koning of een minister zijn die dit verlangen inwilligt. Een dergelijke minister zou een dwaas of een verrader zijn.'

1 Bien-Aimé: letterlijk: de 'Welbeminde'.
2 De M.: de markiezin de Pompadour.

De naam van de jongeman die mij door deze uiteenzetting meteen een juist beeld van het volk, de Parijzenaars, het hof en de vorst gaf, luidde Patu. Ik zal bij gelegenheid nog over hem vertellen. Al sprekend over deze onderwerpen bracht hij mij naar de deur van Silvia, en hij prees mij gelukkig omdat ik toegang tot haar huis had.

De sympathieke actrice bleek bij mijn aankomst omringd door een uitgelezen gezelschap. Zij stelde mij aan al haar gasten voor en vertelde mij daarbij wie ieder van hen was. De naam die mij trof, was Crébillon.

'Hoe is het mogelijk, mijnheer! Valt mij zo snel al het geluk ten deel! Al acht jaar verkeer ik in uw ban. Alstublieft, luistert u.'

Ik droeg hem daarop de mooiste scène uit zijn *Zénobie et Rhadamiste*[1] voor, die ik in blanke verzen had vertaald. Het deed Silvia veel genoegen te zien met hoeveel plezier Crébillon op tachtigjarige leeftijd luisterde naar zijn eigen tekst, vertaald in een taal die hem dierbaarder was dan zijn eigen. Hij droeg dezelfde scène in het Frans voor, en stipte hoffelijk de plaatsen aan waarop ik volgens zijn zeggen de tekst had verfraaid. Ik dankte hem zonder het compliment ernstig te nemen. Wij gingen aan tafel zitten. Toen men mij vroeg wat voor interessante dingen ik in Parijs had gezien, vertelde ik alles wat ik had gezien en gehoord, behalve de uiteenzetting van Patu. Nadat ik zeker twee uur had gesproken, zei Crébillon, die beter dan alle anderen had opgemerkt op welke wijze ik mij erop toelegde zowel het goede als het verkeerde van zijn volk te leren kennen, het volgende tegen mij: 'Voor een eerste dag vind ik u een veel-

1   *Zénobie et Rhadamiste: Rhadamiste et Zénobie* was een tragedie van Prosper Jolyot de Crébillon (1674-1762), toneelschrijver en officieel censor. Hij was in zijn tijd beroemd, maar werd al snel overschaduwd door zijn zoon Claude, schrijver van romans en korte verhalen.

belovend leerling, mijnheer. U maakt snelle vorderingen. Ik vind dat u goed vertelt. Uw Frans is van dien aard dat u zich volkomen begrijpelijk kunt maken, maar u gebruikte bij alles wat u zei Italiaanse zinsconstructies. U bezit het vermogen mensen naar u te laten luisteren, men is nieuwsgierig naar wat u te vertellen hebt, en door de nieuwigheid van uw taalgebruik verdubbelt de aandacht van degenen die u horen spreken. Ik durf zelfs te beweren dat uw idioom bij uitstek geschikt is om de bijval te verwerven van uw toehoorders, omdat het merkwaardig en nieuw is, en u bevindt zich in een land waar al het merkwaardige en nieuwe zeer gezocht is. Toch dient u morgen, en niet later, te beginnen met alle mogelijke moeite te doen om onze taal goed te leren spreken, want over twee of drie maanden zullen dezelfde mensen die u nu toejuichen, de spot met u drijven.'

'Dat geloof ik ook, en ik ben er bang voor. De voornaamste reden waarom ik hier ben gekomen, was dan ook dat ik mij volledig wilde toeleggen op de Franse taal en literatuur, maar wat moet ik doen om een leermeester te vinden? Ik ben een onmogelijke leerling, die voortdurend vragen stelt, en nieuwsgierig, veeleisend en onverzadelijk is. Ik ben niet rijk genoeg om een dergelijke leermeester te betalen, gesteld dat ik hem zou vinden.'

'Mijnheer, ik zoek al vijftig jaar een leerling die aan uw beschrijving van uzelf beantwoordt, en ik ben degene die zal betalen als u les bij mij neemt. Ik woon in Le Marais[1] in de rue des Douze Portes. Ik heb de beste Italiaanse dichters, die ik in het Frans zal laten vertalen, en ik zal u nooit onverzadelijk vinden.'

Ik aanvaardde dit aanbod, overmeesterd door grote verlegenheid bij het betuigen van mijn diepe dankbaarheid. Crébil-

1 Le Marais: Le Marais was een van de oude, enigszins vervallen, aristocratische wijken van Parijs.

lon mat zes voet, drie duim meer dan ik.[1] Hij at goed,[2] vertelde vermakelijke verhalen waarbij hij niet lachte, en was beroemd om zijn geestigheden. Hij bracht zijn leven in huis door, verliet het zelden, en ontving bijna nooit iemand, omdat[3] hij altijd een pijp in de mond had en werd omringd door achttien of twintig katten, waarmee hij zich het grootste gedeelte van de dag vermaakte. Hij had een oude huishoudster, een vrouw die kookte, en een knecht. Zijn huishoudster zorgde voor alles, beheerde zijn geld, en hij vroeg haar nooit om rekenschap, omdat zij het hem aan niets liet ontbreken. Opmerkelijk is het volgende: het hoofd van Crébillon deed denken aan dat van een leeuw, of kat, wat op hetzelfde neerkomt. Hij was een door de koning benoemd censor, en zei dat dit werk hem amuseerde. Zijn huishoudster las hem de werken voor die hem werden gebracht, en hield op met lezen als zij vond dat de tekst gecensureerd diende te worden. Ik moest lachen om zijn ruzies met de huishoudster als hij een andere mening was toegedaan. Ik heb een keer gehoord hoe deze vrouw iemand die was gekomen om zijn nagekeken manuscript op te halen, wegstuurde met de woorden: 'Komt u de volgende week langs, want wij hebben nog geen tijd gehad uw werk te bestuderen.'

Ik bezocht Crébillon een jaar lang driemaal per week, en leerde van hem al het Frans dat ik ken, maar ik ben er nooit in geslaagd mij te ontdoen van mijn italianismen. Ik herken ze als ik ze bij anderen aantref, maar als ze uit mijn eigen pen komen, herken ik ze niet, en ik ben er zeker van dat ik ze nooit zal her-

---

1 Zes voet ... dan ik: de lengte van Crébillon was dus 1 meter 95, en die van Casanova 1 meter 87.

2 Hij at goed: een van Casanova's eigenaardigheden is dat hij vaak over mensen die hij beter leert kennen, vermeldt of zij van lekker eten houden, een regelrechte deugd in zijn ogen. Met 'at goed' bedoelt hij hier dan ook 'hield van een goede tafel'.

3 Omdat: sic.

kennen, net zoals ik nooit heb begrepen wat er nu eigenlijk verkeerd is aan het Latijn van Titus Livius.

Ik schreef een achtregelig vrij vers over een bepaald onderwerp, en bracht dit naar Crébillon ter correctie. Nadat hij aandachtig de acht regels had gelezen, zei hij het volgende tegen mij: 'De gedachte erin is mooi en erg poëtisch; uw taalgebruik is vlekkeloos en de regels zijn goed en heel zuiver, maar desondanks is uw gedicht slecht.'

'Hoe komt dat?'

'Ik heb geen idee. Maar het hééft het niet.[1] Stelt u zich voor: u ziet een man. U vindt hem knap, goedgebouwd, aardig, geestig, kortom onberispelijk volgens uw strengste maatstaven. En nu komt een vrouw, zij neemt de man op, en nadat zij hem grondig heeft bestudeerd, gaat zij weg met de mededeling dat deze man haar niet bevalt. "Maar wat is er dan aan hem mis, mevrouw?" "Geen idee." U gaat terug naar de man, u bestudeert hem aandachtiger, en u ontdekt ten slotte dat hij een castraat is. Aha, zegt u, nu begrijp ik waarom hij deze vrouw niet aanstond.'

Door deze vergelijking maakte Crébillon mij duidelijk waarom mijn gedicht niet in de smaak kon vallen.

Wij spraken aan tafel veel over Lodewijk xiv, bij wie Crébillon vijftien jaar achtereen zijn opwachting had gemaakt, en hij vertelde ons zeer curieuze anekdotes, die niemand kende. Hij verzekerde ons dat de ambassadeurs van Siam[2] door mevrouw

1 Het hééft het niet: er staat: 'Ce qui manque est *le je ne sais quoi*', letterlijk: 'het ik weet niet wat'. 'Le je ne sais quoi', 'quelque chose de je ne sais quoi' was een modieuze achttiende-eeuwse uitdrukking, vergelijkbaar met het Nederlandse 'ergens', zoals dit in de jaren zestig werd gebruikt ('ergens deugt er iets niet').
2 Ambassadeurs van Siam: de koning van Siam had in 1682, 1684 en 1686 ambassadeurs naar het Franse hof gestuurd omdat hij bevreesd was voor Nederlandse koloniale expansie.

De Maintenon betaalde oplichters waren. Hij vertelde dat hij nooit zijn tragedie met de titel *Cromwell* had afgemaakt omdat de koning zelf hem had gezegd niet zijn inkt te verspillen aan de beschrijving van een schooier.

Hij sprak met ons over zijn *Catilina,* en hij zei ons dat hij het zijn zwakste werk vond, maar dat hij niet zou hebben gewild dat het een goed stuk werd als hij om dat te bereiken Caesar erin had moeten opvoeren, want Caesar als een jonge man zou de lachlust hebben opgewekt, net zoals men om Medea zou lachen als zij ten tonele werd gevoerd voordat zij Jason had leren kennen. Hij was vol lof over het talent van Voltaire, maar beschuldigde hem van diefstal, omdat hij de scène in de senaat van hem had gestolen.[1] Hij zei ruiterlijk dat Voltaire alle kwaliteiten bezat om geschiedenis te boek te stellen, maar dat hij haar vervalste en zijn geschiedkundig werk met sprookjes vulde om het interessant te maken. De man met het ijzeren masker[2] was volgens Crébillon een fabeltje, en hij zei dat Lodewijk XIV hem dit persoonlijk had verzekerd.

1 Gestolen: Crébillons tragedie *Catilina* werd voor het eerst opgevoerd in 1748; Voltaire schreef zijn *Catilina* in 1752.

2 De man met het ijzeren masker: Voltaire deelt in *Le siècle de Louis* XIV mee dat de man met het ijzeren masker een broer van de koning was. Later is onweerlegbaar aangetoond dat deze persoon niet de broer van de koning was, maar graaf Ercole Mattiole, minister van buitenlandse zaken van de hertog van Mantua.

3 Amfitheater: er waren in die tijd de volgende plaatsen voor de toeschouwer: *théâtre* (op het toneel zelf), *parterre* (staanplaatsen op de begane grond), *loges* (eerste rang), *amphithéâtre, loges hautes* (tweede rang), *loges du troisième rang* (derde rang). Het amfitheater was een verhoogde plaats tegenover het toneel, vanwaar de toeschouwers gemakkelijk het stuk konden volgen. In het amfitheater en de eersterangs loges zaten vooraanstaande toeschouwers van beide geslachten, in het *théâtre* alleen mannen.

In het Théâtre Italien werd die dag *Cénie* opgevoerd, een stuk van mevrouw De Grafigny. Ik ging vroeg om een goede plaats in het amfitheater[3] te krijgen.

De met diamanten beladen dames die de eersterangs loges binnenkwamen, interesseerden mij, en ik sloeg hen oplettend gade. Ik had een mooie jas, maar omdat deze open mouwen had en knopen tot onderaan, was ik voor iedereen herkenbaar als buitenlander: deze mode was in Parijs al voorbij. Terwijl ik zo oplettend toekeek, kwam een rijk geklede man van driemaal mijn omvang op mij af en vroeg mij beleefd of ik een buitenlander was. Ik zei ja en hij vroeg mij meteen of Parijs mij beviel. Mijn antwoord was een lofrede op de stad. Op hetzelfde ogenblik zag ik hoe een met edelstenen bedekte vrouw, maar[4] van enorme omvang, de loge links van mij binnenkwam.

'Wie is in hemelsnaam die vette zeug?' zei ik tegen mijn dikke buurman.

'Zij is de vrouw van dit vette varken.'

'O, mijnheer, ik verzoek u duizendmaal vergeving.'

De man verkeerde echter niet in een toestand dat ik hem vergeving hoefde te vragen, want hij was in het geheel niet boos, en kwam niet bij van het lachen. Ik was ten einde raad. Nadat hij hartelijk had gelachen, stond hij op, liep het amfitheater uit, en ik zag hem een ogenblik later in zijn loge met zijn vrouw praten. Ik zag dat zij alle twee lachten, en stond op het punt te besluiten weg te gaan, toen ik hem mij hoorde roepen.

'Mijnheer, mijnheer!'

Ik kon niet weigeren zonder onbeleefd te zijn, en ik liep naar de loge. Hij was nu volkomen ernstig en vroeg mij op zeer voorname wijze hem te vergeven dat hij zo had gelachen, en nodigde mij uit die avond bij hem te komen souperen. Ik bedankte hem en zei dat ik al een afspraak had. Hij drong aan, gesteund door

4 Maar: sic.

de dame, en om hen te overtuigen dat het geen voorwendsel was, vertelde ik dat ik bij Silvia was uitgenodigd.

'Ik ben er zeker van dat ik kan bewerkstelligen dat u van deze afspraak wordt ontslagen, als u daar geen bezwaar tegen hebt. Ik zal persoonlijk naar haar toe gaan.'

Ik gaf toe. Hij ging weg en kwam terug met Balletti die mij namens zijn moeder zei dat het haar veel plezier deed dat ik zulke vooraanstaande mensen had ontmoet, en zij mij de volgende dag verwachtte voor de middagmaaltijd. Balletti zei mij ter zijde dat het mijnheer De Beauchamp was, de thesaurier-generaal.

Na het blijspel gaf ik mevrouw mijn hand en stapte in haar rijtuig. Ik trof in hun huis de overdaad aan die men overal zag bij dergelijke mensen. Talrijke genodigden, veel mensen die zaten te spelen, en grote vrolijkheid aan tafel. Wij gingen van tafel om één uur, waarna ik thuis werd gebracht. Dit huis heeft al de tijd dat ik in Parijs verbleef voor mij opengestaan, en was erg nuttig voor mij. De mensen die zeggen dat alle vreemdelingen die naar Parijs gaan, zich in ieder geval de eerste twee weken vervelen, hebben gelijk, want het kost tijd daar tot de juiste kringen door te dringen. Wat mijzelf betreft, weet ik dat ik het binnen vierentwintig uur al druk had, en de zekerheid had mij er te zullen vermaken.

De volgende morgen verscheen Patu bij mij en gaf mij de lofrede in proza die hij op de maarschalk van Saksen[1] had geschreven. Wij gingen samen naar buiten en ontbeten in de Tuilerieën, waar hij mij voorstelde aan mevrouw de Boccage. Sprekend over de maarschalk van Saksen maakte deze dame een spitse opmerking.

1 Maarschalk van Saksen: Moritz, graaf van Saksen (1696-1750), zoon van Augustus II, koning van Polen, was vanaf 1744 maréchal de France.

'Het is merkwaardig,' zei zij, 'dat wij niet een *De profundis* kunnen zeggen voor een man dankzij wie wij zoveel *Te Deums*[1] hebben gezongen.'

Hij nam mij mee naar een beroemde actrice van de Opéra, La Le Fel genaamd. Zij was de favoriete van heel Parijs, en lid van de Académie Royale de Musique.[2] Zij had drie leuke jonge kinderen die door het huis vlinderden.

'Ik ben dol op hen,' zei zij.

'Alle drie de gezichten zijn knap, maar op een verschillende manier,' antwoordde ik.

'Dat neem ik graag van u aan. De oudste is de zoon van de hertog van Ancenis, en die daar is van graaf Egmont, en de jongste is de zoon van Maisonrouge die pas met La Romainville is getrouwd.'

'O, neemt u mij niet kwalijk alstublieft! Ik dacht dat u de moeder van alle drie was.'

'Dat ben ik ook.'

Terwijl zij dit zei, keek zij naar Patu. Zij begonnen samen hard te lachen, waardoor ik tot mijn oren kleurde. Ik was een groentje. Ik was er nog niet aan gewend te horen hoe een vrouw zich op een dergelijke wijze mannelijke rechten toe-eigende. Mejuffrouw Le Fel was niet schaamteloos, zij was eerlijk en verheven boven alle vooroordelen. De adellijke vaders van deze jonge, onwettige kinderen lieten hen onder de hoede van hun moeder en betaalden haar een toelage om hen op te voeden, en

1 De profundis ... Te Deums: gezangen van de katholieke kerk. Een Te Deum werd vaak gezongen als dank voor een militaire overwinning; het De profundis is een onderdeel van de requiemmis voor de doden. Aangezien Moritz van Saksen protestant was, zou er geen katholiek requiem aan hem worden opgedragen.

2 Académie Royale de Musique: Koninklijke muziekacademie, officiële naam van de Opéra.

de moeder leefde in grote welstand. Als gevolg van mijn onerva-
renheid met de Parijse zeden beging ik een aantal van deze
blunders. Als iemand tegen La Le Fel zou hebben gezegd dat ik
een intelligent man was die het leven kende, zou zij hem hartelijk hebben uitgelachen na de vragen die ik haar had gesteld.

Een andere keer, toen ik bij Lany op bezoek was, de ballet-
meester van de Opéra, zag ik vier of vijf meisjes die dansles van
hem kregen, allen vergezeld door hun moeder. Zij waren tussen
de dertien en veertien jaar oud, en hun bescheiden gedrag ver-
ried een keurige opvoeding. Ik maakte hun complimentjes en
zij antwoordden door hun ogen neer te slaan. Een van hen had
hoofdpijn, ik liet haar wat Eau des Carmes opsnuiven. Haar
vriendin vroeg haar of zij wel goed had geslapen.

'Daar komt het niet door,' antwoordde het kind, 'ik geloof
dat ik zwanger ben.'

Na dit onverwachte antwoord zei ik schaapachtig: 'Ik had
nooit gedacht dat mevrouw getrouwd was.'

Zij keek mij aan, draaide zich vervolgens om naar het andere
meisje, waarop zij beiden begonnen te schateren. Ik ging van
schaamte vervuld weg, vastbesloten in de toekomst nooit meer
enige zedigheid te veronderstellen bij meisjes van het toneel. Zij
gaan er prat op dat zij geen schaamte kennen, en lachen om de
domheid van degenen die aannemen dat die wel bij hen aanwezig is.

Patu stelde mij voor aan alle meisjes van plezier die in Parijs
enige naam hadden. Hij hield evenveel als ik van het schone geslacht, maar hij had, helaas voor hem; niet zo'n sterk gestel als
ik, en betaalde ervoor met zijn leven. Als hij was blijven leven
zou hij de plaats van Voltaire hebben ingenomen. Hij stierf op
dertigjarige leeftijd in Saint-Jean de Maurienne[1] toen hij uit
Rome naar Frankrijk terugkeerde. Hij was degene die mij een

1   Saint-Jean de Maurienne: Savoye.

geheim procédé leerde, waarvan een aantal Franse schrijvers zich bedient om te zorgen dat zij volmaakt proza afleveren als zij iets moeten schrijven wat om het allermooiste proza vraagt, bijvoorbeeld lofredes, grafredes, opdrachten. Ik hoorde dit bij verrassing van Patu.

Op een morgen zag ik bij hem thuis losse vellen liggen vol rijmloze alexandrijnen.[1] Ik las er een twaalftal van en zei hem dat ze mij vaker onaangenaam dan plezierig troffen in weerwil van het feit dat ze goed liepen, en ik voegde eraan toe dat wat ik in de verzen had gelezen mij veel meer was bevallen in zijn lofrede[2] op de maarschalk van Saksen.

'Mijn proza zou je niet zo zijn bevallen als ik niet alles wat ik daarin zeg eerst in rijmloze verzen had geschreven.'

'Dat is je veel moeite getroosten voor niets.'

'Het kost helemaal geen moeite, omdat rijmloze verzen geen inspanning vergen. Die schrijf je alsof je proza schrijft.'

'Jij gelooft dus dat je proza mooier wordt als je het kopieert van je eigen verzen.'

'Ik geloof dat, omdat er geen twijfel over bestaat. Het wordt mooier, en bovendien zorg ik ervoor dat mijn proza niet vol komt te staan met halve dichtregels die een schrijver op papier zet zonder dat hij zich er rekenschap van geeft.'

'Is dat een fout?'

'Een heel grote fout, en onvergeeflijk. Proza doorspekt met toevallige dichtregels is erger dan poëzie in prozavorm.'

'Het is waar dat onbedoelde versregels in een plechtige toespraak misplaatst overkomen, en als verkeerd moeten worden beschouwd.'

1 Alexandrijnen: jambische versregels van twaalf lettergrepen, zo genoemd naar Alexandre de Paris die deze toepassing van de jambe introduceerde.
2 Dat wat ... lofrede: sic! Casanova bedoelt: Patu verwoordde zijn gedachten mooier in proza dan in poëzie.

'Beslist. Neem nu Tacitus, wiens geschiedkundig werk, begint met Urbem Romam a principio reges habuere.[1] Dat is een zeer slechte hexameter, die hij vast niet met opzet zo heeft geschreven, en die hij later niet heeft opgemerkt, want dan zou hij de zin anders hebben geformuleerd. Vind je het Italiaanse proza met onbedoelde dichtregels niet lelijk?'

'Heel lelijk. Maar ik moet je zeggen dat een aantal beperkte talenten er opzettelijk dichtregels in verwerkt om het welluidender te maken. Het is klatergoud, maar zij vleien zichzelf met de gedachte dat het voor echt goud wordt aangezien, en dat de lezers het verschil niet opmerken. Maar ik geloof dat jij de enige bent die bereid is zich zoveel moeite te getroosten.'

'De enige? Je vergist je. Alle schrijvers wie de dichtregels moeiteloos uit de pen vloeien, zoals bij mij het geval is, gaan op deze wijze te werk, als zij datgene wat zij neerschrijven later in proza omzetten. Vraag maar aan Crébillon, aan de abbé De Voisenon, aan La Harpe, aan wie je maar wilt, en zij zullen je zeggen wat ik je nu vertel. Voltaire was de eerste die zich van deze kunstgreep heeft bediend in de kleine werken waarin zijn proza ons betovert. Zijn brief aan mevrouw de Châtelet behoort daartoe: prachtig proza, lees hem en als je er ook maar een halve alexandrijn in vindt, mag je zeggen dat het niet klopt wat ik zeg.'

Ik vroeg Crébillons mening hierover... en hij zei hetzelfde, maar hij verzekerde mij dat hij het zelf nooit had gedaan.

Patu wilde mij graag meenemen naar de Opéra om te zien wat voor indruk het daar geboden schouwspel op mij zou maken, want een Italiaan moest dat wel uitzonderlijk vinden. De opera die werd opgevoerd was getiteld *Les Fêtes Vénitiennes.*[2]

1 Urbem ... habuere: in het begin werd Rome door koningen geregeerd. (Eerste zin van de *Annales* van Tacitus.)
2 *Les Fêtes Vénitiennes:* 'Feest in Venetië'.

Een interessante titel. Wij namen plaatsen in de parterre, waarvoor wij veertig sou betaalden. Men heeft dan een staanplaats en men treft er goed gezelschap aan. De opera is lust en leven van de natie. Solus Gallus cantat.[1]

Na een symfonie, die heel mooi was in zijn soort, en werd uitgevoerd door een uitstekend orkest, ging het gordijn omhoog, en zag ik een decor dat de Piazzetta weergaf, gezien van het eilandje San Giorgio Maggiore. Tot mijn verbazing zag ik echter het dogenpaleis links van mij, en de Procuraties en de grote klokkentoren rechts. Ik begon te lachen om deze hoogst komieke fout, beschamend voor mijn eeuw, en Patu moest er eveneens om lachen toen ik hem de vergissing had uitgelegd. De muziek, mooi maar ouderwets, trok even mijn aandacht omdat ze nieuw voor mij was, en verveelde mij daarna, en het recitatief hinderde mij door de eentonigheid en de zinloze kreten. Volgens de Fransen vervangt dit recitatief de melopee van de Grieken en ons recitativo, dat zij verfoeien, maar niet zouden verfoeien als zij onze taal kenden.

Wat betreft de fout in het decor, ik schreef deze toe aan grove onwetendheid van de schilder die een slechte kopie van een prent had gemaakt. Als hij daarop mannen had aangetroffen die aan hun rechterzijde een degen droegen, zou hij niet hebben begrepen dat de degen zich aan de linkerzijde moest bevinden ook al zag hij hem rechts.

De handeling vond plaats op een dag tijdens het carnaval waarop de Venetianen verkleed over de grote Piazza San Marco rondlopen, en er werden op avontuurtjes beluste mannen opgevoerd, koppelaarsters en meisjes die verhoudingen begonnen en beëindigden. Waar ik erg om moest lachen, was dat ik uit de

1. Solus Gallus cantat: een woordspeling. Gallus betekent zowel 'haan' als 'Galliër' en 'cantare' zowel 'zingen' als 'kraaien'; de twee vertalingen luiden dus 'alleen de haan kraait' en 'alleen de Galliër zingt'.

coulissen de Doge met twaalf raadsheren zag komen, die gehuld in bizarre toga's een passacaglia[1] begonnen te dansen. Plotseling hoorde ik de parterre klappen bij het verschijnen van een grote, mooi gebouwde, gemaskerde danser, getooid met een zwarte pruik met lange krullen die tot halverwege zijn lichaam vielen, en gekleed in een toga die van voren open was en tot zijn hielen reikte. Patu zei mij op eerbiedige, adorerende toon dat ik de grote Dupré zag. Ik had over hem horen spreken, en lette op. Ik zag hoe de welgevormde gestalte met ritmische passen naar voren liep, en bij het orkest gekomen langzaam zijn gesloten armen ophief, daarmee enkele sierlijke buigingen maakte, ze geheel uitstrekte, vervolgens weer sloot, enkele voetbewegingen maakte en een aantal kleine passen, enkele kuitenflikkers sloeg, gevolgd door een pirouette, en daarna achteruitlopend tussen de coulissen verdween. De hele dans van Dupré had maar dertig seconden geduurd. Er volgde een algemeen applaus van de parterre en de loges; ik vroeg Patu waar dit applaus voor bestemd was, waarop hij mij ernstig antwoordde dat men klapte voor de gratie van Dupré en de goddelijke harmonie van zijn bewegingen. Hij was, zo vertelde hij mij, zestig jaar en dezelfde als hij veertig jaar eerder was geweest.

'Wat? Heeft hij nooit anders gedanst?'

'Hij kan nooit beter hebben gedanst, want het optreden dat je nu hebt gezien, is volmaakt. Bestaat er iets beters dan volmaakt? Hij doet altijd hetzelfde, en wij vinden het steeds nieuw. Dat is de kracht van het mooie, goede, ware, het raakt de ziel. Dit is echt dansen, het is een lied, jullie hebben daar in Italië geen idee van.'

Aan het eind van het tweede bedrijf verscheen Dupré opnieuw, gemaskerd uiteraard, en voerde op een andere melodie in mijn ogen dezelfde dans uit. Hij liep naar het orkest, en bleef

1   Passacaglia: een langzame dans van Spaanse herkomst.

een ogenblik stilstaan in een houding die – ik moet het toegeven – zeer sierlijk was. Plotseling hoorde ik een honderdtal
stemmen in de parterre fluisteren: 'O, God! O, God. Hij groeit,
hij groeit!'

En inderdaad leek hij op een elastisch voorwerp dat, zich uit-
strekkend, groter werd. Ik gaf Patu toe dat het geheel bijzonder
was, en ik zag dat dit hem tevreden stemde. Plotseling zag ik na
Dupré een danseres die als een bezetene over het hele toneel
rende en in snelle opeenvolging naar links en rechts kuitenflikkers sloeg, maar daarbij nauwelijks opsprong. Zij kreeg een hevig applaus.

'Zij is de beroemde Camargo. Mijn beste, je bent op tijd in
Parijs om haar te zien. Zij is ook zestig jaar. Zij was de eerste
danseres die sprongen durfde te maken. Daarvoor voerden
danseressen geen sprongen uit. Het bijzondere is dat zij geen
broek draagt.'

'Neem mij niet kwalijk, maar die heb ik gezien.'

'Wat heb je gezien? Wat je zag, was haar huid en die is niet
wit, om je de waarheid te zeggen.'

'La Camargo is mijn smaak niet,' zei ik boetvaardig. 'Ik zie
liever Dupré.'

Een zeer oude bewonderaar naast mij zei tegen mij dat zij de
saut de basque[1] en zelfs de gargouillade[2] uitvoerde en dat hij
nog nooit haar dijen had gezien hoewel zij zonder broek danste.

'Maar als u nog nooit haar dijen hebt gezien, hoe kunt u dan
zweren dat zij geen broek aanhad!'

'Ach, dat zijn dingen die men gewoon weet. Ik begrijp dat
mijnheer een vreemdeling is.'

'Dat is inderdaad het geval.'

1   Saut de basque: sprong waarbij men om zijn as draait.
2   Gargouillade: een snelle dans die voornamelijk uit halve pirouettes
bestaat.

Iets wat mij beviel bij de Franse opera was het wisselen van de decors na een fluitsignaal. En ook hoe het orkest inzette na een tik van de strijkstok. Wat mij echter onaangenaam verbaasde, was de schepper van de muziek die met een stafje in de hand wild naar rechts en naar links boog, alsof hij alle instrumenten door middel van koorden liet spelen. Wat mij ook genoegen deed, was de stilte van alle toeschouwers. Men neemt terecht aanstoot aan het ergerlijke rumoer dat in Italië wordt gemaakt als er wordt gezongen, en voelt daarna de drang te lachen als men de stilte opmerkt die in acht wordt genomen bij het uitvoeren van het ballet. Er is geen plaats op de wereld waar een toeschouwer geen buitensporigheden aantreft als hij een vreemdeling is, want als hij uit het land zelf komt, is hij niet in staat ze te onderscheiden.

Ik vond de Comédie Française erg naar mijn zin. Het deed mij groot genoegen ernaartoe te gaan op de dagen dat er oude stukken werden opgevoerd en er geen tweehonderd toeschouwers waren. Ik zag *Le Misanthrope, L'Avare, Le Joueur, Le Glorieux*[1] en beeldde mij in dat ik naar de eerste voorstelling ervan keek. Ik was op tijd gekomen Sarasin te zien, Grandval, zijn vrouw, La Dangeville, La Dumesnil, La Gaussin en La Cléron, Préville, en een aantal actrices die het toneelspelen hadden opgegeven en van een jaargeld leefden, onder wie La Le Vasseur. Ik vond het plezierig met hen te praten, want zij vertelden mij de meest verrukkelijke anekdotes. Bovendien waren zij erg hulpvaardig. Er werd een treurspel opgevoerd waarin een mooie figurante een priesteres speelde.

'Wat een mooi meisje!' zei ik tegen een van de matrones.

1 *Le Misanthrope ... Le Glorieux: Le Misanthrope* en *L'Avare* zijn toneelstukken van Molière (eerste opvoeringen respectievelijk 1666 en 1668), *Le Joueur* is een komedie van Jean-François Regnard (1696) en *Le Glorieux* een komedie van Philippe Nericault-Destouches (1732).

'Ja, beeldig. Zij is de dochter van de man die de vertrouweling speelde. Zij is erg aardig in de omgang, en het ziet ernaar uit dat zij veel succes krijgt.'

'Ik zou graag met haar kennis maken.'

'O, God, dat is niet moeilijk. Haar vader en moeder zijn de betrouwbaarheid zelf, en ik ben er zeker van dat het hun veel genoegen zal doen als u hen uitnodigt voor een souper. Zij zullen u niet hinderen, maar gaan slapen en u aan tafel net zolang met het meisje laten praten als u wilt. U bent in Frankrijk, mijnheer, waar de mensen weten wat het leven waard is en trachten er het beste van te maken. Wij houden van de genoegens van het leven en prijzen ons gelukkig als wij ze kunnen animeren.'

'Dit is een hoogstaande wijze van denken, mevrouw, maar waar wilt u dat ik de moed vandaan haal fatsoenlijke mensen die ik niet ken, uit te nodigen voor een souper?'

'Ach, mijn God, wat haalt u zich in uw hoofd! Wij kennen iedereen. U ziet hoe ik u behandel. Zou er iemand zijn die denkt dat ik u niet ken! Na het stuk zal ik u voorstellen.'

'Mevrouw, ik zal u vragen mij een andere dag die eer te bewijzen.'

'Wanneer u maar wilt, mijnheer.'

Alle Italiaanse acteurs in Parijs wilden mij laten zien hoe rijk zij leefden. Zij nodigden mij uit voor maaltijden en onthaalden mij gul. Carlino Bertinazzi die Arlecchino speelde, en door heel Parijs werd aanbeden, herinnerde mij eraan dat hij mij dertien jaar eerder in Padua had gezien toen hij met mijn moeder uit Petersburg kwam. Hij gaf mij een voortreffelijk diner bij mevrouw De la Caillerie, in wier huis hij woonde. Deze dame was op hem verliefd. Zij had vier kinderen die door het huis heen fladderden. Ik maakte haar echtgenoot een compliment over de leuke kinderen, waarop hij antwoordde dat zij van Carlino waren.

'Dat mag dan zo zijn, maar intussen bent u degene die voor hen zorgt. Zij dienen u als vader te zien en zullen uw naam dragen.'

'Ja, volgens de wet zou dat zo zijn, maar Carlino is een veel te fatsoenlijk mens om niet voor hen te zorgen als het bij mij zou opkomen mij van hen te ontdoen. Hij beseft terdege dat zij van hem zijn, en mijn vrouw zou de eerste zijn zich erover te beklagen, als hij dit zou bestrijden.'

Zo dacht deze rechtschapen man hierover, en in deze bewoordingen zette hij op bedaarde toon zijn standpunt uiteen.

Hij hield evenveel van Carlino als zijn vrouw, met als enig verschil dat er als resultaat van zijn genegenheid geen kinderen geboren werden. Dergelijke verhoudingen zijn in Parijs niet zeldzaam bij mensen uit een bepaalde klasse. Twee van de meest vooraanstaande edellieden ruilden in alle pais en vree van vrouw, en verwekten kinderen die niet de naam van hun echte vader droegen, maar die van de echtgenoot van hun moeder. Dit gebeurde nog geen eeuw geleden (Boufflers en Luxembourg)[1] en de afstammelingen van hun kinderen dragen nog dezelfde naam. Degenen die op de hoogte zijn van deze zaak, glimlachen erom en terecht. Ergens met reden over kunnen glimlachen is een privilege dat alleen is voorbehouden aan degenen die het fijne van een zaak weten.

De rijkste Italiaanse acteur was Pantalone; hij was de vader van Corallina en Camilla.[2] Daarnaast beheerste en praktiseerde hij de vaardigheid van het verstrekken van leningen op onderpand. Hij wilde graag dat ik bij hem thuis kwam dineren. Ik vond de twee zusters betoverend. Corallina werd onderhouden door de prins van Monaco, zoon van de hertog van Valentinois, die nog in leven was, en Camilla was verliefd op graaf De Melfort, de gunsteling van de hertogin van Chartres, die in die tijd hertogin van Orléans was geworden vanwege de dood van haar schoonvader.

Corallina was minder levendig dan Camilla, maar leuker om te zien. Ik begon mijn opwachting bij haar te maken, op niet-officiële tijdstippen, mij opstellend als een onbelangrijk figuur. Deze niet-officiële tijdstippen komen echter ook toe aan de officiële minnaar, en dit had tot gevolg dat ik soms bij haar was als

1 Boufflers en Luxembourg: Joseph-Marie, hertog van Boufflers (1706-1747), echtgenoot van Marie-Angelique de Neufville-Villeroy (1707-1787), ruilde van vrouw met hertog Charles-François-Frédéric de Montmorency-Luxembourg (1702-1764), die was getrouwd met Marie-Sophie Emilie Honorata Colbert de Seignelay. Na de dood van Boufflers in 1747 trouwde zijn vrouw met de hertog van Luxembourg.
2 Pantalone ... Camilla: Casanova noemt hen bij de namen van de figuren die zij op het toneel speelden. Het gaat hier over Carlo Veronese (1702-1762) en zijn dochters Anna Maria en Giacoma Antonia.

de prins haar opzocht. Tijdens de eerste ontmoetingen boog ik en vertrok, maar daarna vroegen zij mij te blijven, want prinsen weten gewoonlijk niet wat zij moeten als zij alleen met hun maîtresses zijn. Wij soupeerden met zijn drieën; hun bijdrage aan ons samenzijn was naar mij te kijken, te luisteren en te lachen; de mijne te eten en te praten.

Ik achtte het mijn plicht beleefdheidsbezoeken af te leggen bij de prins in het Matignonpaleis in de rue de Varenne.

'Het doet mij genoegen,' zei hij op een morgen tegen mij, 'dat u bent gekomen, want ik heb de hertogin van Ruffec beloofd u naar haar mee te nemen, en we gaan meteen.'

Nog een hertogin! Meer kon ik niet wensen. Wij stapten in een *diable*[1] een rijtuig dat toen in de mode was, en zo kwamen wij om elf uur 's morgens bij de hertogin. Ik zag een vrouw van zestig jaar met een met rouge bedekt gezicht, een huid vol rode adertjes, mager, lelijk en verlept. Zij zat in een onfatsoenlijke houding op een sofa. Toen zij mij zag, riep zij uit: 'O, wat een knappe jongen! Prins, je bent een schat. Kom hier zitten, jongen.'

Ik gehoorzaamde onthutst, en werd onmiddellijk afgestoten door een ondraaglijke walm van muskus. Ik zag een afzichtelijke boezem die de feeks volledig etaleerde, en puisten. Deze waren weliswaar aan het oog onttrokken door mouches, maar tastbaar aanwezig. Wat overkwam mij? De prins ging weg. Hij zei mij dat hij over een halfuur zijn *diable* naar mij zou terug sturen en bij Corallina op mij zou wachten.

Vrijwel meteen na het vertrek van de prins overviel de harpij mij door mij een kus aan te bieden van twee kwijlende lippen. Ik zou misschien de pil hebben moeten slikken, als zij niet op hetzelfde ogenblik een dorre arm had uitgestrekt naar de plaats

1 Diable: een elegant rijtuig op vier wielen. Het had een overkapping en was aan de zijkanten open.

46

waarop in haar helse furie haar ziel was toegespitst.

'Laten we eens zien of je een mooie ... hebt.'

'O, mijn God, mevrouw de hertogin!'

'Trek je je terug? Kom nou! Je gedraagt je als een kind.'

'Ja, mevrouw, ik heb namelijk...'

'Wat is er?'

'Ik heb... Ik kan niet... Ik durf niet...'

'Wat heb je dan?'

'Ik heb een dr...'

'Bah, smeerlap!'

Zij stond boos op, ik eveneens. Ik liep snel naar de deur en verliet het huis, daarbij vrezend dat de portier mij zou tegenhouden. Ik nam een fiaker en ging naar Corallina, aan wie ik een getrouw verslag uitbracht van het naargeestige avontuur.

Zij lachte er hartelijk om, maar was het tegelijkertijd met mij eens dat de prins mij een gemene streek had geleverd. Zij prees de tegenwoordigheid van geest waarmee ik mij uit de oneerbare situatie had gered, maar zij gaf mij niet de gelegenheid haar ervan te overtuigen dat ik de hertogin had misleid. Desondanks wanhoopte ik niet. Ik wist dat zij vond dat ik niet verliefd genoeg was.

Drie of vier dagen later sprak ik tijdens het souper zo indringend tegen haar en vroeg haar zo onomwonden om uitsluitsel dat zij beloofde mij de volgende dag de beloning voor mijn tederheid te geven.

'De prins van Monaco komt pas overmorgen uit Versailles terug,' zei zij. 'Wij gaan morgen samen naar de *garenne*,[1] wij dineren dan samen, jagen met fretten en keren in een goede stemming terug naar Parijs.'

---

1   *Garenne:* een reservaat waar allerlei soorten wild in stand werden gehouden. In de achttiende eeuw werd dit woord uitsluitend gebruikt voor konijnenreservaten.

'Uitstekend.'

Wij stapten de volgende morgen om tien uur in een sjees en naderden kort daarna de tolboom[1] van Vaugirard. Op het ogenblik dat wij voorbijreden, passeerde ons vanuit tegenovergestelde richting een vis-à-vis die er uitheems uitzag. 'Stop, stop!'

Het was de chevalier De Württemberg, die zonder mij een blik waardig te keuren Corallina begon te vleien. Hij stak vervolgens zijn hele hoofd naar buiten, en fluisterde haar iets toe; zij antwoordde op dezelfde wijze, hij zei nog meer, zij dacht even na, en zei daarna tegen mij, terwijl zij, één en al glimlach, mijn hand pakte: 'Ik moet een belangrijke zaak met de prins afhandelen. Ga naar de *garenne*, mijn beste, dineer daar en kom vanavond bij me langs.'

Terwijl zij dit zei, stapte zij uit, klom in de vis-à-vis, en liet mij over aan mijn lot.

Aan de lezer die zich in een situatie heeft bevonden die vergelijkbaar is met de mijne, hoef ik niet uit te leggen wat voor soort woede in mij opvlamde op dit smadelijke ogenblik. Ik ben niet in staat dit uit te leggen aan degenen die zoiets niet hebben meegemaakt. Ik wilde geen ogenblik langer in die vervloekte sjees blijven zitten. Ik zei tegen de knecht dat hij naar de duivel kon lopen, nam de eerste fiaker die ik zag en reed naar Patu, aan wie ik kokend van woede het verhaal vertelde. Patu vond mijn avontuur komiek, niet nieuw, en passend in het patroon.

'Passend in het patroon?'

'Ja, want dit is iets wat vroeg of laat iedere officieuze minnaar overkomt. Als hij verstandig is, bereidt hij zich erop voor deze

1 Tolboom. Er bevonden zich op de toegangswegen naar Parijs zestig tolbomen waar belasting werd geheven over consumptiegoederen die Parijs werden binnengebracht.

onaangenaamheid te verdragen. Wat mij aangaat, ik benijd je om dit ongerief. Je kunt er zeker van zijn dat Corallina zich morgen aan je zal geven.'

'Ik wil haar niet meer.'

'Dat is iets anders. Heb je zin in het Hôtel du Roule[1] te gaan dineren?'

Het Hôtel du Roule was vermaard in Parijs. In de twee maanden dat ik er woonde, had ik het nog nooit gezien, en ik was er heel nieuwsgierig naar. De vrouw die het bordeel dreef en de villa had gehuurd, had deze zeer goed ingericht, en huisvestte een selecte groep van twaalf tot veertien meisjes. Zij had een goede kok, goede wijnen, uitstekende bedden, en zij ontving iedereen die haar huis een bezoek kwam brengen hartelijk. Zij werd madame Paris genoemd en stond onder bescherming van de politie. Het huis bevond zich op enige afstand van Parijs, zodat zij er zeker van was dat zij behoorlijk publiek kreeg, aangezien het te afgelegen lag om het lopend te bereiken. Haar onderneming was uitstekend georganiseerd; alle genoegens hadden een vaste prijs en waren niet duur. Men betaalde zes franc om er met een meisje te ontbijten, twaalf franc om er te blijven dineren, en één louis om er te souperen en te slapen. Het was een ordelijk huis, waar met bewondering over werd gesproken. Ik had veel zin ernaartoe te gaan, en stelde vast dat ik het prefereerde boven de *garenne*.

Wij stapten in een fiaker. Patu zei tegen de koetsier: 'Naar de porte Chaillot.'

'Bestemming begrepen, edele heer.'

Hij was er binnen een halfuur. Hij hield stil bij een koetspoort waarop ik *Hôtel du Roule* las. De poort was gesloten. Uit een achterdeur verscheen een besnorde bediende, die ons op-

---

1 Hôtel du Roule: een bordeel. Hôtel wordt hier in de betekenis van groot herenhuis, villa gebruikt.

nam. Ons uiterlijk stond hem aan en hij deed de poort open. Wij stuurden onze fiaker weg, liepen naar binnen, en hij sloot de poort. Een goed geklede, beleefde, vijftigjarige vrouw die een oog miste, vroeg ons of wij waren gekomen om bij haar te dineren en de meisjes uit haar huis te zien. Wij zeiden ja en zij bracht ons naar een zaal, waar wij veertien meisjes zagen zitten, identiek gekleed in wit mousseline. Zij waren bezig te hand-werken en stonden op toen wij verschenen. Wij maakten op hetzelfde ogenblik een diepe buiging. Zij waren allen goed ge-kapt, allen bijna even oud, allen aantrekkelijk, sommigen, groot, anderen van gemiddelde lengte, weer anderen kleiner en hadden donker, blond of kastanjebruin haar. Wij namen allen keurend op en maakten tegen elk een paar opmerkingen. Op hetzelfde ogenblik dat Patu zijn meisje koos, legde ik beslag op het mijne. De twee uitverkorenen slaakten een kreet van blijd-schap, vielen ons om de hals, en leidden ons het vertrek uit naar de tuin om daar te wachten tot wij voor het diner zouden wor-den geroepen. Madame Paris liet ons gaan met de woorden: 'Ik wens u een plezierige wandeling in mijn tuin, mijne heren: ge-niet van de goede lucht, de vredigheid, de rust, en de stilte die in mijn huis heersen. Ik sta in voor de goede gezondheid van de meisjes die u hebt gekozen.'

Na een korte wandeling nam elk van ons zijn meisje mee naar een kamer op de begane grond. Het meisje dat ik had ge-kozen, had iets weg van Corallina, dus bracht ik haar meteen hulde. Wij werden aan tafel geroepen en dineerden tamelijk goed, maar we hadden nog maar net koffie gedronken toen de eenogige vrouw met een horloge in de hand verscheen, ons meedeelde dat ons verzetje ten einde was en de meisjes terug-riep. Als wij echter nog eens zes franc betaalden, zouden wij ons tot de avond kunnen vermaken. Patu antwoordde dat hij graag wenste te blijven, maar dan wel een ander meisje wilde kiezen, en ik dacht er net zo over.

'U hebt het voor het zeggen, mijne heren.'

Wij keerden dus terug naar de harem, maakten opnieuw een keuze, en gingen een wandeling maken. Zoals voor de hand lag, stelden wij bij deze tweede schermutseling vast dat wij tijd te kort kwamen. Wij kregen op een onaangenaam ogenblik te horen dat de tijd voorbij was, maar moesten dit aanvaarden en ons schikken naar de regels. Ik nam Patu ter zijde en wij kwamen na enkele wijsgerige beschouwingen tot de slotsom dat deze met de klok gedoseerde genoegens niet volmaakt waren.

'Laten we nog een keer naar de harem gaan,' zei ik tegen hem, 'een derde meisje uitkiezen, en ervoor zorgen dat wij tot morgen over hen kunnen beschikken.'

Dit plan trok Patu aan, en wij deelden het mee aan de abdis, die vond dat wij hiermee toonden over levensinzicht te beschikken. Toen wij echter terugkwamen in de zaal om een nieuwe keuze te maken, en de meisjes die wij eerder hadden gehad merkten dat zij versmaad werden, lachten alle anderen hen uit, waarop zij wraak namen door ons te honen en voor slappe lummels uit te maken.

Ik was echter verbaasd toen ik het derde meisje zag – zij was een schoonheid. Ik dankte de hemel ervoor dat zij mij niet eerder was opgevallen, want ik was er nu zeker van dat ik haar veertien uur bij mij zou hebben. Haar naam was Saint-Hilaire. Zij was het meisje dat onder dezelfde naam faam verwierf met een lord die haar meenam naar Engeland. Zij keek mij trots en minachtend aan. Ik moest meer dan een uur met haar wandelen om haar tot kalmte te brengen. Zij vond dat ik het niet verdiende met haar te slapen omdat ik het had gewaagd haar niet de eerste of tweede keer te nemen. Toen ik haar echter uitlegde dat wij beiden profijt zouden hebben van mijn onoplettendheid, begon zij te lachen en zich aardig te gedragen. Dit meisje was intelligent, ontwikkeld, en bezat alle vereisten om veel succes te krijgen in het beroep dat zij gekozen had. Tijdens het souper zei

Patu in het Italiaans tegen mij dat ik hem net voor was geweest, maar dat hij haar vijf of zes dagen later wilde hebben. Hij verzekerde mij de volgende dag dat hij de hele nacht had geslapen; ik volgde zijn voorbeeld echter niet.[1] La Saint-Hilaire was erg tevreden over mij en schepte daarover op tegen haar vriendinnen. Voordat ik naar Fontainebleau vertrok, ben ik meer dan tien keer teruggegaan naar het huis van madame Paris, en had niet de moed er een ander meisje te nemen. Saint-Hilaire was er trots op dat zij mij had kunnen binden.

Het Hôtel du Roule was er de oorzaak van dat mijn drang Corallina te veroveren verflauwde. Een Venetiaans musicus, Guadagni genaamd, knap, bekwaam in zijn beroep, en erg intelligent, slaagde erin Corallina voor zich in te nemen, twee of drie weken nadat ik ruzie met haar had gekregen. Corallina werd nieuwsgierig naar de knappe jongeman, wiens manlijkheid ophield bij zijn uiterlijk, en hij werd de oorzaak van haar breuk met de prins van Monaco die haar op heterdaad betrapte. Corallina lijmde de breuk echter en slaagde daarin zo goed dat zij hem na negen maanden een kind schonk. Het was een meisje dat zij Adelaïde noemde en dat door de prins met een bruidsschat werd bedeeld. Daarop verliet de prins haar na de dood van de hertog de Valentinois om met mejuffrouw Brignole te huwen, een Genuese. Corallina werd de maîtresse van graaf De la Marche, die nu prins de Conti is. Corallina leeft niet meer en een zoon die de prins van haar kreeg en wie hij de titel graaf de Montreal[2] gaf evenmin. Maar laten wij teruggaan naar mijzelf.

1 Ik volgde zijn voorbeeld echter niet: er staat in het manuscript 'mais je ne l'ai pas imité'. Strikt genomen een onlogische opmerking. Casanova kon Patu's voorbeeld niet volgen omdat hij pas de volgende dag hoorde dat Patu de hele nacht had geslapen.
2 Montreal: de natuurlijke zoon van de prins de Conti en Corallina was graaf de Vauréal.

Madame la Dauphine beviel in die tijd van een prinses, die meteen de titel Madame de France kreeg. In de maand augustus zag ik in het Louvre de nieuwe schilderijen die de leden van de Koninklijke Academie voor Schilderkunst aan het publiek tentoonstelden. Omdat ik geen schilderijen van veldslagen zag, vatte ik het plan op mijn broer Francesco naar Parijs te laten komen. Hij was in Venetië en had aanleg voor dit genre. Omdat Parrocel, de enige Franse veldslagenschilder, was overleden, dacht ik dat mijn broer hiermee rijk zou kunnen worden. Ik schreef mijnheer Grimani en mijn broer zelf hierover, en ik overtuigde hen, maar hij kwam pas in het begin van het volgende jaar in Parijs aan.

Koning Lodewijk xv, een hartstochtelijk jager, had de gewoonte ieder jaar in de herfst zes weken in Fontainebleau door te brengen. Hij was altijd half november in Versailles terug. De reis kostte hem vijf miljoen. Hij nam alles mee wat kon bijdragen tot het vermaak van alle buitenlandse diplomaten en het hele hof. De Franse en Italiaanse toneelspelers kregen opdracht hem te volgen, evenals zijn acteurs en actrices van de Opéra. Fontainebleau was in die zes weken veel luisterrijker dan Versailles. Desondanks bleef de grote stad Parijs niet verstoken van toneel. Men kon gewoon naar de opera en de Franse en Italiaanse komedie, want door de overvloed van acteurs kon iedereen vervangen worden.

Mario, Balletti's vader, die volledig van zijn ziekte was hersteld, moest met zijn vrouw Silvia en zijn hele gezin naar Fontainebleau reizen. Hij nodigde mij uit met hen mee te gaan en bood mij onderdak aan in het huis dat hij had gehuurd. Ik nam het aanbod aan. Ik zou nooit een betere kans krijgen heel het hof van Lodewijk xv en alle buitenlandse diplomaten te leren kennen. Ik maakte dus mijn opwachting bij mijnheer Morosini, de huidige Procuratore di San Marco, en toen ambassadeur van de Republiek bij de koning van Frankrijk. De eerste dag dat er een opera zou worden opgevoerd stond hij mij toe mij bij hem te voegen. De muziek was van Lully. Ik had een parketplaats, net onder de loge waar zich mevrouw de Pompadour bevond, die ik niet kende. Tijdens het eerste bedrijf kwam de beroemde La Le Maure uit de coulissen het toneel op en slaakte bij haar tweede regel onverwacht zo'n luide kreet dat ik dacht dat zij gek was geworden. Ik schoot in alle onschuld in de lach, geen ogenblik vermoedend dat iemand er aanstoot aan zou nemen. Een *cordon bleu*,[1] die zich bij de markiezin bevond, vroeg mij bits uit welk land ik kwam, waarop ik bits antwoordde dat ik uit Venetië kwam.

'Toen ik in Venetië was, heb ik ook vaak gelachen tijdens het recitatief van uw opera's.'

'Daar twijfel ik niet aan, mijnheer, en ik ben er eveneens zeker van dat niemand daar op het idee is gekomen u het lachen te beletten.'

Mevrouw de Pompadour moest lachen om mijn tamelijk scherpe antwoord en vroeg mij of ik echt van 'daar beneden' kwam.

'Waarvandaan?'

'Uit Venetië.'

'Venetië, mevrouw, ligt niet beneden maar boven.'

Men vond dit antwoord nog zonderlinger dan het eerste, en de hele loge overlegde om te bepalen of Venetië nu beneden of boven lag. Men vond duidelijk dat ik gelijk had en ik werd niet meer aangevallen. Ik luisterde zonder te lachen naar de opera. Omdat ik verkouden was, snoot ik mijn neus te vaak. Dezelfde cordon bleu die ik niet kende – het was demaréchal de Richelieu –, zei mij dat de ramen van mijn kamer kennelijk niet goed gesloten waren geweest.

1 Cordon bleu: een ridder van de orde van de Heilige Geest, herkenbaar aan een blauw lint.

'Neemt u mij niet kwalijk mijnheer; ze zijn zelfs *calfoutrées*.[1]

Er werd toen langdurig gelachen, en ik voelde me vernederd, omdat ik besefte dat ik het woord 'calfeutrées' verkeerd had uitgesproken. Een halfuur later vroeg mijnheer de Richelieu mij welke van de twee actrices ik mooier vond.

'Die daar.'

'Zij heeft lelijke benen.'

'Die ziet men niet, mijnheer, en verder is het zo dat ik bij het beoordelen van de schoonheid van een vrouw als eerste de benen ter zijde schuif.'[2]

Door deze onbedoeld geestige opmerking waarvan ik de draagkracht niet kende, verwierf ik aanzien en werd het gezelschap in de loge nieuwsgierig naar mij. De maréchal hoorde wie ik was van mijnheer Morosini[3] persoonlijk. Die zei mij dat het hem[4] genoegen zou doen als ik mijn opwachting bij hem zou maken. Mijn uitspraak werd beroemd, en de maréchal de Richelieu ontving mij vriendelijk. De buitenlandse diplomaat met wie ik de nauwste banden onderhield was Lord Keith,[5] Marshal of Scotland, die ambassadeur van de koning van Pruisen was. Ik zal bij gelegenheid nog over hem spreken.

Op de tweede dag na mijn aankomst in Fontainebleau ging

1 Calfoutrées: Casanova bedoelt calfeutrées, dat 'dichtgestopt' (van gaten en kieren) betekent. Aangezien 'foutre' 'neuken' betekent, debiteert Casanova dus zonder het te beseffen een obsceniteit ('dichtgeneukt' in plaats van 'dichtgestopt').

2 'Ter zijde schuif: onvertaalbare woordspeling. Casanova gebruikt het werkwoord écarter dat zowel 'spreiden, uitspreiden' als 'opzij schuiven' betekent.

3 Morosini: de Venetiaanse ambassadeur.

4 Hem: nl. de maréchal de Richelieu.

5 Lord Keith: Casanova ontmoette deze Lord Keith eerder in Constantinopel.

ik alleen naar het hof. Ik zag de knappe koning naar de mis gaan, alsook de hele koninklijke familie, en alle hofdames. Die verrasten mij door hun lelijkheid, zoals de vrouwen aan het hof van Turijn mij hadden verbaasd door hun schoonheid. Toen ik echter een verrassende schoonheid zag te midden van zoveel lelijkheid vroeg ik iemand wat de naam van de dame was.

'Dat is mevrouw de Brionne, mijnheer. Haar deugdzaamheid is nog groter dan haar schoonheid. Er gaat namelijk niet alleen geen enkel verhaal over haar, maar zij heeft ook kwaadsprekers nooit enige aanleiding gegeven er een te verzinnen.'

'Misschien is men nooit ergens achter gekomen.'

'Ach mijnheer, aan het hof komt men overal achter.'

Ik liep door, alleen, en zwierf overal rond, tot in de koninklijke verblijven, toen ik tien of twaalf lelijke dames zag die meer holden dan liepen en zo stuntelig dat het leek of zij plat op hun gezicht zouden vallen. Ik vroeg waar zij vandaan kwamen en waarom zij zo ongelukkig liepen.

'Zij komen uit de verblijven van de koningin die gaat dineren, en zij lopen zo moeilijk omdat zij door hun muiltjes met hakken van een halve voet[1] hoog gedwongen zijn met gebogen knieën te lopen.'

'Waarom dragen zij geen lagere hakken?'

'Omdat zij denken dat zij door deze hakken groter lijken.'

Ik liep een zuilengang binnen, en zag de koning voorbijlopen, met een arm om de schouders van mijnheer d'Argenson.[2] De kop van Lodewijk XV was prachtig en stond op volmaakte wijze op zijn hals. Zelfs de meest bedreven schilders waren niet in staat het hoofd van de monarch te tekenen als hij het draaide om naar iemand te kijken. Men voelde op slag de drang van hem te houden. Ik vond dat ik nu de majesteit zag die ik tever-

1 Halve voet: 16¼ cm.
2 D'Argenson: de minister van oorlog.

geefs in het gezicht van de koning van Sardinië had gezocht. Ik was ervan overtuigd dat mevrouw de Pompadour op dit uiterlijk verliefd was geworden toen het haar lukte kennis met hem te maken. Dit was misschien niet waar, maar het gezicht van Lodewijk xv dwong de toeschouwer zo te denken.

Ik liep een vertrek binnen waar ik tien tot twaalf hovelingen rond zag lopen. Ik zag ook een tafel, die in gereedheid was gebracht voor de middagmaaltijd. De tafel bood plaats aan twaalf personen, maar was maar gedekt voor één.

'Voor wie is die tafel?'

'Voor de koningin die gaat dineren.[1] Daar is zij.'

Ik zag de koningin van Frankrijk, zonder rouge, met een grote kap op haar hoofd. Zij zag er oud en vroom uit, bedankte de twee nonnen die een schotel met verse boter op de tafel zetten. Zij ging zitten. De tien tot twaalf hovelingen die door het vertrek liepen gingen op tien pas afstand in een halve cirkel voor de tafel staan, en ik voegde mij in diepe stilte bij hen.

De koningin begon te eten zonder naar iemand te kijken, met haar ogen op haar bord gericht. Zij had van een schotel iets gegeten en omdat dit gerecht haar goed had gesmaakt, wilde zij er opnieuw van nemen. Terwijl zij er voor een tweede maal van nam, liet zij haar ogen weiden over alle aanwezigen, kennelijk om iemand te ontdekken aan wie zij rekenschap kon afleggen van haar smulpaperij. Zij vond de persoon, en richtte als volgt het woord tot hem: 'Mijnheer von Lowendal.'[2]

Bij deze naam zag ik een knappe man, twee duim groter dan ik, een buiging maken en drie passen naar de tafel lopen. Hij antwoordde: 'Mevrouw!'

1 Dineren: de middagmaaltijd eten.
2 Mijnheer von Lowendal: Ulrik Frederik Volman, baron von Lowendal (1700-1755), maréchal de France sinds 1747, nam tijdens de Oostenrijkse successieoorlog de vesting Bergen-op-Zoom in.

'Ik geloof dat van alle ragouts een fricassee[1] van kip de voor-keur verdient.'

'Dat ben ik met u eens, mevrouw.'

Na dit antwoord, dat op volslagen ernstige toon werd ge-geven, at de koningin door. De maréchal von Lowendal deed drie passen terug en nam zijn eerdere plaats weer in. De konin-gin zei niets meer, beëindigde de maaltijd, en keerde terug naar haar vertrekken.

Aangezien ik ernaar uit had gezien de beroemde krijgsheld te ontmoeten die Bergen-op-Zoom had ingenomen, was ik er zeer mee ingenomen dat bij deze gelegenheid mijn wens was ver-vuld. De koningin van Frankrijk had hem geraadpleegd over de superioriteit van een stoofschotel, waarop hij zijn mening had kenbaar gemaakt op dezelfde toon waarop tijdens een krijgs-raad een doodvonnis wordt uitgesproken. Ik vond de anekdote kostelijk en ging naar het huis van Silvia om er goede sier mee te maken bij een elegant diner waar ik een uitgelezen gezelschap van plezierige mensen aantrof.

Acht of tien dagen later stond ik om tien uur in de zuilen-gang aan de kant met alle anderen om het steeds weer nieuwe genoegen te ondervinden de koning te zien voorbijlopen op weg naar de mis, en tevens het merkwaardige genoegen te bele-ven de tepels van Mesdames de France, zijn dochters, te zien, die zodanig gekleed waren dat zij die voor iedereen ten-toonstelden, evenals hun geheel blote schouders. Tot mijn ver-bazing zag ik opeens Giulietta, La Cavamacchie, die ik in Cese-na had achtergelaten onder de naam mevrouw Querini. Mijn verrassing haar te zien deed niet onder voor de hare mij op een plaats als deze aan te treffen. Degene die haar de arm gaf, was markies de Saint-Simon, de eerste kamerheer van de prince de Conti.

1 Fricassee: gestoofde vleeshachee.

'Mevrouw de Querini in Fontainebleau?'

'U hier? Ik moet denken aan koningin Elizabeth die zegt "Pauper ubique jacet".'[1]

'De vergelijking is zeer juist, mevrouw.'

'Ik maak maar een grapje, mijn beste, ik kom hier om de koning te zien die mij niet kent. Maar de ambassadeur zal mij morgen voorstellen.'

Zij ging vijf of zes passen van mij af in de rij staan in de richting van de deur waaruit de koning zou komen. De koning liep de galerij binnen, met naast hem mijnheer de Richelieu, en ik zag hem meteen de zogenaamde mevrouw Querini opnemen. Ik hoorde hoe hij onder het lopen letterlijk tegen zijn vriend zei: 'Wij hebben hier leukere vrouwen.'

Ik ging na de middagmaaltijd naar de woning van de ambassadeur van Venetië. Ik trof hem aan bij het dessert, in groot gezelschap, zittend naast mevrouw Querini. Toen ze mij zag, begroette zij mij overvriendelijk, wat zeer merkwaardig was voor dit onnadenkende mens dat alle reden had een hekel aan mij te hebben, want zij wist dat ik haar volledig doorgrondde en naar mijn hand had weten te zetten. Ik begreep echter wat er achter dit alles school, en nam mij voor alles te doen wat haar welkom was en zelfs als valse getuige voor haar op te treden als haar belang dit vergde.

Op een bepaald ogenblik sprak zij over mijnheer Querini, waarop de ambassadeur haar gelukwenste met het feit dat hij haar recht had laten wedervaren door met haar te trouwen.

'Ik was daar namelijk niet van op de hoogte,' zei de ambassadeur.

'Toch is het al meer dan twee jaar geleden.'

---

1 Pauper ubique jacet: de arme slaapt overal. De uitspraak is van Ovidius, maar Giulietta doelt op een aan koningin Elizabeth I gericht epigram waarin dit citaat is verwerkt.

'Dat is zo,' zei ik daarop tegen de ambassadeur, 'want twee jaar geleden stelde generaal Spada mevrouw onder de naam Querini voor aan de volledige adel van Cesena, waar ik de eer had aanwezig te zijn.'

'Ik twijfel er niet aan,' zei de ambassadeur terwijl hij mij aankeek, 'aangezien Querini zelf mij hierover heeft geschreven.'

Toen ik wilde vertrekken nam de ambassadeur mij met zich mee naar een ander vertrek, voorwendend dat hij mij een brief wilde laten lezen. Hij vroeg mij wat men in Venetië over dit huwelijk zei, en ik antwoordde hem dat niemand er iets van wist, en dat de mensen zelfs zeiden dat de erfgenaam van de familie Querini met een meisje Grimani zou trouwen.

'Ik zal overmorgen het nieuws naar Venetië schrijven.'

'Welk nieuws?'

'Dat Giulietta echt Querini is, aangezien Uwe Excellentie haar als zodanig aan Lodewijk xv zal voorstellen.'

'Wie heeft u gezegd dat ik haar zal voorstellen?'

'Zij zelf.'

'Het is mogelijk dat zij nu van mening is veranderd.'

Ik vertelde hem daarop de woorden die ik uit de mond van de koning had gehoord. Door deze uitspraak besefte hij waarom Giulietta niet meer wilde worden voorgesteld. Mijnheer de Saint-Quentin, de geheime uitvoerder van de speciale wensen van de monarch, was persoonlijk na de mis de mooie Venetiaanse komen meedelen dat de koning van Frankrijk een slechte smaak had, aangezien hij haar niet mooier had gevonden dan een aantal andere dames die zich aan het hof bevonden. Giulietta vertrok de volgende morgen vroeg uit Fontainebleau. In het begin van deze memoires heb ik over de schoonheid van Giulietta gesproken. Haar gezicht had enkele ongewone bekoorlijkheden, maar deze hadden hun kracht verloren in de tijd dat ik haar in Fontainebleau zag. Bovendien blankette zij haar gezicht, een kunstgreep die de Fransen onvergeeflijk vinden, en terecht, want witte verf verbergt de natuur. Toch zullen vrouwen, wier beroep het is te bekoren, zich ervan blijven bedienen omdat zij altijd hopen een man te vinden die zich erdoor laat misleiden.

Na mijn reis naar Fontainebleau zag ik Giulietta terug bij de Venetiaanse ambassadeur. Zij zei lachend dat zij voor de grap had gezegd dat zij mevrouw Querini was, en dat het haar een genoegen zou zijn als ik haar voortaan bij haar echte naam zou noemen, gravin Preati.[1] Zij vroeg mij bij haar langs te komen in het hôtel du Luxembourg waar zij woonde. Ik ben er heel vaak naartoe gegaan om mij te vermaken met haar konkelarijen, maar ik heb mij er niet in gemengd. In de vier maanden die zij in Parijs doorbracht dreef zij mijnheer Zanchi tot waanzin. Hij was de secretaris van de Venetiaanse ambassade, een aardige voorname, geletterde man. Zij bewerkstelligde dat hij verliefd op haar werd, hij verklaarde zich bereid met haar te trouwen, zij liet hem in de waan, en behandelde hem daarop zo slecht, en maakte hem zo jaloers dat de arme ziel zijn verstand verloor en kort daarna stierf. Graaf von Kaunitz, ambassadeur van de keizerin-koningin,[2] liet zijn oog op haar vallen, evenals graaf von Zinzendorf. De tussenpersoon bij deze korte verhoudingen was een abbé Guasco die, omdat hij verre van rijk was en daarnaast erg lelijk, alleen op haar gunsten kon hopen door haar vertrouweling te worden. De man op wie zij evenwel haar zinnen had gezet was de markies de Saint-Simon. Zij wilde zijn vrouw worden, en hij zou met haar in het huwelijk zijn getreden, als zij hem geen valse adressen had gegeven om inlichtingen over haar afkomst in te winnen. De familie Preati uit Verona bij wie zij

1 Preati: Giulietta heette eigenlijk Preato, en nam de naam aan van de adellijke familie Preati uit Verona.

2 Ambassadeur van de keizerin-koningin: de Oostenrijkse ambassadeur.

zichzelf had ingelijfd, ontkende haar aanspraak, en mijnheer de Saint-Simon, die ondanks zijn liefde erin was geslaagd zijn gezond verstand te behouden, had de kracht haar te verlaten. Het zat haar in Parijs niet mee, want zij moest er haar diamanten als onderpand achterlaten. Na haar terugkomst in Venetië slaagde zij erin te trouwen met de zoon van dezelfde mijnheer Uccelli die haar zestien jaar eerder van de armoede had verlost en haar op het toneel had gezet. Zij is tien jaar geleden gestorven.

In Parijs nam ik nog steeds lessen bij de oude Crébillon. In weerwil daarvan bracht mijn met italianismen doorspekte Frans mij ertoe in gezelschap vaak dingen te zeggen die ik niet wilde zeggen. Als ik iets uiteenzette, leverde dit bijna altijd merkwaardige komische opmerkingen op, die later werden herhaald. Mijn eigenaardig taalgebruik had geen schadelijke invloed op de mening die men zich van mijn intelligentie vormde; ik kreeg er juist enkele vooraanstaande kennissen door. Verscheidene hoog aangeschreven vrouwen verzochten mij hun Italiaans te leren opdat zij het genoegen konden smaken, zo zeiden zij, mij Frans te leren, en die ruil leverde mij meer op dan hun.

Mevrouw Préaudeau, een van mijn leerlingen, ontving mij op een morgen terwijl zij nog in bed lag. Zij legde mij uit dat zij geen zin had les te krijgen omdat zij de vorige avond een purgeermiddel had ingenomen. Ik vroeg haar of zij zich die nacht goed had ontlast ('déchargé').[1]

---

1 Déchargé: het gesprek over het gebruik van dit Franse werkwoord is eigenlijk onvertaalbaar. In feite gaat de discussie tussen mevrouw Préaudeau en Casanova over het feit dat zij voor de lichaamsfunctie in kwestie een vaag eufemisme wil gebruiken ('purgeren: zuiveren') en hij het plastische 'déchargeren', letterlijk: ont-laden, ont-lasten. Door zijn gebrek aan ervaring met de Franse taal beseft hij niet dat hij zich te rauw uitdrukt.

'Wat vraagt u mij nu? Wat is dit voor een nieuwsgierigheid. U bent onmogelijk.'

'Mijn God, mevrouw: een purgeermiddel neemt men toch in om tot ontlasting te komen!'

'Een purgeermiddel purgeert, mijnheer, maar ontlast niet. Laat dit de laatste keer in uw leven zijn dat u zich van dit woord bedient.'

'Nu ik erover nadenk begrijp ik wel dat men verkeerd kan uitleggen wat ik zeg, maar u kunt zeggen wat u wilt, het is de juiste term.'

'Wilt u ontbijten?'

'Nee, mevrouw. Ik heb al ontbeten. Ik heb een koffie (café) gedronken met twee Savoyaarden erin.'[1]

'Mijn God! Ik overleef dit niet. Wat een waanzinnig ontbijt. Legt u dit eens uit.'

'Ik heb een koffie ('café') gedronken, net als alle andere morgens.'

'Maar dat is onzin. Een café is de plaats waar men koffie ('café') kan krijgen, maar wat men drinkt is een kopje koffie.'

'Goed, maar drinkt u dan het kopje? Wij zeggen in Italië *un caffè* en wij zijn zo pienter te begrijpen dat we niet het café zelf hebben opgedronken.'

'Hij wil geen ongelijk bekennen. En de twee Savoyaarden – hoe hebt u die naar binnen gewerkt?'

'Gedoopt in de koffie. Ze waren niet groter dan die daar op uw nachtkastje liggen.'

1 Savoyaarden: in het Italiaans Savoiardi. Dit woord betekende niet alleen inwoner van Savoye, maar werd ook gebruikt voor een bepaalde, oorspronkelijk uit Savoye afkomstige soort biscuit. In Parijs had het woord Savoyard een andere speciale bijbetekenis: het werd gebruikt voor kruiers, schoorsteenvegers, schoenpoetsers e.d., die op straat hun diensten aanboden (omdat velen van hen uit Savoye kwamen).

'En die noemt u Savoyaarden. U moet biscuit zeggen.'

'Wij noemen ze in Italië Savoyaarden, mevrouw, want ze zijn vanuit Savoye in de mode gekomen, en u kunt mij niet verwijten dat u dacht dat ik twee van de kruiers heb opgegeten die op de straathoeken het publiek hun diensten aanbieden en die u Savoyaarden noemt, terwijl ze misschien uit een andere streek komen. In de toekomst zal ik zeggen dat ik biscuits heb gegeten om mij aan uw gewoonten aan te passen, maar staat u mij toe u te zeggen dat de benaming Savoyaarden juister was.'

Haar echtgenoot kwam binnen. Zij bracht hem verslag uit van onze discussies, waarop hij lachte en zei dat ik gelijk had. Haar nicht verscheen. Het was een meisje van veertien, goed opgevoed, intelligent en erg bescheiden. Ik had haar vijf of zes lessen gegeven, en omdat zij van het Italiaans hield en erg haar best deed, begon zij het al te spreken. Hier volgt de rampzalige beleefde opmerking die zij tegen mij maakte: 'Signore, sono incantata di vi vedere in buona salute.'('Mijnheer, het doet mij genoegen u in goede gezondheid te zien.')

'Dank u, mejuffrouw. Maar als u "het doet mij genoegen" wilt vertalen, moet u zeggen *ho piacere*. En verder moet u niet zeggen *di vi vedere,* als u "u te zien" wilt vertalen, maar *di vidervi.*'

'Ik dacht dat er *vi* voor moest komen.'

'Nee, mevrouw, wij plaatsen die *derrière*[1] ('van achteren').'

Mevrouw en mijnheer bleven er bijna in, het meisje bloosde, en ik stond daar sprakeloos, en ontzet door de kapitale blunder die ik had begaan, maar er was niets aan te doen. Ik pakte geërgerd een boek, vergeefs hopend dat hun gelach zou ophouden;

1 *Derrière:* zoals Crébillon later uitlegt, had Casanova *après* ('erna') moeten zeggen. Casanova maakt niet alleen een taalfout maar ook een onbedoeld obscene opmerking omdat het Italiaans *vi* ('u') hetzelfde klinkt als het Franse *vis* (plat voor 'penis').

het duurde echter meer dan een week voort. Mijn schandelijke dubbelzinnigheid deed de ronde in Parijs en maakte mij razend. Ik had nu eindelijk de macht van de taal ondervonden, en mijn krediet nam in die tijd af. Crébillon lachte hartelijk om de geschiedenis en zei mij daarna dat ik *après* had moeten zeggen en niet *derrière*. De Fransen mochten zich dan vrolijk maken over mijn fouten in het Frans, ik nam duchtig revanche door hen op bepaalde lachwekkende gewoonten in hun taalgebruik te wijzen.

'Mijnheer,' vroeg ik. 'Hoe maakt uw vrouw het?'

'Zij zal zeer vereerd zijn.'

'Ik vraag u niet hoe het met haar eer is gesteld, maar met haar gezondheid.'

Een jongeman in het Bois de Boulogne viel van zijn paard. Ik holde op hem toe om hem weer op de been te helpen, maar hij stond al soepel op.

'Hebt u zich pijn gedaan?'

'Integendeel, mijnheer.'

'De val heeft u dus goed gedaan.'

Ik was voor de eerste maal op bezoek bij mevrouw la présidente.[1] Haar neef kwam, een tot in de puntjes verzorgde verschijning. Zij stelde mij voor en noemde hem mijn naam en land van herkomst.

'Wat hoor ik, mijnheer? Bent u een Italiaan! Op mijn woord – uw voorkomen is dermate verzorgd dat ik had gewed dat u een Fransman was.'

'Mijnheer, toen ik u zag, had ik dezelfde fout kunnen maken: ik zou hebben durven wedden dat u een Italiaan was.'

'Ik wist niet dat ik eruitzag als een Italiaan.'

Ik zat aan tafel in het huis van Lady Lambert. Men zag dat ik

1 Mevrouw la présidente: in de tweede versie schrijft hij: la présidente Charon.

een kornalijn-steen aan mijn vinger had waarin op meesterlijke wijze het hoofd van Lodewijk xv was gegraveerd. Mijn ring ging de tafel rond, iedereen vond de gelijkenis treffend. Een jonge markiezin gaf mij de ring terug en zei: 'Is het werkelijk een antiek stuk?'

'U bedoelt de steen? Ja zeker, mevrouw.'

Iedereen lachte, en de markiezin die bekendstond als intelligent, vond het niet raadzaam te vragen waarom men lachte. Na de middagmaaltijd kwam het gesprek op de neushoorn die men voor vierentwintig sou per persoon op de jaarmarkt in Saint-Germain kon bezichtigen. 'Laten we gaan kijken, laten we gaan kijken.' Wij stapten in een rijtuig, hielden stil bij de jaarmarkt, en liepen verschillende malen de paden af, zoekend naar het pad waar de neushoorn zich bevond. Ik was de enige man, ik had aan beide armen een dame, de intelligente markiezin liep voor ons uit. Aan het eind van het pad waar wij, naar men ons had gezegd, het dier zouden aantreffen, zat de eigenaar bij de deur om het geld in ontvangst te nemen van degenen die naar binnen wilden. Toegegeven, de man droeg Afrikaanse kleding, was getaand, enorm dik, en zag eruit als een monster, maar dat nam niet weg dat de markiezin had moeten zien dat hij een mens was. Niets daarvan.

'Mijnheer, bent u de neushoorn?'

'Treed binnen, mevrouw. Treed binnen.'

Zij zag dat wij schudden van de lach. Bij het zien van de echte neushoorn voelde zij zich verplicht de Afrikaan haar verontschuldigingen aan te bieden. Zij verzekerde hem dat zij nog nooit in haar leven een neushoorn had gezien, en dat hij daarom geen aanstoot moest nemen aan haar vergissing.

In de foyer[1] van de Comédie Italienne, waar tijdens de pauzes de meest vooraanstaande edellieden te vinden zijn – 's winters gaan zij ernaartoe om zich te warmen, en in alle andere jaargetijden om zich te vermaken met gesprekken met de actrices, die daar zitten te wachten tot het hun beurt is op te komen – zat ik naast Camilla, de zuster van Corallina, en amuseerde haar door haar het hof te maken. Een jonge advocaat die zich eraan stoorde dat ik beslag op haar legde, vocht op verwaande toon een opvatting aan die ik over een Italiaans toneelstuk had laten horen, en liet overduidelijk zijn irritatie blijken door onredelijke kritiek op mijn land te leveren. Ik antwoordde hem op een manier die hij niet verwachtte, terwijl ik mijn ogen op Camilla had gericht die lachte. Alle aanwezigen volgden aandachtig het steekspel, dat tot dan toe niets onaangenaams had omdat het alleen een duel van de geest was. Het leek echter ernstig te worden toen de fat het gesprek op de ordehandhaving bracht en zei dat het sinds enige tijd gevaarlijk was 's nachts door Parijs te lopen.

'In de afgelopen maand,' zei hij, 'hebben we in Parijs op de Place de Grève zeven mensen aan de galg zien hangen, van wie er vijf Italianen waren. Heel vreemd.'

'Helemaal niet vreemd,' zei ik tegen hem, 'want welopgevoede mensen gaan naar het buitenland om zich te laten ophangen – bewijs daarvan: in het afgelopen jaar werden er zestig Fransen opgehangen tussen Napels, Rome en Venetië. Wel, vijf maal twaalf is zestig, dus u ziet, het is lood om oud ijzer.'

Ik had alle lachers aan mijn zijde en de jonge advocaat ging weg. Een sympathieke edelman die vond dat ik goed had geantwoord, liep naar Camilla, vroeg fluisterend wie ik was, en de kennismaking was een feit. Het was mijnheer de Marigny, broer van mevrouw de markiezin.[2] Het deed mij veel genoegen

---

1 Foyer: er waren in de Franse schouwburgen in die tijd twee foyers: de publieke foyer, en de artiestenfoyer. De laatste was een conversatieruimte waar de acteurs, toneelschrijvers en journalisten bijeenkwamen, en alle anderen die banden met de theaterwereld hadden.

2 Markiezin: de Pompadour.

dat ik hem had ontmoet omdat ik mijn broer, die ik elke dag verwachtte, aan hem zou kunnen voorstellen. Hij was super-intendant van de koninklijke gebouwen; de hele Académie de Peinture viel onder zijn zeggenschap. Ik noemde mijn broer meteen en hij beloofde mij als zijn beschermheer op te zullen treden. Een andere jonge edelman knoopte een gesprek met mij aan, vroeg mij bij hem langs te komen, en zei mij dat hij de hertog van Matalona was. Ik vertelde hem dat ik hem acht jaar eerder in Napels als kind had gezien en dat Don Lelio Caraffa, zijn oom, als mijn weldoener was opgetreden. De jonge hertog was verheugd dit te horen, hij vroeg mij nogmaals dringend bij hem langs te komen, en wij werden vrienden.

Mijn broer kwam in de lente van het jaar 1751 aan in Parijs, nam zijn intrek bij mij in het huis van mevrouw Quinson, en begon met succes voor particulieren te werken. Aangezien het echter zijn hoofddoel was een doek te schilderen dat door de Académie zou worden beoordeeld, stelde ik hem voor aan mijnheer de Marigny die hem vriendelijk ontving en hem aanmoedigde met de belofte dat hij als zijn beschermheer zou optreden. Hij begon dus toegewijd te oefenen teneinde zijn kans niet te verspelen.

Mijnheer Morosini, die zijn missie vervuld had, was teruggekeerd naar Venetië, en mijnheer Mocenigo was in zijn plaats gekomen. Ik was hem aanbevolen door mijnheer Bragadin, en hij stelde zijn huis open zowel voor mij als voor mijn broer die hij wilde protegeren in diens hoedanigheid van Venetiaan en jongeman die in Frankrijk carrière wilde maken met zijn talent.

Mijnheer Mocenigo was een zeer zachtzinnig mens; hij hield van spelen, maar verloor altijd. Hij hield van vrouwen, maar had geen succes omdat hij niet wist wat de goede methode was. Twee jaar na zijn aankomst in Parijs werd hij verliefd op mevrouw de Colande. Zij wilde niets van hem weten, waarop de ambassadeur in Venetië zelfmoord pleegde.

Madame la Dauphine beviel van een hertog van Bourgogne, en de feestvreugde die ik zag, doet ons vandaag bijzonder vreemd aan nu[1] wij zien wat dezelfde natie haar koning aandoet. De natie wil zichzelf bevrijden; haar streven is edel en redelijk en zij zal haar onderneming volvoeren onder het bewind van deze monarch die door een merkwaardig en uniek toeval een ziel zonder eerzucht heeft, hij die de opvolger is van vijfenzestig koningen, die allen in meer of mindere mate eerzuchtig waren en onverkort hun gezag wilden handhaven. Maar is het wel waarschijnlijk dat zijn ziel overgaat in het lichaam van zijn opvolger?

Frankrijk heeft op zijn troon verschillende andere monarchen gezien die lui waren, werk verafschuwden, beslommeringen verfoeiden en zich uitsluitend bekommerden om hun eigen zielsrust. Teruggetrokken in het binnenste van hun paleis lieten zij het despotisme over aan hun hofmeiers, die in hun naam handelden, maar zij bleven altijd koningen en echte monarchen. De wereld heeft echter nog nooit een koning gezien als deze, iemand die zich met de beste bedoelingen aan het hoofd van een natie heeft gesteld die zich heeft verenigd om hem te onttronen. Hij lijkt opgetogen te zijn over het feit dat hij ten slotte het punt heeft bereikt waarop hij alleen nog aan gehoorzamen hoeft te denken. Hij was dus niet geboren om te regeren, en het lijdt geen twijfel dat hij al degenen als zijn persoonlijke vijanden beschouwt die bezield door zuivere vriendschap voor zijn belangen, niet instemmen met de decreten van de Assemblée die alle zijn opgesteld om afbreuk te doen aan de koninklijke majesteit.

Een natie die in opstand komt om het juk van het despotisme af te werpen, dat zij 'tirannie' noemt en altijd zal noemen, is

1 Nu: Casanova moet de volgende overpeinzingen over de koning van Frankrijk voor oktober 1789 hebben geschreven.

geen ongewoon verschijnsel, want het is een natuurlijk gebeuren. Het bewijs daarvan is dat de monarch er altijd op bedacht is, en zich ervoor hoedt de teugels te vieren, want hij is er zeker van dat de natie op hol zal slaan. Ongewoon, uniek, en nooit eerder voorgekomen: een monarch die zich aan het hoofd stelt van drieëntwintig miljoen van zijn onderdanen, en hun niets anders vraagt dan dat zij hem de lege naam van koning en leider laten, een leider die er niet is om het bevel over hen te voeren, maar om hun bevelen uit te voeren.

'Treedt u op als wetgevers,' zegt hij tegen hen, 'dan zal ik zorgen dat al uw wetten worden uitgevoerd, onder voorwaarde dat u mij gewapende bijstand verleent tegen de oproerkraaiers die niet willen gehoorzamen. U zult overigens over de vrijheid beschikken hen in stukken te rijten en hen zonder enige vorm van proces te verscheuren, want wie zou zich tegen uw wil kunnen verzetten? U zult in feite mijn plaats innemen. Kritiek zult u kunnen verwachten van de aristocraten en priesters, maar tegen elk van hen staan er vijfentwintig van u. U hebt de gelegenheid hen lichamelijk en zedelijk te kortwieken zodat zij niet meer de macht bezitten grenzen aan uw gezag te stellen en u te schaden. Om dit te bewerkstelligen zult u de trots van de priesters breken door de uwen met de kerkelijke waardigheden te bedelen en hun alleen de prebenden te geven die zij nodig hebben voor hun bestaan. Wat de adel betreft, u hoeft niet te bewerkstelligen dat die verarmt. Het is voldoende dat u hem niet meer respecteert vanwege zijn door geboorte verkregen lege titels. Er zal geen adel meer zijn; volg het voorbeeld van de wijze Turkse verordeningen.[1] Als de heren merken dat zij niet langer hertogen of markiezen zijn, zullen zij hun ambitie matigen, en het enige genoegen dat hun overblijft, zal het uitgeven van hun geld aan

[1] Turkse verordeningen: in het Ottomaanse Rijk bestond geen adel als in Frankrijk.

luisterrijk vertoon zijn – des te beter voor de natie, want door hun bestedingen vloeit het geld in de gemeenschap, die zorgt dat het circuleert en door handel toeneemt. Wat mijn ministers betreft, dezen zullen zich in de toekomst verstandig gedragen, want zij zullen van u afhankelijk zijn, en het zal niet mijn taak zijn hen op hun geschiktheid te beoordelen. Ik zal hen weliswaar voor de vorm zelf kiezen, maar er net zoveel van hen ontslaan als u verlangt. Hierdoor zal ik eindelijk verlost zijn van de druk van hun dwingelandij die erop neerkwam dat zij mij alles lieten doen wat zij verlangden, waardoor ik heel vaak in opspraak geraakte, wat ertoe leidde dat de staat voortdurend in mijn naam met een grote schuldenlast werd bezwaard. Ik heb daar niets over gezegd, maar kon het niet meer verdragen. Nu ben ik dus eindelijk van dit alles verlost. Mijn vrouw en te zijner tijd mijn kinderen, mijn broers, mijn neven die zich prinsen van den bloede noemen zullen mij veroordelen, dat weet ik, maar alleen in hun hart, want zij zullen mij hierover niet durven aan te spreken. Nu, onder uw hoge bescherming zal ik hun meer vrees aanjagen dan in de tijd dat ik tot mijn verdediging alleen over mijn eigen hof beschikte, dat nutteloos is, zoals u met mijn hulp het land hebt aangetoond.

Degenen die met dit alles geen vrede hebben en het koninkrijk hebben verlaten om elders te gaan wonen, zullen op een goede dag terugkeren, en zo niet, dan dient men hen te laten handelen zoals zij wensen. Zij zeggen dat zij mijn ware vrienden zijn, en dat wekt mijn lachlust, want ik kan alleen diegenen als mijn echte vrienden beschouwen die bereid zijn hun wijze van denken aan de mijne aan te passen. Het enige wat volgens hen telt, is het van oudsher bestaande recht van mijn huis op het koningschap en het daaraan verbonden despotisme. Het enige echter wat volgens mij telt, is allereerst mijn zielsrust, dan het verdrijven van de tirannie van de ministers waaronder ik zuchtte, en ten derde uw tevredenheid. Als ik een bedrieger was, zou ik verder kunnen zeggen dat het mij alleen gaat om de voorspoed van het koninkrijk, maar die laat mij onverschillig. Het is uw taak u daarom te bekommeren, aangezien het koninkrijk mij niet meer toebehoort. Ik ben Gode zij dank niet meer koning van Frankrijk, maar koning van de Fransen, zoals u dit uitstekend omschreef. Het enige wat ik van u vraag is haast te maken mij toe te staan eindelijk te gaan jagen, want ik ben de verveling beu.'

Deze historische, volledig authentieke toespraak toont volgens mij aan dat de contrarevolutie niet kan plaatsvinden. Er blijkt eveneens uit dat zij pas zal plaatsvinden als de koning van denkwijze verandert. Het ziet daar niet naar uit, en evenmin is het aannemelijk dat hij een opvolger kan hebben die op hem lijkt.

De Assemblée Nationale zal alles uitvoeren wat haar belieft ondanks de adel en de geestelijkheid, omdat de teugelloze volksmassa haar dient en blindelings haar bevelen uitvoert. Men kan op het ogenblik de Franse natie vergelijken met buskruit of met chocolade. Beide zijn samengesteld uit drie bestanddelen. De kwaliteit ervan was en is uitsluitend afhankelijk van de juiste verhoudingen. De tijd zal ons tonen welke bestanddelen vóór de revolutie overmatig aanwezig waren of welke ingrediënten nu te overvloedig aanwezig zijn. Het enige wat ik weet is dat zwaveldamp dodelijk is en vanille giftig.

Wat het volk betreft – dat is overal hetzelfde. Geef een inbreker zes franc om 'Leve de koning' te roepen, en hij zal u ter wille zijn, en voor drie livre[1] zal hij een ogenblik later 'Dood aan de koning' roepen. Zet een raddraaier aan het hoofd van het volk en het sloopt in een dag een marmeren fort. Het heeft geen wetten, systeem of geloof, en de goden die het vereert zijn brood, wijn en lediggang. Het denkt dat vrijheid neerkomt op

1   Livre: synoniem voor franc.

straffeloosheid, dat aristocraat synoniem is aan bloedzuiger, dat demagoog wil zeggen liefdevolle leider van een kudde. Het volk is kortom een reusachtig redeloos dier. De gevangenissen in Parijs puilen uit van gevangenen die allen deel uitmaakten van het opstandige volk. Stuur iemand naar hen toe met de mededeling 'Ik maak de deuren van jullie cellen open als jullie beloven de zaal van de Assemblée op te blazen', en zij nemen het aanbod aan en gaan meteen op pad. Het volk is overal een verzameling van beulen. De Franse geestelijkheid weet dit en rekent om die reden geheel en al op het volk als zij er tenminste in kan slagen het te bezielen met godsdienstijver – een drang die misschien nog wel sterker is dan die naar vrijheid, waarvan men zich alleen een beeld kan vormen door abstraherend denken, iets waartoe op materie gerichte hoofden het vermogen missen.

Men kan verder aannemen dat er onder de leden van de Assemblée Nationale niemand te vinden is die uitsluitend door het welzijn van het land wordt bezield. De drijfveer van elk van hen is eigenbelang, en niet één afgevaardigde zou het voorbeeld van Lodewijk XVI hebben gevolgd als hij koning zou zijn geweest.

De hertog van Matalona stelde mij voor aan de uit Rome afkomstige prinsen Don Marcantonio en Don Giovanni Battista Borghese, die voor hun plezier in Parijs verbleven en daar geen grote staat voerden. Ik merkte dat deze Romeinse prinsen bij hun introductie aan het hof slechts de titel markies kregen toebedeeld. Om dezelfde reden wilde men niet de titel prins geven aan de Russische prinsen die werden voorgesteld. Zij werden *knez* genoemd. Dit maakte hun niets uit, want dit woord betekent prins. Het Franse hof is altijd precies geweest inzake titulatuur. Men hoeft alleen maar de krant te lezen om dit waar te nemen. Met de titel *Monsieur* die elders gangbaar is, wordt zuinig omgesprongen; wie geen titel draagt wordt met *sieur* aangesproken. Ik heb gemerkt dat de koning geen van zijn bisschoppen bisschop noemde; hij noemde hen abbé. Hij wendde ook voor dat hij geen enkele edelman uit zijn koninkrijk kende, wiens naam niet voorkwam op de lijst van degenen die in zijn dienst waren. De hooghartigheid van Lodewijk xv kwam alleen voort uit zijn opvoeding, niet uit zijn karakter. Als een ambassadeur iemand aan hem voorstelde, dan ging de geïntroduceerde persoon met de zekerheid naar huis dat de koning van Frankrijk hem had gezien, en dat was alles. De koning overtrof in beleefdheid alle andere Fransen, vooral ten opzichte van dames en ten opzichte van zijn maîtresses in het openbaar was hij uiterst voorkomend. Iemand die ook maar in de geringste mate in beleefdheid jegens hen te kort schoot viel bij hem in ongenade. Niemand anders dan hij beschikte in zo sterke mate over de koninklijke deugd onwetendheid voor te wenden. Hij hield geheimen nauwgezet voor zich en genoot wanneer hij iets met zekerheid wist wat niemand bekend was. Het vrouw zijn van mijnheer d'Eon[1] is een klein voorbeeld. Alleen de koning wist, en had altijd geweten, dat hij een vrouw was, en de hele ruzie tussen de onechte chevalier en het ministerie van buitenlandse zaken was een regelrechte komedie die de koning op haar beloop liet om zich te vermaken.

Lodewijk xv was groot in alles, en hij zou geen enkele fout hebben gehad, als vleierij hem er niet zijns ondanks met enkele had behept. Hoe kon hij weten dat hij iets verkeerd deed als men steeds maar tegen hem zei dat hij de beste aller koningen was? De prinses d'Ardore beviel in die tijd van een jongen. Haar echtgenoot, die ambassadeur van Napels was, wilde graag dat

1 Het vrouw zijn van mijnheer d'Eon: Casanova vergist zich hier. Bij lijkschouwing na de dood van d'Eon bleek dat deze een man was. Charles Chevalier d'Eon de Beaumont (1728-1810), een Franse diplomaat, vanaf 1755 geheim agent van Lodewijk xv, leefde van 1777 tot 1785 als vrouw in Parijs, en overleed in Engeland.

hij Lodewijk xv als peetvader kreeg, en de koning stemde toe. Het geschenk dat hij aan zijn peetzoon gaf was een regiment. De moeder van de pasgeborene wilde niets van dit geschenk weten omdat zij niet van het beroep van soldaat hield. De maréchal de Richelieu vertelde mij dat hij de koning nog nooit zo hartelijk had horen lachen als toen hij op de hoogte werd gesteld van deze weigering.

Bij de hertogin de Fulvie maakte ik kennis met mejuffrouw de Gaucher, die bekendstond als Lolotte en de maîtresse was van Lord Albemarle, de Engelse ambassadeur, een intelligent, hoogstaand en zeer gul man. Toen hij op een nacht met Lolotte wandelde, verweet hij haar dat zij de schoonheid van de sterren aan de hemel roemde omdat hij niet bij machte was haar die ten geschenke te geven. Als deze Lord ambassadeur in Frankrijk was geweest tijdens de breuk tussen zijn natie en de Franse, zou hij alles in der minne hebben geschikt, en zou de ongelukkige oorlog niet zijn uitgebroken waardoor Frankrijk heel Canada is kwijtgeraakt. Het lijdt geen twijfel dat een harmonieuze verstandhouding tussen twee volkeren meestal afhangt van de respectieve ambassadeurs die zij naar de hoven hebben uitgezonden tussen wie een conflict bestaat of dreigt.

Wat zijn maîtresse aangaat, het oordeel over haar van allen die haar kenden, luidde hetzelfde. Zij had al de eigenschappen om een waardige vrouw voor hem te worden, en de aanzienlijkste families in Frankrijk vonden het niet nodig dat zij de titel Lady Albemarle bezat om haar op te nemen in hun kring, en geen enkele vrouw nam er, omdat[1] algemeen bekend was dat zij geen andere titel had dan die van maîtresse van zijne Lordship, aanstoot aan haar naast zich te zien zitten. Zij was op dertienjarige leeftijd van de armen van haar moeder naar die van zijne Lordship overgegaan, en haar gedrag was altijd on-

1 Omdat: sic.

berispelijk. Zij kreeg drie kinderen die zijne Lordship erkende, en zij stierf als gravin d'Eronville. Ik zal bij gelegenheid nog over haar spreken.

In die tijd ontmoette ik in het huis van mijnheer Mocenigo, de ambassadeur van Venetië, een Venetiaanse dame, weduwe van de Engelse baronet Wynne. Zij kwam met haar kinderen uit Londen, waar zij naartoe was gegaan om haar bruidsschat veilig te stellen en de erfenis van wijlen haar echtgenoot, die niet naar haar kinderen zou gaan tenzij dezen een verklaring aflegden dat zij de anglicaanse godsdienst aanhingen. Zij had dit geregeld en keerde tevreden over haar reis terug naar Venetië. Deze dame had haar oudste dochter bij zich. Hoewel het meisje pas twaalf jaar was, stond haar karakter al volledig op haar mooie gezicht geschreven. Zij woont nu in Venetië, als weduwe van wijlen graaf Rosenberg, die in Venetië overleed in de functie van ambassadeur van de keizerin-koning Maria Theresa. Zij schittert in haar geboorteland door haar discrete gedrag, intelligentie en de verhevenheid van haar maatschappelijke deugden. Iedereen zegt over haar dat haar enige tekortkoming bestaat uit het feit dat zij niet rijk is. Dat is waar, maar niemand kan daarover klagen. Zij beseft zelf pas de omvang van deze tekortkoming als zij erdoor wordt geremd in haar gulheid.

Ik had in die tijd een klein probleem met de Franse justitie.

76

MIJN PROBLEEM MET DE PARIJSE JUSTITIE.
MEJUFFROUW VESIAN.

De jongste dochter van mevrouw Quinson, mijn hospita, kwam vaak ongevraagd naar mijn kamer. Aangezien ik merkte dat zij op mij verliefd was, zou ik het vreemd van mijzelf hebben gevonden, als ik had besloten haar koel te behandelen, te meer omdat het haar niet aan karakter ontbrak. Zij had een leuke stem, zij las alles wat uitkwam, en sprak over van alles en nog wat met innemende levendigheid. Zij had de smakelijke leeftijd van vijftien of zestien jaar.

Tijdens de eerste vier of vijf maanden was er tussen ons alleen sprake van wat oppervlakkig gevrij. Toen ik echter op een keer heel laat thuiskwam, trof ik haar slapend op mijn bed aan. Omdat ik benieuwd was of zij wakker zou worden, kleedde ik mij alleen uit, ging in bed liggen, en het spreekt vanzelf wat daarna gebeurde. Bij het aanbreken van de dag ging zij naar beneden en zocht haar eigen bed op. Zij heette Mimi. Twee of drie uur later wilde het toeval dat ik bezoek kreeg van een modiste met een jong meisje die hoopten dat ik hen zou uitnodigen voor het ontbijt. Het meisje was leuk, maar ik had mij te intensief met Mimi beziggehouden. Nadat ik een uur met hen had zitten praten, vroeg ik hun daarom weg te gaan. Toen zij mijn kamer uit liepen, kwam mevrouw Quinson met Mimi naar binnen om mijn bed op te maken. Ik ging zitten schrijven, en hoorde haar zeggen: 'De sloeries!'

'Over wie hebt u het, mevrouw?'

'Het raadsel is niet erg moeilijk: deze lakens zijn niet meer te gebruiken.'

'Dat vind ik vervelend. Neemt u mij niet kwalijk. Zegt u, maar niets en vervang ze door schone.'

'Niets zeggen? Laat ze niet het hart hebben terug te komen.' Zij liep naar beneden om andere lakens te halen. Mimi bleef, ik verweet haar haar onvoorzichtigheid, zij lachte en zei dat de hemel de onschuld van onze daad had beschermd. Vanaf die dag legde Mimi haar schaamte af. Zij bleef bij mij slapen als zij daar de behoefte toe voelde, terwijl ik op mijn beurt mij niet ontzag haar weg te sturen als ik geen zin had de nacht met haar door te brengen. Onze bescheiden verhouding was uiterst harmonieus. Vier maanden na het begin ervan, vertelde Mimi mij dat zij zwanger was. Ik antwoordde haar dat ik niet zou weten wat ik daaraan kon doen.

'We moeten iets bedenken.'

'Bedenk dan iets.'

'Wat valt er na te denken? Wat gaat gebeuren, zal gebeuren. Mijn conclusie is er verder niet over na te denken.'

In de vijfde of zesde maand maakte Mimi's moeder uit haar buik op wat er aan de hand was. Zij pakte haar bij de haren, sloeg haar, dwong haar het toe te geven, en drong erop aan te vertellen wie verantwoordelijk was voor haar dikke buik, waarop Mimi haar – misschien naar waarheid – vertelde dat ik het was.

Mevrouw Quinson liep naar boven en kwam woedend mijn kamer binnen. Zij liet zich in een armstoel vallen, kwam op adem, ontlaadde haar woede door mij te beledigen en zei ten slotte dat ik mij erop moest voorbereiden met haar dochter te trouwen. Bij deze eis begreep ik waar zij op aanlegde, en ik antwoordde dat ik in Italië getrouwd was.

'Maar waarom hebt u dan bij mijn dochter een kind verwekt?'

'Ik verzeker u dat dit niet mijn bedoeling is geweest. Overigens, wie heeft u gezegd dat ik het ben?'

'Zijzelf, mijnheer. Zij is er zeker van.'

'Ik benijd haar om die zekerheid. Persoonlijk durf ik alleen te zweren dat ik er niet zeker van ben.'

'Dus wat doet u?'

'Dus niets. Als zij zwanger is, zal zij een kind krijgen.'

Zij liep al dreigementen uitend naar beneden en ik zag vanuit mijn raam hoe zij in een fiaker stapte. De volgende dag werd ik ontboden bij de districtscommissaris.[1] Ik ging naar het bureau en trof daar mevrouw Quinson tot de tanden gewapend aan. Nadat de commissaris had gevraagd wat mijn naam was, sinds wanneer ik in Parijs verbleef en een aantal andere zaken, en al mijn antwoorden had opgeschreven, vroeg hij of ik de wandaad waarvan ik werd beschuldigd jegens de dochter van de in het vertrek aanwezige vrouw inderdaad had gepleegd.

'Mijnheer de commissaris, weest u zo goed mijn antwoord woord voor woord op te schrijven.'

'Heel goed.'

'Ik heb tegen Mimi, dochter van de hier aanwezige mevrouw Quinson, geen enkele wandaad begaan, en ik verwijs u naar Mimi zelf, die voor mij altijd dezelfde vriendschap is blijven voelen als ik voor haar.'

'Zij zegt dat u haar zwanger hebt gemaakt.'

'Dat is mogelijk, maar niet zeker.'

'Zij zegt dat zij er zeker van is, omdat zij met geen andere man dan u is omgegaan.'

'Als dat waar is, is zij te beklagen, want een man kan in een dergelijke kwestie alleen geloof hechten aan zijn eigen vrouw.'

'Wat hebt u haar gegeven om haar te verleiden?'

1 Districtscommissaris: in het Parijs van de achttiende eeuw waren achtenveertig commissarissen van politie, twee of drie voor elk van de eenentwintig districten waarin de stad was verdeeld. Zij deden ook dienst als rechter-commissaris.

'Niets. Zij is namelijk degene die mij heeft verleid, en wij werden het meteen met elkaar eens.'

'Was zij maagd?'

'Dat heeft mij zowel ervoor als erna niet geïnteresseerd. Ik heb er dus geen idee van.'

'Haar moeder eist een schadeloosstelling, en u hebt de wet tegen u.'

'Ik hoef haar nergens voor schadeloos te stellen, en wat de wet betreft, ik zal mij daar graag voor buigen als ik de verordening in kwestie heb gezien en tot de overtuiging ben gekomen dat ik haar heb overtreden.'

'Dat hebt u al toegegeven. Bent u soms de mening toegedaan dat een man die een kind verwekt bij een fatsoenlijk meisje in het huis waar hij woont, niet de wetten van de maatschappij schendt?'

'Dat is zo, als de moeder misleid blijkt te zijn. Als zij echter zelf haar dochter naar mijn kamer stuurt, moet ik dan niet aannemen dat zij bereid is zonder te klagen alle gevolgen van dit contact te dragen?'

'Zij heeft haar alleen naar u toe gestuurd voor het verlenen van dienstbetoon.'

'Zij is mij dan ook van dienst geweest, zoals ik haar van dienst ben geweest bij het vervullen van de noden van de natuur, en als zij haar vanavond naar mij toe zal sturen, zal ik misschien hetzelfde doen, als Mimi daarin toestemt. Er is echter niets met geweld gebeurd, of buiten mijn kamer waarvan ik altijd nauwgezet de huur heb betaald.'

'U kunt zeggen wat u wilt, maar u zult de boete betalen.'

'Ik betaal niets, want het is niet mogelijk dat er een boete betaald dient te worden, als er geen schending van een wet heeft plaatsgevonden, en als ik schuldig word bevonden zal ik tot bij de hoogste instantie in beroep gaan en procederen tot het rechtsbesef mij in het gelijk heeft gesteld. Ik weet namelijk dat ik door mijn instelling nooit de karakterloosheid zal opbrengen een meisje mijn liefkozingen te onthouden dat mij aantrekt en dat naar mijn eigen kamer komt om deze te ondergaan, vooral wanneer ik zeker weet dat zij met de toestemniing van haar moeder komt.'

Zo, of bijna zo, luidde de tekst van het proces-verbaal dat ik las en tekende, en dat de commissaris naar het hoofd van de politie bracht. Deze ontbood mij voor verhoor, ontsloeg mij van rechtsvervolging nadat hij moeder en dochter had ondervraagd, en veroordeelde de onvoorzichtige moeder tot betaling van de gerechtskosten. Ik bezweek niettemin voor de tranen van Mimi en betaalde voor haar moeder de kosten van de bevalling. Mimi beviel van een jongen, die zij met mijn toestemming naar het Hôtel-Dieu[1] liet brengen ten laste van de natie. Na dit alles liep Mimi weg bij haar moeder en verscheen zij bij Monnet op het toneel van de Opéra Comique[2] op de jaarbeurs van Saint-Laurent. Omdat niemand iets van haar af wist, kostte het haar geen moeite een minnaar te vinden die haar voor maagd hield. Ik was opgetogen toen ik haar op het toneel op de beurs zag. Ik vond dat zij er erg leuk uitzag.

'Ik wist niet dat je muzikaal begaafd was,' zei ik tegen haar.

'Als al mijn collega's. De meisjes van de Opéra in Parijs kennen ook geen noot, maar zij zingen toch. Het enige wat telt, is dat je een goede stem hebt.'

1 Hôtel-Dieu: het grootste ziekenhuis van Parijs. Casanova bedoelt hier ongetwijfeld l'Hôpital des Enfants Trouvés dat zich tegenover het Hôtel-Dieu bevond.
2 Opéra Comique: in het begin van de achttiende eeuw was het alleen de Opéra en de Comédie Française toegestaan volledige stukken op te voeren. De theaters op jaarbeurzen gaven alleen pantomime, losse scènes en komische schetsen. Na verloop van tijd waren ook blijspelen met volkswijsjes toegestaan. Hieruit ontstond de Opéra Comique.

Ik vroeg Mimi Patu uit te nodigen te komen souperen, en hij vond haar aantrekkelijk. Maar later kwam zij in moeilijkheden. Zij werd verliefd op een violist, Bérard geheten, die al haar geld opmaakte, en zij verdween.

De Italiaanse acteurs kregen in die tijd toestemming op hun toneel parodieën van opera's en treurspelen op te voeren, en ik maakte kennis met de beroemde La Chantilly, die de maîtresse van de maréchal van Saksen was geweest en de naam Favart droeg, omdat de dichter Favart met haar was getrouwd. Zij zong in de parodie op *Thétis et Pélée* van mijnheer de Fontenelle de rol van Tonton waarvoor zij buitengewone bijval oogstte. Door haar schoonheid en talent won zij het hart van een man van de allerhoogste verdienste, wiens werk heel Frankrijk kende. Dit was abbé de Voisenon[1] met wie ik net zo'n vertrouwelijke band kreeg als met Crébillon. Alle toneelstukken die doorgaan voor werken van mevrouw Favart en haar naam dragen, zijn geschreven door de beroemde abbé, die na zijn vertrek tot lid van de Académie[2] werd gekozen. Ik maakte kennis met hem, onderhield dit contact met zorg en hij eerde mij met zijn vriendschap. Ik was degene die hem op het idee bracht oratoria in verzen te schrijven, die toen voor de eerste maal werden gezongen tijdens het concert van gewijde muziek in de Tuilerieën op de paar dagen dat de schouwburgen op last van de geestelijkheid dichtblijven. Deze abbé, die in het geheim de auteur was van verscheidene blijspelen, was een man wiens gezondheid even zwak was als zijn postuur klein. Hij was een en al intelli-

1 Abbé de Voisenon: Claude Henri de Fusée de Voisenon (1708-1775).
2 Académie: de Académie Française, door Richelieu gesticht in 1635 met het doel de zuiverheid van de taal te bewaren. Onder de leden bevonden zich niet alleen dichters, schrijvers en geleerden, maar ook generaals en staatslieden.

gentie en beminnelijkheid en stond bekend om zijn geestige uitspraken, die weliswaar scherp waren, maar niemand beledigden. Hij kon geen vijanden hebben, want zijn kritiek raakte alleen de oppervlakte en stak niet.

'De koning geeuwde,' zei hij op een keer tegen mij toen hij net was teruggekomen uit Versailles, 'omdat hij morgen naar het Parlement moet gaan om een *lit de justice*[1] te houden.'

'Waarom noemt men dat rechtsbed?'

'Dat weet ik niet. Misschien wel omdat het recht er slaapt.'

Ik vond een evenbeeld van deze abbé in Praag in de persoon van graaf Franz Hartig, nu gevolmachtigd minister van de keizer aan het hof van de keurvorst van Saksen. Deze abbé was degene die mij voorstelde aan mijnheer de Fontenelle, die toen drieënnegentig jaar oud was en niet alleen als letterkundige schitterde, maar ook een groot natuurkundige was. Hij stond eveneens bekend om zijn geestige uitspraken, waarvan men een bundel zou kunnen maken. Ik vertelde hem dat ik expres uit Italië was gekomen om hem te bezoeken. Hij antwoordde, gebruikmakend van de volle betekenis van het woord *exprès*:[2] 'U moet toegeven dat u mij lang hebt laten wachten.'

Een hoffelijk en tegelijk kritisch antwoord, want het onthulde de onwaarachtigheid van mijn compliment. Hij gaf mij zijn werken ten geschenke. Hij vroeg mij of ik van het Franse toneel hield, waarop ik hem antwoordde dat ik in de Opéra

1 Lit de justice: letterlijk: rechtsbed. Als de koning een plechtige zitting van het Parijse parlement bijwoonde – gewoonlijk alleen om een decreet vast te leggen – zat hij onder een baldakijn, vandaar de naam rechtsbed. Het parlement van Parijs en dat van de provincie hadden als enige functie de decreten van de koning te bekrachtigen. Zij konden geen veto uitspreken en evenmin controle uitoefenen.

2 Exprès: de woordspeling is alleen bij benadering vertaalbaar. Exprès betekent zowel 'met spoed' (vgl. ons expresbrief) als 'speciaal'.

Thétis et Pélée had gezien. Dit stuk was van zijn hand, maar toen ik het roemde zei hij dat het een *tête-pelée*[1] was.

'Vrijdag heb ik in het Théatre Français *Athalie*[2] gezien.'

'Dat is het meesterwerk van Racine, mijnheer, en Voltaire heeft mij er ten onrechte van beschuldigd dat ik het had gekritiseerd door mij een epigram toe te schrijven waarvan nooit iemand de auteur heeft ontdekt. De laatste twee regels van dit epigram zijn erg slecht:

Pour avoir fait pis qu'Esther[3]
Comment diable as tu pu faire?'

Verduiveld nog aan toe hoe heb je het
klaargespeeld iets te schrijven wat nog
slechter is dan Esther?[4]'

Men vertelde mij dat mijnheer de Fontenelle de minnaar van mevrouw de Tencin was geweest, en dat mijnheer d'Alembert de vrucht was geweest van hun verhouding. Le Rond was de naam van zijn pleegvader.[5] Ik maakte met d'Alembert kennis bij mevrouw de Graffigny. Deze grote filosoof bezat in hoge

1 Tête-pelée: letterlijke betekenis: 'kaalkop', overdrachtelijke betekenis: 'van geen belang'. De titel van het toneelstuk klinkt door in deze kwalificatie.

2 *Athalie:* een late Bijbelse tragedie in verzen van Racine.

3 *Esther:* de tweede Bijbelse tragedie van Racine.

4 De onvertaalbare wending van deze regels schuilt in het gebruik van twee betekenissen van het werkwoord faire. In de eerste regel betekent het schrijven, in de tweede klaarspelen.

5 Le Rond ... pleegvader: een vergissing van Casanova. D'Alembert was te vondeling gelegd bij de kerk Saint-Jean-le-Rond, en dankte daaraan zijn naam. Zijn pleegvader heette Rousseau.

mate het talent nooit een geleerde indruk te maken als hij in het aangenaam gezelschap verkeerde van mensen die zich niet op wetenschappelijke studies hadden toegelegd. Hij verstond eveneens de kunst iedereen die met hem discussieerde met intelligentie te begiftigen.

De tweede maal dat ik naar Parijs terugkeerde, na mijn vlucht uit de Piombi, verheugde ik mij erop Fontenelle terug te zien, maar hij overleed twee weken na mijn aankomst in het begin van het jaar 1757.

De derde keer dat ik naar Parijs terugkeerde met de bedoeling er tot mijn dood te blijven, rekende ik op de vriendschap van mijnheer d'Alembert, maar hij stierf twee weken na mijn aankomst, tegen het eind van het jaar 1783. Ik zal noch Parijs noch Frankrijk terugzien; ik ben te zeer beducht voor de terechtstellingen van een op hol geslagen natie.

Graaf von Loss, ambassadeur van de koning van Polen, tevens keurvorst van Saksen in Parijs, droeg mij in dit jaar 1751 op een Franse opera in het Italiaans te vertalen, die de gelegenheid bood tot grote decorwisselingen en tot grote balletten die verband hielden met het onderwerp van de opera, en ik koos *Zoroastre* van mijnheer de Cahusac. Ik moest de Italiaanse woorden zo kiezen dat ze pasten bij de Franse muziek van de koren. De muziek bleef mooi, maar de Italiaanse poëzie was niet bepaald schitterend. Desondanks ontving ik van de gulle vorst een mooie snuifdoos, en bezorgde ik mijn moeder een groot genoegen.[1]

In dezelfde tijd kwam mejuffrouw Vesian naar Parijs met haar broer. Zij was erg jong, van goeden huize, welopgevoed, erg leuk, heel pril en uiterst bekoorlijk. Haar vader die in

1 Een groot genoegen: Casanova's Italiaanse versie van de opera werd op 7 februari 1752 in Dresden opgevoerd, waar Casanova's moeder woonde.

Frankrijk in het leger had gediend, was in zijn geboorteland Parma overleden. Zijn dochter was als wees achtergebleven. Omdat zij geen middelen van bestaan had, volgde zij de raad op die zij van iemand kreeg alles te verkopen en met haar broer de eindeloze tocht naar Versailles af te leggen om de minister van oorlog tot erbarmen te bewegen en een vorm van hulp te krijgen. Toen zij uit de diligence stapte, zei zij tegen een huurkoetsier haar naar een gemeubileerde kamer in de buurt van het Théâtre Italien te brengen, en de huurkoetsier bracht haar naar het Hôtel de Bourgogne in de rue Mauconseil, waar ik woonde.[1]

Op een morgen hoorde ik dat in de kamer aan de achterzijde van mijn etage twee jonge Italianen, een broer en zuster verbleven, die net waren aangekomen. Men vertelde mij dat zij beiden erg knap waren, maar dat hun enige bagage bestond uit wat een kleine reistas kon bevatten. 'Italianen', 'pas aangekomen', 'knap', 'arm', en 'buren' waren voor mij vijf redenen om zelf te gaan kijken wie zij waren. Ik klopte, klopte opnieuw, waarop een jongeman in hemd verscheen die de deur opende, terwijl hij zich ervoor verontschuldigde dat hij in hemd was gekleed.

'Ik dien u om verontschuldiging te vragen. Ik kom u in mijn hoedanigheid van Italiaan en buurman mijn diensten aanbieden.'

Ik zag een matras op de grond liggen, waar de jongen zoals het een goede broer betaamt had geslapen. Verder zag ik een door gordijnen afgeschermd bed, waarin ik zijn zuster vermoedde. Zonder haar te zien zei ik tegen haar dat ik niet op haar deur zou hebben durven kloppen als ik had gedacht dat zij om negen uur 's morgens nog in bed had gelegen. Zonder zich te tonen antwoordde zij mij dat zij langer had geslapen dan ge-

1 Waar ik woonde: Casanova was kennelijk na de ruzie met mevrouw Quinson naar dit adres verhuisd.

woonlijk omdat zij uitgeput door de reis naar bed was gegaan. Zij zei mij dat zij zou opstaan als ik zo vriendelijk wilde zijn haar daarvoor de tijd te geven.

'Ik ga nu naar mijn kamer, mejuffrouw. Misschien wilt u dan zo goed zijn mij te laten roepen zodra u naar uw mening presentabel bent. Ik ben uw buurman.'

In plaats van mij te laten roepen kwam zij een halfuur later zelf naar mij toe. Terwijl zij een sierlijke buiging maakte, zei zij dat zij mij een tegenbezoek bracht en dat haar broer zou komen zodra hij klaar was. Ik bedankte haar, vroeg haar te gaan zitten, en deelde haar daarop eerlijk mee hoezeer zij mijn belangstelling wekte. Dit deed haar veel genoegen, en ik hoefde haar niet veel vragen te stellen om van haar het korte, eenvoudige relaas te horen dat ik zonet heb weergegeven. Zij beëindigde haar verhaal met de mededeling dat zij moest trachten die dag een goedkoper onderkomen te vinden, aangezien zij nog maar zes franc overhad en zij niets bezat wat zij kon verkopen. Zij moest een maand huur vooruit betalen voor de kamer waar zij verbleef. Ik vroeg haar of zij aanbevelingsbrieven had, waarop zij uit haar zak een pakje documenten haalde waarin ik in één oogopslag zeven of acht getuigschriften zag van haar vader, uittreksels uit het doopregister van hem, haarzelf en haar broer, uittreksels uit het sterfregister, bewijzen van goed gedrag, verklaringen van minvermogendheid en paspoorten. Dat was alles.

'Morgen ga ik met mijn broer een bezoek brengen aan de minister van oorlog,' zei zij, 'en ik hoop dat hij medelijden met ons heeft.'

'U kent niemand?'

'Niemand. U bent de eerste man in Frankrijk aan wie ik mijn geschiedenis heb verteld.'

'Wij zijn landgenoten. De situatie waarin u zich bevindt en uw gezicht zijn voor mij een aanbeveling u te helpen, en ik ben bereid als uw raadgever op te treden als u dit wilt. Geef mij uw papieren en laat mij op onderzoek uitgaan. Zeg tegen niemand dat u in behoeftige omstandigheden verkeert, en verlaat dit huis niet. Hier zijn twee louis als lening.'

Zij nam deze vol dankbaarheid aan.

Mejuffrouw Vesian was een zestienjarige brunette, in alle opzichten aantrekkelijk hoewel geen volmaakte schoonheid. Zij vertelde mij in goed Frans de deerniswekkende situatie waarin zij verkeerde, zonder zichzelf daarbij te verlagen en zonder de schichtigheid die lijkt voort te komen uit de vrees dat de toehoorder eropuit is voordeel te trekken van de ellende waarover hij in vertrouwen wordt genomen. Haar houding was niet nederig en evenmin brutaal. Zij koesterde nog enige hoop, maar zij ging niet prat op haar moed. Door haar voorname houding en door het feit dat zij zich er in het geheel niet op toelegde te geuren met deugdzaamheid, bezat zij evenwel iets ondefinieerbaars dat een libertijn ontmoedigde. Het bewijs daarvan is dat hoewel haar ogen, haar mooie figuur, haar blanke, frisse huid, haar ochtendkleding, alles mij verlokte, zij zich vanaf het eerste ogenblik van mijn gemoed meester maakte. Niet alleen deed ik geen enkele poging haar te verleiden, maar nam mij bovendien voor dat ik niet de eerste zou zijn die haar op het slechte pad bracht. Ik besloot een later tijdstip te kiezen voor een gesprek waarin ik haar opvattingen over dit onderwerp zou kunnen peilen – een gesprek waardoor ik misschien tot een andere handelwijze zou besluiten. Bij deze eerste gelegenheid zei ik haar alleen dat zij in een stad was gekomen waar haar lotsbestemming duidelijk zou worden, en waar alle kwaliteiten die zij bezat, hoedanigheden die misschien geschenken van de natuur leken om haar te helpen in het leven te slagen, de oorzaak konden zijn van haar onherroepelijke ondergang.

'U bent in een stad gekomen,' zei ik tegen haar, 'waarin rijke mannen een lage dunk hebben van alle vrouwen van losse zeden behalve van degenen die hun fatsoen aan hen hebben prijsgegeven. Als u deugdzame principes hebt en als u vastbesloten bent die hoog te blijven houden, rekent u dan op een bestaan in armoede, en als u boven de heersende vooroordelen staat en bereid bent akkoord te gaan met alles wat u een comfortabel bestaan oplevert, probeert u dan in ieder geval te voorkomen dat men u bedriegt. U dient geen enkel vertrouwen te hechten aan de vergulde woorden die een man met een verhit gemoed zal uitspreken om uw gunsten te verwerven. Gelooft u hem als de daden aan de woorden vooraf zijn gegaan, want na het genot dooft het vuur, en zult u ontdekken dat u bent beetgenomen. Hoedt u zich er ook voor belangeloosheid te veronderstellen bij degenen die u overweldigd ziet door uw bekoorlijkheden. Zij zullen u een overvloed aan valse munt geven om u ertoe te brengen hun echte munt te schenken. U mag niet inschikkelijk zijn. Wat mijzelf aangaat, ik ben er zeker van dat ik u geen kwaad zal doen, en ik hoop dat ik u tot steun kan zijn, en om u daarvan te overtuigen zal ik u u als mijn zuster behandelen, want ik ben nog te jong u als vader te behandelen: ik zou dit alles niet zeggen als ik u niet aantrekkelijk vond.'

Haar broer kwam toen binnen, en ik zag een knappe zeer goed gebouwde jongen van achttien jaar. Hij straalde echter niets uit, sprak heel weinig, en had een onbeduidend gezicht. Wij ontbeten. Toen ik van hem wilde weten welke weg hij wilde inslaan, zei hij mij dat hij bereid was alles te aanvaarden wat hem in staat stelde op eerzame wijze in zijn onderhoud te voorzien.

'Hebt u een bepaalde vaardigheid?'

'Ik kan goed met de pen omgaan.'

'Dat is van belang. Als u naar buiten gaat, wees dan voor iedereen op uw hoede. U moet naar geen enkel café gaan; en met niemand op straat spreken. Eet op uw kamer met uw zuster, en regel dat u een kleine kamer krijgt op de vierde etage. Schrijf vandaag iets in het Frans, geef mij dit morgenochtend, en heb vertrouwen. En wat u betreft, mejuffrouw, hier zijn wat boeken, maak een keuze. Ik heb uw papieren; morgen ben ik in staat u iets mee te delen, want[1] ik kom vanavond laat thuis.'

Zij pakte de boeken en nam zeer welgemanierd afscheid nadat zij mij had verteld dat zij het volste vertrouwen in mij had.

Aangezien ik een sterke drang voelde dit meisje van dienst te zijn, sprak ik die hele dag overal waar ik kwam over haar situatie, en ik kreeg overal van mannen en vrouwen te horen dat zij zeker op een of andere wijze succes zou hebben als zij er tenminste leuk uitzag, en dat zij in de tussentijd van alles moest ondernemen. Aangaande de broer verzekerde men mij dat er op een kantoor wel een plaats voor hem zou worden gevonden als hij tenminste kon schrijven. Ik besloot een dame van stand te zoeken, die in de positie verkeerde haar aan te bevelen aan mijnheer d'Argenson en haar een keer aan hem voor te stellen. Dit was de juiste manier; ik meende dat ik haar in de tussentijd kon onderhouden, en ik verzocht Silvia de zaak ter sprake te brengen bij mevrouw de Monconseil, die veel invloed had op de minister van oorlog. Zij beloofde mij dit, en vroeg of zij het meisje eerst kon zien.

Ik kwam om elf uur thuis. Omdat ik licht zag in de kamer van mejuffrouw Vesian, klopte ik aan. Zij opende de deur en zei niet naar bed te zijn gegaan in de hoop mij te zien. Ik bracht haar verslag uit van alles wat ik voor haar had gedaan. Zij bleek tot alles bereid en toonde zich innig dankbaar. Zij sprak over haar toestand op een toon van voorname onverschilligheid die zij alleen aannam om haar tranen te bedwingen die zij niet wilde laten vloeien. Ik zag echter haar ogen die door het tranenfloers meer glans kregen, een aanblik die mij een zucht ontlokte, en ik schaamde mij. Wij spraken twee uur met elkaar. In de loop van het gesprek slaagde ik erin op discrete wijze te we-

1 Want: sic.

ten te komen dat zij nog nooit een liefdesverhouding had gehad, en dat zij dus een minnaar waardig was die haar naar behoren zou belonen als zij hem haar deugd zou offeren. Het was absurd te veronderstellen dat deze beloning uit een huwelijk zou bestaan. Het meisje had nooit de beslissende misstap begaan, maar zij wendde geen preutsheid voor door te zeggen dat zij die voor al het geld van de wereld niet zou hebben gezet. Haar enige oogmerk was zichzelf niet ondoordacht of voor weinig te geven.

Ik zuchtte terwijl ik haar zo verstandig hoorde spreken met een eerlijkheid die haar leeftijd te boven ging, en ik werd verteerd door begeerte. Ik herinnerde mij de arme Lucia uit Pasiano, mijn wroeging, de fout die ik had begaan door mij ten opzichte van haar te gedragen zoals ik dat had gedaan. Ik zag mijzelf nu naast een lam zitten dat de prooi zou worden van een of andere uitgehongerde wolf, een meisje dat niet voor dit lot was grootgebracht, en dat door haar opvoeding een gevoelsleven had gekregen dat door deugd en eer verdiende te worden ontwikkeld. Ik zuchtte omdat ik niet in staat was haar een positie te verschaffen als ik haar op onwettige wijze de mijne zou maken. Terwijl ik mij ook niet als haar voogd kon opwerpen. Ik besefte zelfs dat ik haar meer kwaad dan goed zou doen als ik haar beschermer[1] zou worden, en dat ik dan misschien zou bijdragen tot haar ondergang in plaats van haar te helpen bij het vinden van een behoorlijke positie. Daar zat zij naast mij, en daar zat ik dan, onzelfzuchtige gevoelens uitsprekend zonder over liefde te reppen, te vaak haar hand en arm kussend, steeds maar besluiteloos, zonder aan iets te beginnen wat te snel ten einde zou komen en mij daarna zou hebben verplicht haar bij mij te houden. Zij kon dan de hoop wel laten varen een goede slag te slaan, terwijl ik mij niet meer van haar zou kunnen vrijmaken. Ik heb

---

1 Beschermer: Casanova schrijft, kennelijk abusievelijk, 'producteur' in plaats van 'protecteur'.

uitzinnig veel van vrouwen gehouden, maar altijd mijn vrijheid nog meer liefgehad. Als ik gevaar liep deze te moeten offeren werd ik steeds door een toeval gered.

Het was drie uur na middernacht toen ik afscheid nam van mejuffrouw Vesian. Omdat zij niet kon vermoeden dat mijn terughoudendheid voortkwam uit deugdzaamheid, schreef zij die ongetwijfeld toe aan verlegenheid, impotentie of een verborgen ziekte, maar niet aan gebrek aan belangstelling, want mijn ogen en de lachwekkende gretigheid waarmee ik haar handen en armen kuste, verrieden duidelijk het vuur van mijn begeerte. Toen ik haar een goede nachtrust toewenste, zei ik dat wij de volgende dag samen zouden dineren.

Ons diner was erg vrolijk, en haar broer ging na afloop een wandeling maken. De ramen van mijn kamer vanwaar wij de hele rue Française zagen, boden ons ook een blik op alle rijtuigen die bij de ingang van het Théâtre Italien aankwamen, waarheen die dag een menigte mensen stroomde. Ik vroeg aan mijn landgenote of ik haar een plezier zou doen als ik haar meenam naar het stuk. 'Heel graag,' zei ze, en ik bezorgde haar een plaats in het amfitheater[1] waar ik haar achterliet nadat ik haar had gezegd dat wij elkaar om elf uur thuis zouden weerzien. Ik wilde niet bij haar blijven teneinde alle vragen te vermijden die men mij zou hebben gesteld, want zij wekte meer belangstelling naarmate zij eenvoudiger was gekleed.

Nadat ik bij Silvia had gesoupeerd, ging ik naar huis, en zag bij de deur een zeer elegant rijtuig. Men vertelde mij dat het toebehoorde aan een jonge edelman die met mejuffrouw Vesian had gesoupeerd, en nog steeds bij haar was. Zij was dus begonnen met haar carrière. Ik haalde mijn schouders erover op en ging naar bed.

Ik stond de volgende dag op en zag een fiaker die bij de deur

1 Amfitheater: zie blz. 32, noot 3.

van het huis stopte. Er stapte een informeel geklede jongeman uit, die naar boven liep. Ik hoorde hem de kamer van mijn buurvrouw binnengaan. Het liet mij koud. Ik kleedde mij aan om het huis te verlaten, en zag opeens Vesian verschijnen. Hij kwam mij zeggen dat hij niet naar de kamer van zijn zuster ging, omdat de heer die bij haar was haar een souper had aangeboden.

'Zo gaat dat nu eenmaal.'

'Hij is rijk en uiterst voorkomend. Hij wil ons persoonlijk naar Versailles brengen en zal zorgen dat ik meteen werk krijg.'

'Wie is hij?'

'Ik heb geen idee.'

Ik deed haar papieren in een envelop, die ik verzegelde. Daarop overhandigde ik hem het pakje met het verzoek of hij het wilde teruggeven aan zijn zuster, en verliet het huis. Ik kwam om drie uur weer thuis. De vrouw van wie ik mijn kamer huurde, overhandigde mij een briefje dat mejuffrouw Vesian, die was vertrokken, haar had opgedragen aan mij te geven. Ik ging naar mijn kamer, opende het briefje, en trof twee louis aan en de volgende woorden: 'Ik geef u het geld terug dat u mij hebt geleend, en dank u. De graaf van Narbonne heeft zich mijn lot aangetrokken en wil maar één ding: mij en mijn broer helpen. Ik zal u alles schrijven vanuit het huis waarin hij wil dat ik ga wonen en waar hij het mij aan niets zal laten ontbreken. Ik hecht echter de allergrootste waarde aan uw vriendschap en zou deze graag behouden. Mijn broer blijft wonen op de kleine kamer op de vierde etage, en mijn kamer is de hele maand nog van mij, want ik heb alles betaald.'

De scheiding van de broer zei alles. Zij was snel te werk gegaan. Ik besloot mij niet meer met de zaak te bemoeien, en had er spijt van dat ik haar ongeschonden had achtergelaten voor de graaf, die God weet wat met haar zou doen. Ik kleedde mij om naar de Comédie Française te gaan en inlichtingen over deze

Narbonne in te winnen. Ondanks mijn boosheid was ik enigszins nieuwsgierig naar de gehele toedracht. In de Comédie Française hoorde ik van de eerste bezoeker tot wie ik mij wendde, dat Narbonne de zoon was van een rijke vader van wie hij afhankelijk was, dat hij diep in de schulden zat, en alle lichte vrouwen van Parijs had bezocht.

Ik ging elke dag twee- of driemaal naar de schouwburg, niet zozeer om La Vesian te zien die ik meende te verachten, als wel om Narbonne te ontmoeten naar wie ik nieuwsgierig was. Er verliep een week waarin ik er niet in slaagde iets te weten te komen en evenmin de jonge edelman te ontmoeten, en ik begon de geschiedenis te vergeten toen Vesian om acht uur 's morgens naar mijn kamer kwam om mij te zeggen dat zijn zuster zich in de hare bevond en zij mij graag wilde spreken. Ik ging zonder een ogenblik te verliezen naar haar toe en trof haar in een zeer bedroefde stemming aan met gezwollen ogen. Zij droeg haar broer op een wandeling te maken, en vertelde mij het volgende: 'Mijnheer de Narbonne, die ik voor een fatsoenlijk mens hield omdat ik er behoefte aan had hem zo te zien, ging naast mij zitten op de plaats waar u mij had achtergelaten, zei dat mijn gezicht zijn belangstelling wekte en vroeg mij wie ik was. Ik vertelde hem alles wat ik u heb verteld. U had mij beloofd dat u over mijn situatie zou nadenken, maar Narbonne zei dat hij er niet over hoefde na te denken en alles meteen zou doen. Ik geloofde hem en heb mij laten beetnemen: hij heeft mij bedrogen en is een schurk.'

Aangezien zij haar tranen niet meer kon bedwingen, liep ik naar het raam om haar de tijd te geven ze ongehinderd te vergieten. Enkele minuten later ging ik weer naast haar zitten.

'Vertel mij alles, mijn lieve mejuffrouw Vesian, en ontlast u van alles wat u bezwaart. Denk niet dat u enige schuld treft jegens mij, want in feite ben ik de oorzaak van het onaangenaams dat u is overkomen. Als ik niet zo onverstandig was geweest u naar de schouwburg mee te nemen, zou uw hart nu niet door verdriet worden verscheurd.'

'Ach, mijnheer zegt u dat niet! Moet ik het u kwalijk nemen dat u dacht dat ik een oppassend meisje was? Om kort te gaan: hij beloofde alles voor mij te doen onder voorwaarde dat ik hem een bewijs gaf van het vertrouwen dat ik in hem moest hebben. Dit bewijs hield in dat ik mijn intrek zou nemen bij een respectabele vrouw in een klein huis dat hij had gehuurd; het was vooral van belang dat ik daar zonder mijn broer zou wonen want boze tongen zouden kunnen beweren dat hij mijn minnaar was. Ik liet mij overreden, helaas! Hoe kon ik ernaartoe gaan zonder u om raad te vragen? Hij zei – en dat was een leugen – dat de achtenswaardige vrouw naar wier huis hij mij bracht, mij naar Versailles zou meenemen, en dat hij zou regelen dat mijn broer daar zou zijn, zodat we beiden samen aan de minister konden worden voorgesteld. Na het souper ging hij weg. Hij zei dat hij mij de volgende morgen in een fiaker zou komen ophalen, en hij gaf mij twee louis en een gouden horloge dat ik meende te kunnen aannemen zonder mij in enig opzicht te verplichten jegens een rijke edelman die mij naar zijn zeggen belangeloos wilde helpen.

Toen wij bij zijn kleine huis kwamen, stelde hij mij voor aan een vrouw die op mij geen respectabele indruk maakte, en hij hield mij daar deze hele week. Hij ging, kwam, ging weer weg, kwam terug, maar nam steeds geen besluit tot de vrouw mij ten slotte vanmorgen om zeven uur meedeelde dat mijnheer de graaf om familieredenen naar het platteland had moeten vertrekken, en dat er voor de deur een fiaker stond die mij naar het Hôtel de Bourgogne zou brengen, vanwaar hij mij had meegenomen en waar hij mij bij zijn terugkomst zou opzoeken. Leedwezen voorwendend deelde zij mij mee dat ik haar het horloge moest geven dat hij mij had geschonken omdat zij het moest teruggeven aan de horlogemaker, die mijnheer had vergeten te betalen. Ik overhandigde het haar onmiddellijk zonder iets te antwoorden, wikkelde de dingen die ik had meegenomen in een halsdoek en kwam hier een halfuur geleden terug.'

Een minuut later vroeg ik haar of zij hoopte hem terug te zien bij zijn terugkomst van het platteland.

'Hem terugzien? Nog met hem spreken! Geen denken aan.'

Ik liep snel terug naar het raam om opnieuw ruimte te maken voor haar tranen, want zij snikte. Nooit in mijn leven had ik zo te doen gehad met een ongelukkig meisje in een beklagenswaardige situatie. Medelijden nam de plaats in van de tederheid die zij een week eerder in mij had gewekt. Ondanks het feit dat zij mij niet de schuld gaf van haar ongeluk, zag ik in dat ik de voornaamste oorzaak ervan was, en ik voelde mij daarom verplicht haar dezelfde vriendschap te tonen. Het lage gedrag van Narbonne vervulde mij met zoveel weerzin dat ik hem zonder La Vesian iets te zeggen zeker zou hebben opgezocht om hem aan te vallen als ik maar had geweten waar ik hem alleen had kunnen treffen.

Ik hoedde mij er wel voor haar een gedetailleerd verslag te vragen van de week die zij in het huisje had doorgebracht. Het was een geschiedenis die ik maar al te goed begreep zonder dat het nodig was haar te vernederen door indirect van haar te eisen dat zij mij die vertelde. Uit het terugnemen van het horloge bleek mij de laagheid, de banale achterbaksheid, de gemeenheid en de eerloosheid van de armzalige Narbonne. Zij liet mij meer dan een kwartier bij het raam staan. Ik kwam bij haar terug toen zij mij riep en constateerde dat zij minder treurig was. Bij groot verdriet is de opluchting die tranen schenken een onfeilbaar hulpmiddel. Zij vroeg mij voor haar de genegenheid van een vader te voelen, verzekerde mij dat zij zich die toewijding niet nog eens onwaardig zou betonen, en wilde dat ik haar zei wat zij moest doen.

'Wat u op het ogenblik moet doen,' zei ik tegen haar, 'is niet

96

alleen de wandaad van Narbonne vergeten, maar ook de fout die u hebt gemaakt door hem in staat te stellen haar te plegen. Gedane zaken nemen geen keer, mijn lieve mejuffrouw Vesian. U moet weer van uzelf gaan houden en uw mooie gezicht moet weer de uitdrukking krijgen die het een week geleden glans gaf. Het straalde eerlijkheid, openheid en goede trouw uit en daarnaast het voorname zelfvertrouwen dat sympathie wekt bij degenen die de bekoring ervan beseffen. Dit alles dient weer op uw gezicht geschreven te staan, want fatsoenlijke mensen zijn alleen daarin geïnteresseerd, en het is meer dan ooit nodig dat u deze belangstelling oproept. Wat mij aangaat, het nut van mijn vriendschap is gering, maar ik beloof u deze volledig en verzeker u dat u er een aanspraak op kunt laten gelden die u een week geleden nog niet bezat. Ik beloof u dat ik niet van u weg zal gaan zolang u nog niet zeker bent van uw toekomst. Op dit ogenblik weet ik niet wat ik verder moet zeggen, maar u kunt erop rekenen dat ik zal nadenken over uw probleem.'

'Ach, lieve vriend, als u mij dit belooft, vraag ik niet meer. Helaas is er niemand die zich in mijn problemen verdiept.'

Deze gedachte greep haar zo sterk aan dat ik zag dat haar kin begon te trillen, zij het benauwd kreeg van vertwijfeling en bezwijmde. Ik verzorgde haar zonder iemand te roepen, en wachtte tot zij weer tot zichzelf was gekomen en haar kalmte had herkregen. Ik vertelde haar een aantal echte of verzonnen geschiedenissen over schurkenstreken uitgehaald door mannen die in Parijs als enig tijdverdrijf het bedriegen van meisjes hadden. Ik vertelde maar vermakelijke verhalen om haar op te vrolijken en zei tot besluit dat zij de hemel moest danken voor wat haar met Narbonne was overkomen, omdat zij deze onaangename ervaring nodig had om in de toekomst voorzichtiger te zijn.

Tijdens dit gesprek waarin ik echte balsem op haar ziel aanbracht, kostte het mij geen ogenblik moeite mij ervan te weerhouden haar hand te pakken en haar blijken van mijn tederheid te geven, want medelijden was werkelijk de enige emotie die mij bezielde. Ik nam met onvervalst genoegen waar dat zij aan het einde van twee uur overtuigd was en genoeg moed had gekregen haar tegenslag heldhaftig te dragen. Zij stond plotseling op, keek mij aan met een gezicht dat tegelijk vertrouwen en twijfel uitdrukte, en vroeg of ik die dag iets dringends moest doen. Ik antwoordde van niet.

'Wel, brengt u mij dan ergens buiten Parijs,' zei zij, 'waar het inademen van de buitenlucht mij weer het voorkomen zal geven dat volgens u vereist is om degenen die mij zien voor mij in te nemen. Als ik kan zorgen dat ik de komende nacht goed slaap, voel ik dat ik weer gelukkig kan worden.'

'Ik dank u voor uw vertrouwen. Ik ga mij kleden daarna zullen we ergens naartoe gaan. In de tussentijd komt uw broer terug.'

'Wat heeft mijn broer hiermee te maken?'

'Houd voor ogen, lieve vriendin, dat u door uw gedrag moet bewerkstelligen dat Narbonne zich voor de rest van zijn leven schaamt en ellendig voelt. U dient te bedenken dat hij triomfeert als hij te weten komt dat u op dezelfde dag dat hij u terug heeft gestuurd, alleen zonder begeleiding met mij naar het platteland bent gegaan. Hij zal dan zeggen dat hij u heeft behandeld zoals u verdiende. Maar als u in gezelschap van uw broer met mij, een landgenoot, gaat geeft u boze tongen geen stof en lasterlijke tongen geen aanleiding.'

Het goede kind bloosde en besloot op haar broer te wachten, die een uur later terugkwam. Ik liet meteen een fiaker bestellen. Op het ogenblik dat wij opstapten, zag ik opeens Balletti die mij een bezoek wilde brengen. Nadat ik hem aan het meisje had voorgesteld, nodigde ik hem uit met ons mee te gaan. Hij nam dit aan, en wij gingen naar Le Gros Caillou[1] waar wij gestoofde vis en rundvlees aten, een omelet, en duiven à la crapaudine.[2] Ik slaagde erin het meisje in een vrolijke stemming te brengen, wat enige compensatie bood voor deze nogal chaotische middagmaaltijd.

Vesian ging na de maaltijd alleen een wandeling maken, en zijn zuster bleef alleen met ons. Ik zag tot mijn genoegen dat Balletti haar aardig vond en vatte zonder hem te raadplegen het plan op mijn vriend te overreden haar te leren dansen. Ik lichtte hem in over haar situatie, de reden waarom zij Italië had verlaten, haar vage hoop een toelage van het hof te krijgen, en haar behoefte bij haar sekse passend werk te vinden om behoorlijk te kunnen leven. Balletti dacht na en zei dat hij bereid was al het nodige te doen. Nadat hij aandachtig het figuur en de geestesgesteldheid van het meisje had bestudeerd, verzekerde hij haar dat hij zou regelen dat Lany haar een plaats in de balletten van de Opéra gaf.

'Je moet dus morgen beginnen haar lessen te geven,' zei ik tegen hem. 'Mejuffrouw Vesian woont in de kamer naast de mijne.'

Nadat tot dit spontaan gerezen plan was besloten, begon La Vesian opeens te schateren bij de gedachte dat zij danseres zou worden, iets wat nog nooit bij haar was opgekomen.

'Maar kan men zo vlug leren dansen? Ik kan alleen het menuet dansen en ik heb een goed oor voor contradansen, maar ik ken geen enkele pas.'

'De balletmeisjes van de Opéra kunnen er niet meer van dan u,' antwoordde Balletti haar.

'En hoeveel kan ik mijnheer Lany vragen, want ik heb niet de indruk dat ik veel kan verwachten.'

'Niets. De balletmeisjes bij de Opéra worden niet betaald.'

'Waar moet ik dan van leven?'

1 Le Gros Caillou: een achttiende-eeuws voorstadje van Parijs waar zich veel uitspanningen bevonden.
2 À la crapaudine: geplet en geroosterd.

'Maakt u zich daarover geen zorgen. Iemand als u zal onmiddellijk tien rijke edellieden vinden die u hun huldeblijken aanbieden. Aan u de taak een goede keuze te maken. Wij zullen·u behangen met diamanten zien.'

'Nu begrijp ik het. Een van hen neemt mij als zijn maîtresse en zal mij als zodanig onderhouden.'

'Juist. Dat is heel wat beter dan een toelage van vierhonderd franc, die u misschien pas zult krijgen nadat u daarvoor veel moeite hebt gedaan.'

Zij keek mij daarop verbaasd aan om te ontdekken of dit alles ernstig bedoeld was of alleen als grap. Aangezien Balletti even weg was, verzekerde ik haar dat dit de beste weg was die zij kon inslaan tenzij zij de voorkeur gaf aan het armzalige werk van dienstmeisje bij een of andere voorname dame die wij voor haar zouden kunnen vinden. Zij zei dat zij zelfs geen dienstmeisje bij de koningin zou willen zijn.

'En balletmeisje bij de Opéra?'

'Liever dat.'

'U lacht.'

'Dit is om je te besterven van de lach. Maîtresse van een aanzienlijk edelman die mij met diamanten zal behangen. Ik wil de oudste kiezen.'

'Uitstekend, lieve vriendin, maar past u ervoor op hem niet te bedriegen.'

'Ik beloof u dat ik hem trouw zal zijn. Hij zal een betrekking voor mijn broer vinden.'

'Daar kunt u zeker van zijn.'

'Maar van wie krijg ik genoeg om te leven tot ik bij de Opéra kom en mijn oude minnaar verschijnt?'

'Van mij, Balletti en al mijn vrienden – en dit uitsluitend ter wille van de aanblik van uw mooie ogen. Wij willen er zeker van zijn dat u zich gedraagt zoals het behoort, en bijdragen tot geluk. Bent u nu overtuigd?'

'Volledig. Ik zal alleen doen wat u mij opdraagt te doen. Als u maar voor altijd mijn vriend bent.'

Wij keerden naar Parijs terug toen de nacht was ingevallen. Ik liet La Vesian achter in het Hôtel de Bourgogne, en ging souperen met mijn vriend die van zijn moeder de toezegging kreeg dat zij met Lany zou spreken. Silvia zei dat het beter was dan bij het ministerie van oorlog om een armzalige toelage vragen. Het gesprek kwam daarna op een plan dat werd overwogen door het bestuur van de Opéra. Het hield in dat alle rollen van balletmeisjes en koorzangeressen te koop zouden worden aangeboden. Men wilde er zelfs een hoge prijs voor vragen, want[1] naarmate ze duurder waren, zouden de meisjes die ze kochten in hoger aanzien staan. Aan dit plan dat samenhing met het algemene zedelijk verval, kleefde toch enige wijsheid. Het zou in zekere zin een kaste van vrouwen hebben verheven, waar men op blijft neerkijken.

Ik zag in die tijd een aantal balletmeisjes en koorzangeressen die lelijk en ongetalenteerd waren. Desondanks leefden zij allen in welstand. Een meisje van de Opéra dient nu eenmaal onherroepelijk afstand te doen van wat de massa 'deugdzaamheid' noemt, want iemand die deugdzaam zou willen leven, zou van honger sterven. Als echter een nieuw meisje zo slim is een maand deugdzaam te leven, is haar fortuin verzekerd, omdat dan de meest achtenswaardige edellieden zich ervoor inzetten deze voorbeeldige deugd te overwinnen. Een voorname edelman is verrukt als het publiek zijn naam noemt als zij verschijnt. Hij vergeeft haar zelfs enkele avontuurtjes als zij daarmee niet te veel opzien baart en niet verspeelt wat hij haar geeft. De edelman die haar onderhoudt, maakt er zelden bezwaar tegen dat zij een vriend heeft, en komt bovendien nooit onaangekondigd souperen bij zijn maîtresse. Wat Franse edellieden

1 Want: sic.

vooral ertoe prikkelt een meisje van de Opéra te betalen, is het feit dat deze meisjes als leden van zijn Académie royale de Musique 'koninklijk bezit' zijn.

Ik kwam om elf uur thuis. Omdat ik de deur van LaVesian halfopen zag staan, liep ik naar binnen. Zij lag in bed.

'Ik sta op, want ik wil met u spreken.'

'Blijft u in bed liggen, u kunt zo evengoed met mij spreken. Ik vind u mooier geworden.'

'Dat doet mij dan genoegen.'

'Wat wilde u mij zeggen?'

'Niets. Ik wilde alleen over het beroep spreken dat ik ga uitoefenen. Ik ga een deugdzaam leven leiden om iemand te vinden die er slechts op uit is het te gronde te richten.'

'Juist, dat is zo, en gelooft u mij, alles in het leven speelt zich op deze wijze af. Wij betrekken alles op onszelf, en ieder van ons is een tiran. Dat is de reden waarom een verdraagzaam mens de beste van de stervelingen is. Het doet mij genoegen te zien dat u een filosoof aan het worden bent.'

'Hoe wordt men dat?'

'Door na te denken.'

'Hoe lang?'

'Een leven lang.'

'Er komt dus noot een einde aan?'

'Nooit. Maar men doet er zich zo veel mogelijk voordeel mee, en verwerft de hoeveelheid geluk waartoe men in staat is.'

'En dit geluk, op welke wijze openbaart zich dat?'

'Het openbaart zich in alle vormen van genot die een filosoof zichzelf kan verschaffen, en wanneer hij meent dat hij ze heeft verkregen door eigen inspanning en door het ter zijde schuiven van alle vooroordelen.'

'Wat verstaat u onder "genot", en wat onder "vooroordeel"?'

'Genot is rechtstreeks zintuiglijk welbehagen; het is een volledige bevrediging die wij onze zintuigen gunnen bij alles wat ze begeren, en als ze uitgeput of vermoeid zijn en rust willen hetzij om op adem te komen hetzij om herboren te worden, dan wordt het genot spiritueel. De geest schept genoegen in de bezinning op hetgeluk dat hij door zijn kalmte verkrijgt. Een filosoof is hij die in staat is genietingen te creëren en geen enkele genieting afwijst die niet nog groter lijden voortbrengt.'

'En u zegt dat dit afhangt van het ter zijde schuiven van de vooroordelen. Wat is een vooroordeel, hoe kunnen we dit ter zijde schuiven, en waar halen we de kracht daartoe vandaan?'

'Lieve vriendin, je stelt mij nu de belangrijkste vraag van de ethische filosofie: daarom vergt bestudering daarvan ons hele leven. Maar ik zal het kort voor je formuleren: onder vooroordeel wordt elke zogeheten plicht verstaan waarvoor wij in de natuur geen reden kunnen vinden.'

'De belangrijkste taak van een filosoof is dus het bestuderen van de natuur.'

'Dat is zijn enige taak. De wijste man is degene die zich het minst vergist.'

'Wie is volgens u de filosoof die zich het minst heeft vergist?'

'Socrates.'

'Maar hij heeft vergissingen gemaakt.'

'Ja, in metafysica.'

'O, dat hindert mij niet. Volgens mij kon hij het zonder deze studie stellen.'

'U vergist zich. De moraal is namelijk de metafysica van de natuurkunde, aangezien alles natuur is. Om die reden mag u van mij iedere man een dwaas noemen die met de mededeling komt dat hij een nieuwe ontdekking in de metafysica heeft gedaan. Maar ik word nu ongetwijfeld duister. U dien het rustig aan te doen. Denkt u maar na over alles, laat u leiden door de voorschriften die de slotsom zijn van helder redeneren, houd altijd de ogen gericht op uw geluk, en u zult gelukkig worden.'

'Ik geef de voorkeur aan de les die u mij hebt gegeven, boven de dansles die Balletti mij morgen zal geven, want ik voorzie dat ik mij zal vervelen, en nu bij u verveel ik mij niet.'

'Wat wijst erop dat u zich niet verveelt?'

'Mijn verlangen dat u niet weggaat.'

'Mijn lieve Vesian. Ik ben bereid mijn leven erom te verwedden dat er nooit een filosoof is geweest die de verveling beter heeft omschreven dan u. Wat een genot! Hoe komt het dat ik zin heb u dit te bewijzen door u te omhelzen?'

'Het komt doordat onze ziel pas gelukkig kan zijn als ze in harmonie verkeert met onze zintuigen.'

'Wat hoor ik, aanbiddelijke Vesian? Uw verstand schenkt het daglicht aan een eerste boreling.'

'Dankzij u, mijn onvergelijkelijke vriend. U bent de verloskundige, en ik ben u daar zo dankbaar voor dat ik hetzelfde verlangen voel als u.'

'Laten we dan ons verlangen bevredigen, lieve vriendin en elkaar innig omhelzen.'

Zo filosoferend brachten wij de hele nacht door. Wat ons bij het aanbreken van de dag bewees dat wij in een staat van volmaakte verrukking hadden verkeerd, was dat wij ons er geen ogenblik rekenschap van hadden gegeven dat de deur van de kamer halfopen stond – een teken dat wij er geen ogenblik aan gedacht hadden dat er een reden was hem te sluiten.

Balletti gaf haar enkele lessen, zij werd aangenomen bij de Opéra, en zij trad daar maar twee of drie maanden op, waarin zij zich steeds liet leiden door de richtlijnen die ik haar had voorgehouden. Zij was zo verstandig in te zien dat dit gulden regels waren. Zij wees allen af die haar benaderden om haar te veroveren, omdat zij allen op de een of andere manier op Narbonne leken. De edelman op wie zij haar keuze liet vallen, verschilde van alle anderen, omdat hij voor haar deed wat geen van de anderen ooit zou hebben gedaan. Hij bewerkstelligde eerst haar vertrek bij het theater. Hij reserveerde een kleine loge voor haar, waarin zij plaats nam op alle dagen dat er voorstellingen werden gegeven. In deze loge ontving zij haar beschermer en al diens vrienden. Zijn naam was graaf de Tressan, als ik mij niet vergis, of de Trean, want mijn geheugen aarzelt tussen die twee. Zij was tot zijn dood altijd gelukkig met hem, en maakte hem eveneens gelukkig. Zij leeft nog steeds, woont in Parijs en is van niemand afhankelijk, want haar minnaar zorgde ervoor dat zij een vast inkomen kreeg. Het oog van de mensen is niet meer op haar gericht, want een zesenvijftigjarige vrouw in Parijs bestaat bij wijze van spreken niet meer. Nadat zij uit het Hôtel de Bour-gogne was weggegaan, heb ik nooit meer met haar gesproken. Als ik haar zag, bedekt met diamanten, en zij zag mij eveneens, groetten onze harten elkaar. Haar broer kreeg een betrekking, maar het enige beroep dat hij uitoefende was dat van echtge-noot van La Piccinelli, die nu misschien dood is.

DE MOOIE O'MORPHI. DE SCHILDER-OPLICHTER. IK RAADPLEEG MIJN ORAKEL BIJ DE HERTOGIN VAN CHARTRES. IK VERLAAT PARIJS. MIJN VERBLIJF IN DRESDEN EN MIJN VERTREK UIT DIE STAD.

Mijn vriend Patu kreeg op de jaarmarkt van Saint-Laurent zin met een Vlaamse actrice te souperen, Morphi geheten, en nodigde mij uit hem te vergezellen bij deze gril; ik stemde toe. La Morphi bekoorde mij niet, maar dat deed er niet toe; het plezier van een vriend telde genoeg. Hij bood haar twee louis, die zij direct aanvaardde, en wij gingen na de opera naar het huis van het meisje in de rue des Deux Portes Saint-Sauveur. Na het souper had Patu zin met haar te slapen, en ik vroeg voor mijzelf een canapé ergens anders in het huis. Het zusje van La Morphi, knap, armoedig en vuil, zei dat zij mij haar bed zou geven, maar daarvoor een driefrancstuk wilde hebben; dat beloofde ik haar. Zij bracht mij naar een kamertje waar ik alleen een matras op drie of vier planken zag.

'En dat noem je een bed?'

'Dit is mijn bed.'

'Hier stel ik helemaal geen prijs op, en jij krijgt je driefrancstuk niet.'

'Was u van plan zich uit te kleden om te gaan slapen?'

'Natuurlijk.'

'Het idee alleen al: we hebben geen lakens.'

'Slaap je dan met kleren aan?'

'O, nee.'

'Goed, ga er dan zelf in liggen en je krijgt je drie franc. Ik wil je zien.'

'Ja. Maar u mag niets doen.'

'Ik doe helemaal niets.'

Zij kleedde zich uit, ging in bed liggen, en trok een oud gordijn over zich heen. Zij was dertien. Ik bekeek dit meisje, schudde mijn vooringenomenheid van mij af, zag haar armoede en vodden niet meer, en besefte dat zij een volmaakte schoonheid was. Ik wilde haar helemaal bekijken, zij weigerde dit, lachte, nee, dat wilde ze niet, maar een zesfrancstuk maakte haar gedwee als een lammetje. Omdat haar enige gebrek haar vuilheid was, waste ik haar eigenhandig helemaal. De lezer weet dat als een vrouw toestaat zich te laten bewonderen, dit samengaat met een andere bereidwilligheid; de kleine Morphi bleek bereid mij alles toe te staan wat ik wilde, met uitzondering van datgene waar ik geen zin in had. Zij zei vooraf dat zij mij dit niet zou toestaan, want het was volgens haar oudste zuster vijfentwintig louis waard. Ik antwoordde dat wij daarover een andere keer zouden onderhandelen. Uit de gewilligheid waarmee zij daarop ruimschoots aan al mijn wensen tegemoetkwam, liet zij mij duidelijk haar toekomstige toeschietelijkheid blijken.

Toen ik de kleine Hélène[1] had bezeten zonder haar maagdelijkheid te schenden, gaf ze de zes franc aan haar zuster en vertelde haar wat zij nog van mij verwachtte. Voor ik wegging, riep zij mij, en zei dat zij iets van de prijs zou afdoen, omdat zij geld nodig had. Ik antwoordde haar dat ik er de volgende dag met haar over zou komen praten. Ik stond erop dat Patu dit meisje zag zoals ik haar had gezien, om hem toe te laten geven dat het niet mogelijk was dat er een volmaaktere schoonheid bestond. Hélène was blank als een lelie en haar lichaam bezat alles wat de natuur en de schilderkunst aan schoonheid kunnen combineren. Daarbij kwam nog de schoonheid van haar gezicht, dat iemand die het bekeek weldadig rustig maakte. Zij was blond. Ik ging die avond naar haar toe. Omdat ik niet tot

1 Hélène: zij heette eigenlijk Louison. Casanova noemt haar Hélène vanwege haar schoonheid.

een vergelijk over de prijs was gekomen, gaf ik haar twaalf franc om te regelen dat zij het bed van haar zuster kon lenen. Ten slotte kwamen wij overeen dat ik haar steeds twaalf franc zou geven, tot ik zou besluiten de zeshonderd te betalen. Het was een hoge woekerrente, maar La Morphi behoorde tot de categorie van afzetsters en kende in dit opzicht geen scrupules.

Het is een feit dat ik nooit besloten zou hebben de vijfentwintig louis uit te geven, want dan zou ik gedacht hebben dat ik erop verloor. De oudste Morphi vond dat ik mij geweldig liet beetnemen, aangezien ik in twee maanden driehonderd franc voor niets had uitgegeven. Zij schreef dit toe aan mijn gierigheid. Welk een gierigheid! Ik gaf zes louis uit om haar naakt en natuurgetrouw door een Duitse schilder te laten schilderen. De gelijkenis was sprekend. Zij lag op haar buik met haar armen en borst steunde zij op een kussen, haar hoofd hield zij alsof zij op haar rug lag. De bedreven kunstenaar had haar benen en dijen zo weergegeven, dat het oog niet kon verlangen meer te zien. Ik liet er O'Morphi onder zetten. Dat was dan wel geen homerisch woord, maar daarom niet minder Grieks. Het betekent *De Mooigevormde*.

Maar nu de verborgen wegen die het almachtige lot bewandelt. Mijn vriend Patu wilde graag een kopie van dit portret hebben. Weiger je een vriend zoiets? Dezelfde schilder maakte het, ging naar Versailles, liet het met andere portretten aan mijnheer de Saint-Quentin zien, die het aan de koning liet zien, die nieuwsgierig werd en wilde weten of het portret van het Griekse meisje natuurgetrouw was. De vorst beweerde dat hij in dat geval het recht had het origineel te veroordelen tot het blussen van het vuur dat het in zijn gemoed had laten ontvlammen.

Mijnheer de Saint-Quentin vroeg de schilder of hij het origineel van 'het Griekse meisje' naar Versailles zou kunnen brengen, en hij antwoordde dat hij dacht dat dit heel goed mogelijk was. Hij kwam bij mij, vertelde mij erover, en ik gaf er mijn goedkeuring aan. La Morphi trilde van blijdschap toen ik haar vertelde dat zij met haar zuster in gezelschap van de schilder naar het hof moest gaan, en zich daarna neer moest leggen bij de besluiten van de Voorzienigheid. Op een mooie dag waste zij het gezicht van het meisje, kleedde haar netjes aan, en ging met de schilder naar Versailles. Die zei dat ze in het park moesten gaan wandelen tot zijn terugkomst.

Hij kwam terug met een kamerdienaar, die hem zei in een herberg te wachten op de twee zusters, die hij naar een paviljoen meenam, waar hij ze insloot. Twee dagen later hoorde ik van La Morphi zelf dat een halfuur daarna de koning was gekomen, alleen, en haar had gevraagd of zij Grieks was, het portret uit zijn zak had gehaald, het kleine meisje goed had bekeken en had gezegd: 'Ik heb nog nooit iets gezien wat zo goed lijkt.'

Hij ging zitten, nam haar tussen zijn knieën, liefkoosde haar een beetje, en gaf haar een zoen nadat hij zich er met zijn koninklijke hand van had vergewist dat zij nog volkomen ongerept was. O'Morphi keek hem aan en lachte.

'Waarom lach je?'

'Ik lach omdat u als twee druppels water op een zesfrancstuk lijkt.'

De vorst barstte in lachen uit bij deze naïeve opmerking en vroeg haar of zij in Versailles wilde blijven. Zij antwoordde dat hij dit met haar zuster moest regelen; haar zuster zei de koning dat zij zich geen groter geluk kon voorstellen. De koning vertrok daarop en deed de deur op slot. Een kwartier later haalde Saint-Quentin hen op, bracht het meisje naar een appartement op de begane grond, waar hij haar aan de zorg van een vrouw toevertrouwde, en ging daarna met de oudste zuster naar de Duitser, aan wie hij vijftig louis gaf voor het portret. La Morphi gaf hij niets. Hij schreef alleen haar adres op met de mededeling dat zij nog van hem zou horen. Zij kreeg duizend louis, die zij mij twee dagen later liet zien. De eerlijke Duitser gaf mij vijfentwintig louis voor mijn portret, en maakte een ander naar de kopie die Patu had. Hij bood aan gratis alle mooie meisjes voor mij te portretteren van wie ik in de toekomst een portret zou willen hebben. Het grootste genoegen deed mij echter de blijdschap van de eenvoudige Vlaamse,[1] die omdat zij vijfhonderd dubbele louis voor zich zag, dacht dat zij rijk geworden was, en mij beschouwde als degene aan wie zij haar geluk te danken had.

'Ik verwachtte niet zoveel, want al is Hélène leuk, ik geloofde toch niet wat zij mij over u vertelde. Is het mogelijk dat u haar maagd hebt gelaten? U moet mij de waarheid vertellen.'

'Als zij maagd was, kan ik u verzekeren dat ik daarin geen verandering heb gebracht.'

'Zij was het beslist, want u bent de enige aan wie ik haar heb gegeven. U bent een eerlijk mens! Zij was voor de koning bestemd! Wie had dat gedacht? Alles is in Gods hand. Ik bewonder uw goede karakter. Laat mij u omhelzen.'

Het meisje beviel de koning – die haar nooit anders dan O'Morphi noemde – meer nog door haar naïviteit, waarvan de vorst geen vermoeden had gehad, dan door haar schoonheid, hoewel deze zeer klassiek was. Hij bracht haar onder in een appartement in het Parc aux Cerfs, waar Z.M. een regelrechte harem onderhield en waar alleen dames mochten komen die aan het hof waren voorgesteld. Het meisje beviel aan het einde van het jaar van een zoon, wiens levensloop onbekend is, want Lodewijk XV wilde zolang koningin Maria leefde niets afweten van de bastaards die hij kreeg.

O'Morphi viel na drie jaar in ongenade. De koning gaf haar vierhonderdduizend franc, die zij als bruidsschat inbracht bij

---

1 Vlaamse: de zusters Morphi waren van Ierse afkomst (en heetten vermoedelijk Murphy), maar hadden lang in Vlaanderen gewoond.

haar huwelijk met een officier van de generale staf uit Bretagne. In 1783 ontmoette ik in Fontainebleau een zoon uit dit huwelijk. Hij was vijfentwintig, en wist niets van het verleden van zijn moeder, op wie hij sprekend leek. Ik vroeg hem haar mijn groeten over te brengen en schreef mijn naam in zijn aantekeningenboekje.

De oorzaak van de ongenade van het mooie meisje was de boosaardigheid van mevrouw de Valentinois, de schoonzuster van de prins van Monaco. Deze dame, die heel Parijs kende, zei tegen O'Morphi toen zij haar een keer bezocht in het Parc aux Cerfs, dat zij de koning moest laten lachen door hem te vragen hoe hij zijn oude vrouw behandelde. O'Morphi, die een simpele ziel was, stelde de koning deze brutale, beledigende vraag. De vorst was zo verrast dat hij opstond en haar met bliksemende ogen aankeek.

'U bent te beklagen,' zei hij tegen haar. 'Wie heeft u ertoe gebracht mij deze vraag te stellen?'

O'Morphi vertelde hem bevend de waarheid; de koning draaide haar de rug toe, en zij heeft hem niet meer gezien. De gravin de Valentinois heeft men pas twee jaar later weer aan het hof teruggezien. Lodewijk xv, die wist dat hij als echtgenoot bij zijn vrouw in gebreke bleef, wilde haar als koning in ieder geval schadeloos stellen. Wee degene die de moed had haar niet met de verschuldigde beleefdheid te bejegenen!

Ondanks de spitsheid van de Fransen is Parijs, en dit zal altijd zo zijn, de stad waar oplichters veel succes hebben. Als een bedriegerij aan het licht komt, halen de mensen er lachend hun schouders over op en de bedrieger lacht nog meer want hij is inmiddels rijk geworden, recto stat fabula talo.[1] De eigenaardigheid waardoor de natie zo gemakkelijk in bedrog tuint, vloeit

---

1 Recto stat fabula talo: 'als het bedrog wordt toegejuicht': 'is aangeslagen'.

voort uit de heerschappij van de mode in Frankrijk. Het bedrog brengt iets nieuws, dus komt het in de mode. Het is voldoende dat een zaak verbazing wekt door iets buitengewoons om door iedereen te worden verwelkomd, want iedereen is bang dom te lijken als hij zegt: dit is onmogelijk.

In Frankrijk weten alleen de natuurkundigen dat tussen de mogelijkheid en de daad een oneindig verschil ligt, terwijl in Italië iedereen doordrongen is van de betekenis van deze grondwaarheid. Een schilder had enige tijd veel succes door bekend te maken dat hij een portret van iemand kon schilderen zonder hem te hebben gezien. Het enige wat hij verlangde was dat degene die het portret bij hem bestelde, goede inlichtingen verstrekte: hij moest hem een zo nauwkeurige beschrijving van het gezicht geven dat de schilder geen fout zou kunnen maken. Het resultaat was dat het portret de verstrekker van de beschrijving nog meer eer opleverde dan de schilder zelf. Een tweede resultaat was dat de persoon die de beschrijving had gegeven, zich verplicht voelde te zeggen dat het portret volledig gelijkend was. Als hij namelijk iets anders zei, zou de schilder met een uiterst geldig excuus aankomen. Hij zou beweren dat als het portret niet leek de fout bij de ander lag: deze had het gezicht van de geportretteerde niet goed beschreven. Ik zat bij Silvia te souperen toen iemand dit nieuwtje vertelde, maar – let wel – zonder er de spot mee te drijven en zonder de bekwaamheid van de schilder in twijfel te trekken, die naar men zei al meer dan honderd portretten had geschilderd, alle zeer gelijkend. Iedereen zei dat het een schitterende prestatie was. Ik was de enige die schuddend van de lach zei dat het oplichterij was. De man die het verhaal had verteld, werd boos en stelde mij voor om honderd louis te wedden, maar ik begon toen opnieuw te lachen, omdat dit een kwestie was waarover men geen weddenschap kon afsluiten zonder het risico te lopen te worden beetgenomen.

'Maar de portretten lijken!'

'Dat geloof ik niet, en als ze lijken, is er bedrog in het spel.'

Alleen Silvia, die het met mij eens was, aanvaardde zijn uitnodiging met mij en hem bij de schilder te gaan dineren. Wij bezochten de schilder en zagen een groot aantal schilderijen, die alle gelijkend zouden zijn, maar omdat wij de originelen niet kenden, had dit niets te betekenen.

'Mijnheer,' zei Silvia tegen hem, 'zou u een portret van mijn dochter kunnen schilderen zonder haar te zien?'

'Ja, mevrouw, als u er zeker van bent dat u mij haar gezicht kunt beschrijven.'

Wij wisselden een blik uit, en de zaak was hiermee ten einde. Beleefdheid stond niet toe dat wij meer zeiden. De schilder, wiens naam Sanson was, gaf ons een goed diner. Ik was uiterst gecharmeerd van zijn nicht, een intelligent meisje. Aangezien ik in een goed humeur was, en haar vaak aan het lachen maakte vond zij mij onderhoudend gezelschap. De schilder vertelde ons dat zijn lievelingsmaaltijd het souper was, en dat hij vereerd zou zijn als wij hem daarbij vaak het genoegen van ons gezelschap zouden verschaffen. Hij liet ons meer dan vijftig brieven uit Bordeaux, Toulouse, Lyon, Rouen en Marseille zien waarin men hem opdrachten voor portretten gaf met een beschrijving van de gezichten die men hem wilde laten schilderen. Ik las drie of vier van deze brieven, en genoot daar bijzonder van. Hij werd vooraf betaald.

Twee of drie dagen later zag ik op de jaarbeurs zijn mooie nicht die mij verweet dat ik niet bij haar oom was komen souperen. Omdat de nicht niet erg aantrekkelijk was en haar verwijt mij vleide, ging ik de volgende dag naar hem toe, en in zeven, acht dagen begon de zaak ernstige vormen aan te nemen. Ik werd verliefd op haar. Het meisje dat intelligent was, en niet verliefd, wilde zich alleen met mij vermaken en stond mij niets toe. Desondanks bleef ik hopen, en ik besefte dat ik in de val was gelopen.

Ik zat alleen op mijn kamer, dronk koffie en dacht aan haar, toen ik bezoek kreeg van een jongeman die ik niet kon plaatsen. Hij zei dat hij de eer had gehad samen met mij te souperen bij de schilder Sanson.

'O ja, neemt u mij niet kwalijk dat ik u niet herkende, mijnheer.'

'Dat is niet meer dan logisch: u had aan tafel alleen oog voor mejuffrouw Sanson.'

'Dat is goed mogelijk, want u moet toegeven dat zij betoverend is.'

'Dat valt mij niet moeilijk te beamen, want ik ben mij daar helaas maar al te zeer van bewust.'

'U bent dus verliefd op haar.'

'Helaas, ja.'

'Dan moet u proberen haar liefde op te wekken.'

'Dat probeer ik al een jaar lang, en ik begon hoop te krijgen toen u opeens verscheen en mijn hoop de bodem insloeg.'

'Wie, mijnheer. Ik?'

'Ja, u.'

'Dat vind ik heel vervelend, maar ik weet ook niet wat ik eraan kan doen.'

'Toch is dat niet zo moeilijk, en als u het goed vindt, stel ik zelf voor wat u zou kunnen doen om mij van dienst te zijn.'

'Zegt u mij dat alstublieft.'

'U zou nooit van uw leven meer een voet in haar huis kunnen zetten.'

'Ik ben het met u eens dat dit het enige is wat ik zou kunnen doen als ik een sterke drang zou voelen u ter wille te zijn. Maar denkt u dat zij dan van u zou gaan houden?'

'O, laat u dat maar aan mij over. Als u maar wegblijft, zorg ik voor de rest.'

'Ik geef toe dat ik u misschien deze ongewone dienst wil bewijzen, maar staat u mij toe op te merken dat ik het merkwaardig vind dat u hierop hebt gerekend.'

'Ja, mijnheer, na lang nadenken besefte ik dat u een zeer intelligent man bent. Ik hield mij daarom voor dat u zich volledig in mij zou kunnen verplaatsen. Ik nam aan dat u de zaak op redelijke wijze zou willen afhandelen en dat u niet met mij op leven of dood zou willen vechten om een meisje met wie u volgens mij niet wenst te trouwen, terwijl die band juist het enige doel van mijn liefde is.'

'En als ik er nu aan dacht haar ten huwelijk te vragen?'

'Dan zouden wij beiden te beklagen zijn, en ik meer dan u, want zo lang ik leef zal mejuffrouw Sanson nooit de vrouw van iemand anders worden.'

Deze flinke jongeman, bleek, ernstig, ijskoud, verliefd, die mij met verbazingwekkende onverstoorbaarheid in mijn eigen kamer een dergelijk voorstel kwam doen, gaf mij stof tot nadenken. Ik liep ruim een kwartier op en neer om de twee mogelijkheden nauwkeurig tegen elkaar af te wegen en te zien welke handelwijze de meeste moed vergde en het meest overeenstemde met mijn opvattingen over zelfrespect. Ik besefte dat de handelwijze die mij het meest zou sieren, het besluit zou zijn dat toonde dat ik verstandiger was dan mijn mededinger.

'Hoe zou u over mij denken, mijnheer,' vroeg ik hem op besliste toon, 'als ik geen voet meer in het huis van mejuffrouw Sanson zet?'

'Dat u medelijden hebt met een ongelukkig man, die altijd klaar zal staan zijn bloed voor u te vergieten om u zijn dankbaarheid te tonen.'

'Wie bent u?'

'Ik ben Garnier, de enige zoon van de wijnhandelaar Garnier in de rue de Seine.'

'Goed dan, mijnheer Garnier. Ik zal niet meer bij mejuffrouw Sanson op bezoek gaan. Weest u mijn vriend.'

'Tot de dood. Vaarwel, mijnheer.'

Een ogenblik na zijn vertrek liep Patu bij mij binnen, aan wie ik het voorval vertelde. Hij vond dat ik heldhaftig had gehandeld. Hij omarmde mij, dacht na, en zei toen dat hij in mijn plaats hetzelfde zou hebben gedaan, maar niet in de plaats van Garnier.

De graaf van Melfort, toentertijd kolonel van het regiment van Orléans, verzocht mij via Camilla, de zuster van Corallina (die ik niet meer zag), of ik met behulp van mijn orakel het antwoord op twee vragen kon geven. Ik stelde twee antwoorden samen, die erg duister waren, maar[1] voor velerlei uitleg vatbaar, verzegelde ze en overhandigde ze aan Camilia, die mij de volgende dag vroeg haar te vergezellen naar een plaats die zij niet wilde noemen. Zij bracht mij naar het Palais-Royal en we liepen een smalle trap op die naar het appartement van mevrouw de hertogin van Chartres[2] leidde. Deze kwam een kwartier later, overlaadde het mooie kind met blijken van genegenheid, en bedankte haar voor het feit dat zij mij had meegenomen. Na een korte inleiding, die uiterst hoffelijk en vriendelijk was, maar niet geforceerd, begon zij mij te vertellen hoeveel duistere passages zij had aangetroffen in de twee antwoorden die ik had opgesteld, en die zij in haar hand had. Nadat ik enige verbazing had getoond over het feit dat de vragen van Hare Hoogheid afkomstig waren, zei ik dat ik weliswaar het vermogen bezat de kabbala te raadplegen, maar totaal ongeschikt was als exegeet van de antwoorden, en dat zij zich daarom de moeite moest getroosten nieuwe vragen op te stellen die duidelijke antwoorden zouden opleveren. Zij schreef dus alles op wat zij niet begreep en alles wat zij wilde weten. Ik zei tegen haar dat zij de vragen

1 Maar: sic.
2 Hertogin van Chartres: zij was de voorzitster van de loge van vrouwelijke vrijmetselaars in Frankrijk. Ook de graaf van Melfort was vrijmetselaar.

moest splitsen, aangezien men het orakel geen twee vragen in
één kon stellen. Zij vroeg of ik de vragen wilde formuleren. Ik
antwoordde haar dat zij alles eigenhandig moest opschrijven,
en daarbij voor ogen moest houden dat zij een brein raadpleeg-
de dat al haar geheimen kende. Zij zette alles wat zij wilde weten in zeven of acht vragen op papier, herlas ze, en zei daarna op
voorname wijze dat zij er zeker van wilde zijn dat niemand, met
uitzondering van mij, ooit zou zien wat zij nu had opgeschreven. Dat beloofde ik haar op mijn erewoord. Ik las de vragen en
besefte niet alleen dat zij gelijk had, maar dat ik gevaar liep mij
te compromitteren als ik ze bij mij stak om ze haar de volgende
dag met de antwoorden te overhandigen.

'Mevrouw, ik heb maar drie uur nodig voor dit werk en ik
wil dat Uwe Hoogheid een gerust hart heeft. Als Uwe Hoogheid iets te doen heeft, kunt u weggaan en mij hier achterlaten,
mits niemand mij onderbreekt. Als ik klaar ben, zal ik alles
verzegelen. Ik dien alleen te weten aan wie ik het pakje moet
overhandigen.'

'Aan mij, of aan mevrouw de Polignac, als u haar kent.'

'Ja, mevrouw, ik ken haar.'

De hertogin zelf gaf mij een vuurslag, zodat ik een kleine
kaars kon aansteken als ik het pakje zou moeten verzegelen. Zij
ging daarna weg, tegelijk met Camilla. Ik bleef in de afgesloten
kamer achter. Drie uur later, net toen ik klaar was met mijn
werk, kwam mevrouw de Polignac binnen. Ik overhandigde
haar het pakje, en ging weg.

De hertogin van Chartres, dochter van de prins de Conti,
was zesentwintig. Zij liep over van die geestesgesteldheid die
alle daarmee geboren vrouwen tot verrukkelijke persoonlijk-
heden maakt. Zij was erg levendig, vrij van vooroordelen, vrolijk, drukte zich puntig uit, hield van plezier en verkoos dit boven de hoop op een lang leven. Kort en goed was een uitdrukking die haar voor in de mond lag. Verder was zij goedhartig,

gul, geduldig, verdraagzaam en trouw aan haar voorkeuren. Bij dit alles kwam nog dat zij erg leuk was. Zij had een slechte houding, en trok zich niets aan van de dansleraar Marcel wanneer die haar wilde verbeteren. Zij danste met naar voren gebogen hoofd en naar binnen gedraaide voeten; desondanks was zij bekoorlijk. Een belangrijke onvolkomenheid die haar stoorde, en afbreuk deed aan haar schoonheid, waren pukkels. Men dacht dat deze door haar lever werden veroorzaakt, maar ze waren het gevolg van een onzuiverheid in haar bloed die uiteindelijk tot haar dood zou leiden, waartegen zij tot haar laatste adem zou strijden.

De vragen die zij mijn orakel stelde hadden betrekking op liefdeszaken. Zij wilde onder andere weten of er een middel was dat haar mooie huid zou verlossen van de pukkeltjes, die allen stoorden die haar zagen. Mijn orakelteksten waren onduidelijk voor zover ze zaken betroffen waarvan ik de bijzonderheden niet kende, maar ze waren ondubbelzinnig over haar ziekte, en daardoor werd mijn orakel waardevol en onmisbaar voor haar.

De volgende dag na de middagmaaltijd schreef Camilla mij een brief, zoals ik verwachtte, waarin zij mij verzocht of ik mijn bezigheden wilde onderbreken teneinde om vijf uur in het Palais-Royal aanwezig te zijn in hetzelfde vertrek waarnaar zij mij eerder had gebracht. Ik ging ernaartoe. Een oude kamerdienaar die mij opwachtte, vertrok meteen, en vijf minuten later zag ik de bekoorlijke prinses.

Na een zeer korte, maar uiterst vriendelijke begroeting, haalde zij al mijn antwoorden uit haar zak, en vroeg mij of ik andere verplichtingen had. Ik antwoordde dat ik geen andere verplichting had dan haar van dienst te zijn.

'Uitstekend. Ik ga nu ook niet meer weg, en wij gaan samen aan het werk.'

Daarop toonde zij mij nieuwe vragen die zij over alle onderwerpen had opgesteld, in het bijzonder over het middel om van de pukkeltjes af te komen. De reden waarom zij vertrouwen in mijn orakel had gekregen, was dat ik haar iets had meegedeeld wat niemand kon weten. Ik had er een slag naar geslagen en doel getroffen. Als ik het bij het verkeerde eind had gehad, zou dit geen verschil hebben gemaakt. Ik had dezelfde kwaal gehad, en ik was voldoende medisch onderlegd om te weten dat een geforceerde behandeling van een huidkwaal met plaatselijk aangebrachte middelen dodelijk voor de prinses had kunnen zijn. Ik had al geantwoord dat het ten minste een week zou duren voordat genezing zou optreden van de plekken op haar gezicht, en dat zij een jaar lang dieet zou moeten houden om volledig te genezen, maar dat zij voor het oog in een week van haar kwaal[1] verlost zou zijn. Wij brachten nu drie uur door om alle voorschriften door te nemen waaraan zij zich zou moeten houden. Gefascineerd door alles wat mijn orakel wist, onderwierp zij zich aan alle regels, en een week later verdwenen al haar pukkels. Ik gaf haar elke dag een purgeermiddel, verbood haar het gebruik van alle pommades en schreef haar voor dat zij zich alleen voor het slapen gaan en in de morgen met weegbreewater mocht wassen. Het discrete orakel schreef de prinses voor dezelfde wassingen uit te voeren op alle plekken waar zij hetzelfde resultaat wilde zien. De prinses was opgetogen over de kiesheid van het orakel, en volgde het voorschrift op.

Ik ging met opzet naar de Opéra op de dag dat de prinses daar verscheen met een smetteloos gezicht. Na de Opéra maakte zij een wandeling over de grote laan van haar Palais-Royal, gevolgd door al de voornaamste dames, en werd door iedereen

---

1 Haar kwaal: alle commentatoren opperen dat de huidkwaal van de hertogin van Chartres het gevolg van een venerische ziekte was. Het feit dat de pukkels verdwenen toen zij zich aan het dieet hield dat Casanova voorschreef (en ze terugkwamen toen zij tegen het dieet zondigde) wijst echter in de richting van een voedselallergie.

met complimenten overladen. Zij zag mij en vereerde mij met een glimlach. Ik had het gevoel dat ik de gelukkigste man op aarde was. Camilla, mijnheer de Melfort en mevrouw de Polignac waren de enigen die wisten dat ik de eer had het orakel van de prinses te zijn. Op de dag na haar bezoek aan de Opéra kreeg zij weer kleine pukkels die haar huid ontsierden, en werd ik 's morgens in het Palais-Royal ontboden. De oude kamerdienaar die mij niet kende[1] bracht mij naar een verrukkelijk klein vertrek naast een ander waarin zich een badkuip bevond, en de hertogin kwam binnen. Zij maakte een enigszins bedroefde indruk, want[2] zij had puistjes op haar voorhoofd en kin. Zij had een vraag aan het orakel in de hand. Omdat de vraag kort was, vermaakte ik mij ermee haar zelf het antwoord te laten opstellen. Zij was erg verbaasd toen zij bij het vertalen van de cijfers in letters ontdekte dat de engel haar verweet dat zij zich niet aan het haar voorgeschreven dieet had gehouden. Zij kon dit niet ontkennen. Zij had ham gegeten en likeuren gedronken. Op dat ogenblik kwam een van haar kamermeisjes binnen en fluisterde haar iets toe. Zij droeg haar op een ogenblik buiten te wachten.

'Mijnheer, u zult het niet onaangenaam vinden,' zei zij tegen mij, 'hier iemand te zien die een vriend van u is en zijn mond kan houden.'

Terwijl zij dit zei, stak zij alle papieren die niets van doen hadden met haar kwaal in haar zak, en riep het kamermeisje. Dat liet een man binnen, die ik echt voor een staljongen aanzag. Het was mijnheer de Melfort.

'Kijkt u eens,' zei zij, 'mijnheer Casanova heeft mij geleerd met de kabbala te werken,' en zij toonde hem het antwoord dat zij had gekregen. De graaf geloofde het niet.

1 Kende: sic. Casanova bedoelt waarschijnlijk 'herkende'.
2 Want: sic.

'Wel, dan moeten we hem overtuigen. Wat wilt u dat ik vraag?'

'Wat Uwe Hoogheid maar wil.'

Zij dacht na, haalde uit haar zak een ivoren doos en schreef: *Zeg mij waarom deze pommade bij mij totaal geen uitwerking meer heeft.*

Zij maakte de piramide en de kolommen, en stelde de sleutels samen zoals ik haar al had geleerd. Toen zij zover was dat zij het antwoord kon verkrijgen, toonde ik haar hoe zij de bepaalde optellingen en aftrekkingen moest verrichten die logischerwijs uit de getallen leken voort te vloeien, maar die in werkelijkheid op willekeur berustten. Daarna droeg ik haar op de cijfers in letters te vertalen, en verliet het vertrek onder het voorwendsel dat ik iets nodig had. Ik kwam terug toen ik dacht dat de vertaling klaar was, en merkte dat de hertogin buiten zichzelf van verbazing was.

'O, mijnheer, wat een antwoord!'

'Het is misschien verkeerd, maar dat kan voorkomen.'

'Het is helemaal niet verkeerd; het is geweldig. Kijkt u maar: *De pommade werkt alleen op de huid van een vrouw die nog geen kinderen heeft gehad.*'

'Ik zie niets verbazingwekkends in dit antwoord.'

'Dat komt doordat u niet weet dat dit de pommade is die ik van de abbé de Brosses voorgeschreven heb gekregen. Die pommade genas mij vijf jaar en tien maanden geleden van mijn kwaal voordat ik beviel van de hertog van Montpensier. Ik zou er alles wat ik bezit voor over hebben om te leren zelf met deze kabbala te werken.'

'Wat hoor ik!' zei de graaf. 'Is dit de pommade waarvan ik de geschiedenis ken?'

'Ja, die pommade.'

'Het is verbazingwekkend.'

'Ik zou graag nog een vraag willen stellen over een vrouw.

Haar naam wil ik liever niet noemen.'

'Zegt u dan: *de vrouw die ik voor ogen heb.*'

Zij vroeg daarop wat de ziekte was van de vrouw, en ik zorgde dat zij ten antwoord kreeg dat de vrouw haar echtgenoot wilde misleiden. De hertogin slaakte daarop uitroepen van verbazing.

Het was erg laat, en ik ging weg met mijnheer de Melfort die eerst nog ter zijde met Hare Hoogheid had gesproken. Hij vertelde mij dat wat het orakel had geantwoord over de pommade verbazingwekkend was. Hier volgt de geschiedenis ervan.

'Mevrouw de hertogin,' vertelde hij, 'was even mooi als nu. Haar gezicht was echter dusdanig met pukkels overdekt dat het mijnheer de hertog afstootte en hij het niet kon opbrengen met haar te slapen. Hierdoor zou zij nooit een kind hebben gekregen. De abbé de Brosses genas haar met deze pommade, waarop zij in al haar schoonheid naar de Comédie Française ging en plaats nam in de loge van de koningin. Nu wilde het toeval dat de hertog van Chartres naar de schouwburg ging zonder te weten dat zijn vrouw er was. Hij ging in de loge van de koning zitten. Hij zag zijn vrouw in de loge aan de overzijde, vond haar aantrekkelijk, vroeg wie zij was en kreeg ten antwoord dat het zijn vrouw was. Hij geloofde dit niet, verliet zijn loge, ging naar haar toe, complimenteerde haar met haar schoonheid, en keerde vervolgens naar zijn loge terug. Om halftwaalf bevonden wij ons allen in het Palais-Royal in het appartement van de hertogin, die aan het kaartspelen was. Plotseling deelde een page de hertogin mee dat – een uitzonderlijke gebeurtenis – de hertog haar appartement binnenkwam. Zij stond op om hem te ontvangen, waarop de hertog haar zei dat hij haar in de schouwburg zo mooi had gevonden dat hij in vuur en vlam was geraakt en naar haar toe was gegaan om haar te verzoeken hem toe te staan een kind bij haar te verwekken. Na deze woorden stonden wij allen meteen op. Het was in de zomer van het jaar zesenveertig, en het voorjaar van het jaar zevenenveertig beviel zij van de hertog van Montpensier die nu vijf jaar is en in goede gezondheid verkeert. Na de bevalling kwamen de pukkels terug en had de pommade geen enkele uitwerking meer.'

Nadat de graaf mij deze anekdote had verteld, haalde hij een ovaal hoornen doosje uit zijn zak dat een zeer goedgelijkend portret van mevrouw de hertogin bevatte, en hij overhandigde mij dit als een geschenk van haar. Hij zei dat als ik het in goud wilde laten vatten, zij mij ook het goud zou bezorgen, en hij overhandigde mij een rol van honderd louis. Ik nam deze aan en verzocht hem de prinses mijn gevoelens van innige dankbaarheid over te brengen. Ik liet het portret echter niet in goud vatten, want ik had toen dringend geld nodig. Telkens wanneer de hertogin mij na die dag naar het Palais-Royal liet komen, werd er niet meer gerept over de genezing van haar pukkels, want zij wilde geen dieet volgen. Zij liet mij echter wel vijf tot zes uur doorbrengen in diverse uithoeken van haar verblijven. Zij ging dan weg, kwam weer bij mij en liet mij het diner of souper opdienen door de oude kamerdienaar, die nooit een woord tegen mij zei. De vragen aan het orakel betroffen puur zaken van haarzelf of andere mensen in wie zij belang stelde, en zij ontdekte waarheden waarvan ik niet wist dat ze mij bekend waren. Zij verlangde dat ik haar leerde hoe zij met de kabbala moest werken, maar zij drong daar nooit bij mij op aan. Zij liet mij alleen door mijnheer de Melfort meedelen dat zij mij een functie zou bezorgen die mij een jaarinkomen van vijfentwintigduizend livre zou opleveren als ik haar de rekenmethode leerde. Helaas, dit was niet mogelijk. Ik was dolverliefd op haar, maar ik liet haar nooit ook maar iets blijken van mijn hartstocht. Ik had de indruk dat een dergelijke verovering buiten mijn bereik was. Ik was bang voor de vernedering van een te scherpe afwijzing, en misschien was dat dwaas van mij. Het enige wat ik weet, is dat ik er altijd spijt van heb gehad dat ik mijzelf niet heb uitgesproken. Het is wel een feit dat ik een aantal voorrechten genoot die zij mij misschien niet zou hebben toegestaan als zij had geweten dat ik verliefd op haar was. Ik was bang die kwijt te raken als ik haar mijn gevoelens onthulde. Op een dag wilde zij van het orakel weten of het mogelijk was het borstgezwel te genezen waaraan mevrouw De la Pouplinière[1] leed. Een grillige inval bracht mij ertoe te antwoorden dat de dame geen gezwel had en in goede gezondheid verkeerde.

'Hoe is het mogelijk!' zei zij. 'Heel Parijs denkt het, en zij raadpleegt alle artsen, maar toch geloof ik het orakel.'

Zij zag aan het hof mijnheer de Richelieu, en zei hem dat zij er zeker van was dat mevrouw De la Pouplinière simuleerde. De maréchal, die bij de intrige betrokken was, zei tegen de hertogin dat zij zich vergiste, waarop zij hem aanbood om honderdduizend franc te wedden. Ik begon te beven toen zij mij dit vertelde.

'Heeft hij de weddenschap aangenomen!'

'Nee. Hij leek verbaasd, en u weet dat hij op de hoogte moet zijn.'

Drie of vier dagen later vertelde zij mij dat mijnheer de Richelieu haar had bekend dat het gezwel een list was van mevrouw De la Pouplinière die ten doel had het medelijden op te wekken van haar echtgenoot bij wie zij wilde terugkomen. De hertogin vertelde dat de maréchal had gezegd dat hij duizend louis zou betalen om erachter te komen van wie zij dit had gehoord.

'Als u die wilt winnen, vertel ik hem de hele zaak,' zei zij.

'Nee, nee, mevrouw, doet u dat alstublieft niet.'

Ik was bang voor een valstrik. Ik kende het karakter van de

1   Mevrouw De la Pouplinière: Mime le Riche de la Pouplinière, een gewezen actrice (artiestennaam: Mimi Dançourt) (1713-1756), was getrouwd met de belastingpachter Alexandre Le Riche Pouplinière.

maréchal; de geschiedenis van het gat[1] in de muur van de haard, waardoor deze illustere edelman bij genoemde vrouw naar binnen kwam was alom bekend in Parijs. Mijnheer De la Pouplinière had zelf de geschiedenis in de openbaarheid gebracht door te weigeren nog langer zijn vrouw te ontmoeten aan wie hij twaalfduizend franc per jaar gaf. De hertogin had enkele zeer spitse verzen over dit voorval geschreven, maar niemand buiten haar kennissenkring had ze gezien, met uitzondering van de koning, die erg op haar was gesteld ondanks het feit dat zij af en toe een vinnige geestigheid op hem afvuurde. Zij vroeg hem op een keer of het waar was dat de koning van Pruisen naar Parijs zou komen. Toen de koning haar had geantwoord dat het een loos gerucht was, reageerde zij met de opmerking dat zij dat jammer vond, omdat zij een onweerstaanbaar verlangen had een koning te zien.

Mijn broer, die al enkele doeken in Parijs had geschilderd, besloot een ervan aan mijnheer de Marigny te tonen. Wij gingen dus samen op een mooie morgen op bezoek bij deze edelman, die in het Louvre woonde, waar kunstenaars hun opwachting bij hem kwamen maken. Wij bevonden ons in een zaal naast zijn appartement. Aangezien wij de eerste bezoekers waren, wachtten wij tot hij verscheen. Het schilderij hing in de zaal. Het was een veldslag in de stijl van Bourguignon.

Er kwam opeens een in het zwart geklede man naar binnen. Hij zag het schilderij, stond er een ogenblik voor stil, en zei tegen zichzelf: 'Slecht.'

Een ogenblik later liepen twee andere mannen naar binen, keken naar het schilderij, lachten en zeiden: 'Werk van een student.'

1 De geschiedenis van het gat: Richelieu had een appartement gehuurd in een aangrenzend huis, vanwaar hij toegang had tot de slaapkamer van mevrouw De la Pouplinière. Haar echtgenoot ontdekte dat en verliet zijn vrouw.

Ik keek steels naar mijn broer, die naast mij zat, en hevig zweette. Binnen een kwartier was de zaal vol mensen, en de slechtheid van het schilderij was het onderwep van spot van de hele kring mensen die er vol afkeuring omheen stond. Mijn arme broer had het gevoel dat hij bezweek en dankte de hemel dat niemand hem kende.

Aangezien zijn gemoedstoestand op mijn lachspieren werkte, stond ik op en liep een andere zaal binnen. Tegen mijn broer, die mij volgde, zei ik dat mijnheer de Marigny elk ogenblik uit zijn appartement kon komen, en hem genoegdoening zou verschaffen voor wat al deze mensen hem hadden aangedaan, door te verklaren dat hij het schilderij mooi vond. Mijn broer was zo verstandig mijn mening niet te delen. Wij liepen zo snel wij konden naar beneden, stapten in onze fiaker, en droegen onze bediende op het schilderij te gaan halen. Zo keerden wij terug naar huis, waar mijn broer het schilderij zeker twintig maal met zijn degen doorstak, en op hetzelfde ogenblik het besluit nam zijn zaken te regelen, Parijs te verlaten, en ergens anders naartoe te gaan om onderwijs en ervaring te krijgen in de kunst waaraan hij zich had gewijd. Wij besloten naar Dresden te gaan.

Twee of drie dagen voor het eind van mijn aangename verblijf in de betoverende stad Parijs, dineerde ik alleen in de Tuilerieën in het restaurant van een Zwitser, Condé geheten, bij de Porte des Feuillants. Na het diner overhandigde zijn – tamelijk leuke – vrouw mij een rekening waarop voor alles een dubbele prijs was berekend. Ik wilde een lagere prijs bedingen, maar zij wilde er geen liard[1] van afdoen. Aangezien de rekening onderaan was afgetekend met de woorden *femme Condé*, pakte ik een pen en voegde aan het woord *Condé Labré*[2] toe. Hierna verliet

1 Liard: een koperen munt die één vierde sou waard was.
2 Condé Labré: Een onvertaalbare woordspeling. Condé Labré kan ook gelezen worden als *con délabré*, wat 'aftandse kut' betekent.

ik het restaurant en wandelde naar de draaibrug. Ik dacht al niet meer aan de vrouw van de Zwitser en haar afzetterij, toen ik een kleine man zag met een kleine hoed over één oor, een enorme ruiker in zijn knoopsgat, en een degen aan zijn zijde, waarvan het gevest twee duim boven de schede uitstak.[1] Hij kwam met een arrogante uitdrukking op mij af en zei mij zonder inleiding dat hij zin had mij de keel af te snijden.

'Dan zult u moeten springen, want u bent maar een dwerg met mij vergeleken. Ik zal uw beide oren afsnijden.'

'Wel ver..., mijnheer!'

'Ga niet schelden als een boerenkinkel. U hoeft mij alleen maar te volgen.'

Ik liep met grote passen naar de Étoile.[2] Aangezien ik geen mens zag, vroeg ik aan de arrogante kerel wat hij van mij wilde en welke reden hij had om mij aan te vallen.

'Ik ben de chevalier de Talvis.[3] U hebt een fatsoenlijke vrouw beledigd, die mijn bescherming geniet. Haal uw degen uit de schede.'

Terwijl hij dit zei, trok hij zijn degen. Op hetzelfde ogenblik trok ik de mijne. Zonder hem de tijd te geven dekking te nemen, wondde ik hem in de borst. Hij sprong terug en zei dat ik hem op verraderlijke wijze had gewond.

'U liegt. Geef toe of ik steek u de keel door.'

'Dat gaat u helemaal niet doen, want ik ben gewond. Ik zal u wel vragen mij revanche te geven, en we zullen zorgen dat er bij die ontmoeting scheidsrechters zijn.'

1 Uitstak: Casanova gebruikt hier het werkwoord *tiercer* in de zeldzame betekenis van: in een positie verkeren vanwaaruit een uitval met een degen kan worden gedaan.

2 Étoile: dit kan niet de huidige Place de l'Étoile zijn, maar moet een plek zijn bij de Tuilerieën of in het park zelf.

3 Talvis: Michel Louis Gatier, Vicomte de Talvis de la Perrine, een Frans legerofficier, later avonturier en beroepsspeler.

Ik liet hem daar achter. Mijn stoot was reglementair geoorloofd, aangezien hij voor mij zijn degen in de hand had. Als hij zijn lichaam geen dekking gaf, dan was dit zijn eigen schuld.

Halverwege de maand augustus verliet ik samen met mijn broer Parijs, waar ik twee jaar had verbleven, en waar ik had genoten van alle genoegens van het leven zonder een enkele domper, behalve dan dat ik er vaak slecht bij kas was.

Zwitserland
1760

Drie uur na de aankomst van Leduc nam ik de post tot Schaffhausen, en reisde vandaar naar Zürich met gehuurde paarden, omdat er in Zwitserland geen postdienst is.[1] Ik nam mijn intrek in Zum Schwert, waar ik zeer comfortabel was gehuisvest.

Toen ik mij na de avondmaaltijd alleen in de rijkste stad van Zwitserland bevond, waar ik om zo te zeggen uit de lucht was gevallen, want ik was daar zonder enige vooropgezette bedoeling terechtgekomen, gaf ik mij over aan bespiegelingen over mijn toestand van dat ogenblik en over het leven dat achter mij lag. Ik dacht terug aan al het goede en slechte dat mij was overkomen, en velde een oordeel over mijn gedrag. Ik stelde vast dat ik alle tegenspoed die ik had meegemaakt zelf over mij had afgeroepen, en dat ik op de verkeerde wijze gebruik had gemaakt van alle gunsten die Fortuna mij had geschonken. Ik was nog steeds geschokt door de ramp, die ik maar net had kunnen vermijden, en huiverde bij de gedachte eraan. Ik besloot niet langer de speelbal van Fortuna te zijn en mij buiten haar bereik te stellen. Ik bezat honderdduizend écu en besloot die te investeren in een vaste status waar het lot geen greep op had. Een vredig gemoed is het grootste goed dat er bestaat.

Ik ging vervuld van dit voornemen naar bed, waarop aangename dromen over rust, vredige eenzaamheid en een leven waarin het mij aan niets ontbrak, mij in een gelukkige stem-

1 In Zwitserland geen postdienst is: er waren tot 1830 in Zwitserland geen poststations waar men van paarden kon wisselen.

ming brachten. Ik had de indruk dat ik in een mooi landschap, dat mij toebehoorde, van een vrijheid genoot die men vergeefs in de maatschappij zocht. Ik droomde, maar zelfs tijdens het dromen zei ik tegen mijzelf dat ik niet droomde. Bij het aanbreken van de dag schrok ik wakker en drong de werkelijkheid tot mij door, die mij onaangenaam trof. Vastbesloten mijn dromen te verwezenlijken stond ik op, kleedde mij aan, en liep naar buiten zonder mij erom te bekommeren waar ik naartoe ging.

Een uur nadat ik de stad had verlaten, bevond ik mij tussen een aantal bergen. Ik zou gedacht hebben dat ik was verdwaald, als ik niet steeds karrensporen had gezien, die mij de zekerheid gaven dat de weg naar een of andere gastvrije plaats leidde. Ik kwam elk kwartier boeren tegen, maar ik schepte er behagen in geen inlichtingen aan hen te vragen. Nadat ik zes uur langzaam had gelopen, bevond ik mij opeens op een grote vlakte tussen vier bergen. Aan mijn linkerzijde had ik een prachtig uitzicht op een grote kerk die grensde aan een symmetrisch gebouw dat wie er voorbij kwam uitnodigde zijn schreden daarheen te richten. Toen ik dichterbij kwam zag ik dat het een klooster moest zijn; en ik verheugde mij erover dat ik mij in een katholiek kanton bevond.

Ik liep de kerk binnen. Ik zag dat zij opviel door veel marmer en fraaie altaarornamenten. Nadat ik de laatste mis had bijgewoond, ging ik naar de sacristie waar ik benedictijner monniken zag. Een van hen, die ik op grond van het kruis dat hij op de borst droeg, voor de abt aanzag, vroeg mij of ik de bezienswaardigheden wilde zien in het sanctuarium zonder voorbij het hek te komen. Ik antwoordde hem dat dit mij een eer en genoegen zou zijn, waarop hij persoonlijk met twee andere monniken naar mij toe kwam en mij zeer kostbare ornamenten, met grote parels bedekte kazuifels, en liturgisch vaatwerk liet zien dat versierd was met diamanten en andere edelstenen.

Aangezien ik zeer weinig Duits verstond en in het geheel niet het Zwitserse dialect dat zich tot het Duits verhoudt als het Genuese dialect tot het Italiaans, vroeg ik in het Latijn aan de abt of de kerk lang geleden was gebouwd. Hij vertelde mij daarop de geschiedenis van de kerk tot in de bijzonderheden, en eindigde met de mededeling dat het de enige kerk was die door Jezus Christus zelf was gewijd. Om mij ervan te overtuigen dat hij mij de zuivere en onvervalste waarheid vertelde, nam hij mij mee de kerk in, en toonde mij de vijf diepe afdrukken die de vijf vingers van Jezus Christus op het marmer hadden achtergelaten toen deze de kerk in eigen persoon had gewijd. Hij had deze afdrukken achtergelaten opdat de ongelovigen het wonder niet in twijfel konden trekken, en de overste de moeite bespaard zou blijven de bisschop van het diocees te laten komen om de kerk te wijden. Dit feit was de overste in kwestie door goddelijke openbaring tijdens een droom bekend gemaakt. Hij had in duidelijke bewoordingen te horen gekregen dat hij zich niet meer over een wijding hoefde te bekommeren aangezien de kerk *divinitus consecrata*[1] was, en dat hij als bewijs daarvan op een bepaalde plaats in de kerk de vijf afdrukken zou zien. De overste ging naar de plaats, zag de afdrukken en dankte de Heer.

1 Divinitus consecrata: door God gewijd.

IK NEEM HET BESLUIT MONNIK TE WORDEN. IK BIECHT. TWEE WEKEN UITSTEL. GIUSTINIANI, EEN AFVALLIGE CAPUCIJN. IK VERANDER VAN PLAN; WAT MIJ DAARTOE BRENGT. EEN RARE GRAP IN HET HOTEL. EEN DINER MET DE ABT.

De abt, die ingenomen was met de gewillige aandacht waarmee ik naar zijn onzinnig verhaal had geluisterd, vroeg mij waar ik logeerde, waarop ik 'nergens' antwoordde, aangezien mijn voettocht uit Zürich mij direct naar zijn kerk had gebracht. Hij legde daarop zijn handen tegen elkaar en hief ze omhoog, alsof hij God wilde danken voor het feit dat Hij mij had ingegeven een pelgrimstocht te maken naar deze plaats teneinde hem daar mijn wandaden voor te leggen – want om de waarheid te zeggen, heb ik er altijd uitgezien als een groot zondaar. Omdat het twaalf uur was, zei hij dat hij vereerd zou zijn als ik samen met hem de soep zou eten, en ik nam de uitnodiging aan. Ik wist nog niet waar ik was, en wilde het hem niet vragen, omdat het mij wel aanstond hem te laten denken dat ik speciaal een pelgrimstocht naar deze plaats had gemaakt om voor mijn wandaden boete te doen. Hij zei mij onderweg dat zijn kloosterlingen de vastenregels in acht namen, maar dat ik vlees met hem kon eten, omdat hij een breve van Benedictus XIV had gekregen, die hem toestond elke dag vlees te eten met drie tafelgenoten. Ik antwoordde hem dat ik graag in zijn voorrecht wilde delen. Zodra hij in zijn woonvertrekken kwam, toonde hij mij de achter glas ingelijste breve, die boven het wandtapijt hing, tegenover de tafel, zodat nieuwsgierige en gewetensvolle personen hem konden lezen. Omdat er maar voor twee personen was gedekt, legde een bediende in livrei snel het derde couvert neer. Hij stelde mij meteen daarna de derde persoon voor en vertelde mij dat dit zijn kanselier was.

'Ik ben verplicht,' zei hij op zeer bescheiden toon, 'er een kanselier op na te houden, omdat ik als abt van Onze Lieve Vrouw van Einsiedeln ook vorst van het Heilige Romaanse Rijk ben.[1]

Ik herademde. Ik wist eindelijk waar ik mij bevond, en was zeer ingenomen met deze ontdekking, want ik had gelezen en gehoord over Onze Lieve Vrouw van de Kluizenaars. Het was het Loreto van gene zijde van de bergen.[2] Aan tafel meende de vorst-abt dat hij mij kon vragen uit welk land ik kwam, of ik getrouwd was, en of ik van plan was een rondreis door Zwitserland te maken.

Hij bood mij aanbevelingsbrieven aan voor alle plaatsen waar ik naartoe mocht willen. Ik antwoordde hem dat ik uit Venetië kwam en vrijgezel was, en dat ik de brieven waarmee hij mij wilde vereren, zou aanvaarden nadat ik hem had verteld wie ik was tijdens een onderhoud dat ik met hem hoopte te hebben. Ik zou hem in dit gesprek alle zaken meedelen die mijn geweten bezighielden.

Zo kwam ik er dus toe hem te beloven dat ik bij hem zou biechten zonder dat voordien de gedachte daaraan bij mij was opgekomen. Ik liet mij leiden door een gril. Ik had het gevoel dat ik alleen deed wat God wilde, wanneer ik een plotseling gerezen idee ten uitvoer bracht waar ik niet over had nagedacht. Nadat ik hem op deze wijze duidelijk kenbaar had gemaakt dat hij mijn biechtvader zou zijn, vergastte hij mij op stichtelijke betogen, die mij niet verveelden tijdens een middagmaaltijd

---

1 Als abt... ben: de abten van Einsiedeln waren door keizer Rudolf in 1274 tot vorsten van het Heilige Romaanse Rijk benoemd. Zij hadden echter geen zetel of stem in de Rijksdag. De vorst-abt van Einsiedeln ten tijde van Casanova's bezoek was Nikolaus II (Sebastian) Imfeld (1694-1773). Hij bekleedde dit ambt sinds 1734.
2 Gene zijde van de bergen: ten noorden van de Alpen.

waarbij onder andere hout- en watersnip werd opgediend.

'Zeer eerwaarde vader, hoe komt u aan dit wild in deze tijd van het jaar?'

'Dat is een geheim, mijnheer, dat ik u met genoegen vertel. Ik bewaar het wild zes maanden zonder dat lucht het kan bederven.'

De vorst-abt was zowel een eersteklas smulpaap als een liefhebber van wijnen, hoewel hij voorwendde dat hij een sober leven leidde. Zijn rijnwijn was uitgelezen. Er werd een zalmforel opgediend. Met een glimlach zei hij in Ciceroniaans Latijn tegen mij dat het hoogmoedig zou zijn als wij deze niet zouden willen eten omdat het een vis was, waarop hij een uitstekende toelichting op zijn sofisme gaf. Hij sloeg mij aandachtig gade. Hij kon uit mijn sieraden opmaken dat hij niet hoefde te vrezen dat ik hem om geld zou vragen, en ik merkte dat hij dit een geruststellende gedachte vond. Na de maaltijd stuurde hij de kanselier weg, en liet mij heel het klooster zien. Aan het einde liep hij met mij naar de bibliotheek, waar ik het portret van de keurvorst van Keulen zag in zijn hoedanigheid van keurvorstbisschop. Ik zei hem dat het een goed gelijkend portret was, maar dat hij in werkelijkheid een knapper gezicht had. Meteen daarna liet ik hem het portret op de mooie snuifdoos zien, die ik tijdens de maaltijd geen enkele maal uit mijn zak had gehaald. Hij loofde geamuseerd de gril van Zijne Hoogheid de keurvorst zich als grootmeester te laten schilderen, en kreeg intussen een steeds hogere dunk van mijn persoon. De bibliotheek zou mij echter een luid protest hebben ontlokt als ik alleen was geweest. Er bevonden zich alleen folianten. De meest recente waren een eeuw oud, en al deze lijvige boeken handelden uitsluitend over godsdienst: bijbels, exegeten, heilige vaders, een aantal juridische werken in het Duits, annalen en het grote woordenboek van Hoffmann.

'Maar uw monniken hebben ongetwijfeld in hun kamers

boeken over natuurkunde, geschiedenis en reizen,' zei ik.

'Nee,' zei hij. 'Het zijn brave mensen wier enige streven is hun plicht te vervullen en in vrede te leven.'

Op dat ogenblik rees bij mij het verlangen monnik te worden, maar dat deelde ik hem niet mee. Ik verzocht hem alleen mij mee te nemen naar zijn studeerkamer, waar ik bij hem een algehele biecht wilde afleggen van mijn dwalingen teneinde de volgende dag absolutie voor al mijn daden te hebben gekregen, het Heilig Sacrament van hem te kunnen ontvangen. Hij bracht mij daarop naar een klein paviljoen, waar hij mij niet wilde laten knielen. Hij liet mij tegenover hem plaats nemen, waarop ik hem in bijna drie uur een grote hoeveelheid aanstootgevende geschiedenissen vertelde. Mijn relaas was niet kleurrijk omdat ik de stijl van een boeteling moest gebruiken, al kon ik in mijn hart mijn schelmenstreken niet veroordelen toen ik ze in het kort weergaf. Toch twijfelde hij in het geheel niet aan mijn boetvaardigheid. Hij zei mij dat het echte berouw zou komen als ik door een ordelijk leven weer in Gods genade zou zijn aangenomen. Volgens hem, en helemaal volgens mij, was het namelijk niet mogelijk berouw te voelen als de genade ontbrak. Nadat hij de woorden had uitgesproken die de macht bezitten het hele menselijk geslacht vrij van schuld te verklaren, raadde hij mij aan mij terug te trekken in een kamer die hij mij toewees, daar de rest van de dag in gebed door te brengen, en vroeg naar bed te gaan nadat ik had gesoupeerd, als ik tenminste gewend was een avondmaaltijd tot me te nemen. Hij zei mij dat ik de volgende morgen tijdens de eerste mis de communie zou ontvangen, en zo gingen we uit elkaar.

Toen ik alleen was op mijn kamer, dacht ik na over het plan dat voor mijn biecht bij mij was gerezen. Ik had de indruk dat ik mij echt op de plaats bevond waar ik tot mijn laatste uur gelukkig zou kunnen leven zonder nog te worden blootgesteld aan de wisselvalligheden van het lot. De beslissing lag geheel in mijn handen, leek mij, want ik was er zeker van dat de abt mij het habijt van zijn orde niet zou weigeren, als ik hem bijvoorbeeld tienduizend écu zou geven om mij een vaste toelage te bezorgen, die na mijn dood aan het klooster zou toevallen. Ik had het gevoel dat ik om gelukkig te zijn alleen een bibliotheek nodig had, en ik was er zeker van dat hij mij vrij zou laten in de keuze van mijn boeken, als ik ze aan het klooster ten geschenke zou doen met als enig voorbehoud dat het mij zo lang ik leefde, zou zijn toegestaan er vrij gebruik van te maken. Wat de monniken betrof: ik was er zeker van dat ik geen last zou hebben van de tweedracht en de kleinzielige conflicten die naar mij bekend waren een onlosmakelijk onderdeel van hun mentaliteit vormden. Aangezien ik niets verlangde en geen ambitie koesterde die hun afgunst kon wekken, had ik niets te vrezen. Ik voorzag dat ik spijt van mijn besluit zou kunnen krijgen, en huiverde van afschuw bij de gedachte, maar ik meende dat ik ook daar een antwoord op had. Voor mijn definitieve intrede in de benedictijner orde zou ik tien jaar bedenktijd vragen. Het stond bovendien voor mij vast dat ik nooit een functie of waardigheid in de orde zou willen bekleden. Het enige wat ik wenste, was een rustig leven en alle fatsoenlijke vrijheden die ik kon eisen zonder enige aanleiding tot schandaal te geven. Teneinde de abt ertoe te brengen mij de tien jaar noviciaat toe te staan, zou ik stipuleren dat ik anders de tienduizend écu zou kwijtraken, die ik vooruit zou geven. Ik zette mijn hele plan op papier, sliep er een nacht over en gaf het toen ik de volgende morgen het Heilig Sacrament had ontvangen, aan de abt die mij verwachtte om een kop chocolade met hem te drinken.

Hij las mijn woorden terwijl wij ontbeten, zei niets, las ze nogmaals terwijl hij heen en weer liep, en deelde mij toen mee dat hij mij in de middag antwoord zou geven.

Na de middagmaaltijd zei de rechtschapen abt mij dat zijn rijtuig klaarstond om mij naar Zürich te brengen, waar hij mij

verzocht twee weken op zijn antwoord te wachten. Hij beloofde mij dat hij het mij zelf zou komen brengen, en gaf mij twee
verzegelde brieven met het verzoek deze vooral persoonlijk te
bezorgen.

'Zeer eerwaarde vader, ik ben Uwe Hoogheid oneindige
dank verschuldigd, ik zal uw brieven afgeven, in Zum Schwert
op u wachten, en ik hoop dat u mijn bede zult inwilligen.'

Ik nam zijn hand die hij mij in alle bescheidenheid liet kussen.

Toen mijn Spanjaard zag dat ik terug was, lachte hij op een
manier waardoor ik begreep wat hij dacht.

'Waarom lach je?'

'Ik lach omdat u bijna meteen na uw aankomst hier al iets
hebt gevonden waar u zich twee dagen mee hebt vermaakt.'

'Zeg tegen de hotelhouder dat ik twee weken lang elke dag
een rijtuig tot mijn beschikking wil hebben, en dat ik ook een
goede huurknecht wil.'

De hotelhouder die Ott heette[1] en de rang van kapitein had,
kwam mij persoonlijk meedelen dat er in Zürich alleen open
rijtuigen waren. Ik legde mij daarbij neer. Hij zei ook dat hij in-
stond voor de eerlijkheid van de bediende die ik huurde. De
volgende dag bezorgde ik mijn brieven op hun adressen. Zij
waren bestemd voor mijnheer Orelli en mijnheer Pestalozzi, die
geen van beiden thuis waren. Zij brachten mij allebei in de
middag een bezoek, en zowel de een als de ander vroeg mij op
een bepaalde dag bij hem te komen dineren. Zij nodigden mij
uit meteen met hen naar het stedelijk concertgebouw te gaan,
aangezien het enige schouwburgvermaak dat de stad bood, bestond uit muziekuitvoeringen. Ze waren echter alleen toe-

1 De hotelhouder die Ott heette: een onvertaalbare woordspeling:
het Franse woord voor hotelhouder, hôte, klinkt bijna hetzelfde als
Ott.

gankelijk voor burgers die een abonnement hadden en voor buitenlanders. Dezen moesten één écu betalen. Zij zeiden evenwel dat ik er als burger naartoe moest gaan. Zij wedijverden met elkaar in loftuitingen over de abt van Einsiedeln.

Ik verveelde mij tijdens het concert, dat alleen instrumentaal was. De mannen zaten allen aan een kant, waar ik mij eveneens bevond met mijn twee beschermheren; de vrouwen zaten allen aan de andere kant, en dit vond ik ergerlijk. In weerwil van mijn verse bekering, zag ik er namelijk drie of vier die ik aantrekkelijk vond. Zij keken naar mij en ik zou hen graag het hof hebben gemaakt. Toen het concert voorbij was en het publiek de zaal uitliep, vermengden de twee groepen zich, en werd ik door de twee burgers aan hun vrouwen en dochters voorgesteld. De twee dochters waren ontegenzeggelijk de leukste meisjes van Zürich. De beleefdheidsgesprekken op straat waren erg kort, dus keerde ik terug naar mijn hotel nadat ik de heren had bedankt. De volgende dag dineerde ik bij mijnheer Orelli met diens gezin, en bracht hulde aan de verdiensten van zijn dochter, maar zonder haar door een van de gebruikelijke prikkelende opmerkingen te suggereren dat het mogelijk was dat ik mij tot haar aangetrokken voelde. De volgende dag speelde ik in het huis van mijnheer Pestalozzi precies dezelfde rol, hoewel mejuffrouw Pestalozzi mij er heel gemakkelijk toe had kunnen bewegen haar aanbidder te worden. Tot mijn grote verbazing gedroeg ik mij zeer oppassend, en heel Zürich wist in vier dagen dat mijn levenswandel voorbeeldig was. Ik merkte dat op de wandeldreven de mensen met respect naar mij keken, en dit was een geheel nieuwe ervaring voor mij. Ik raakte er steeds meer van overtuigd dat mijn voornemen monnik te worden een echte roeping was. Ik verveelde mij, maar ik begreep dat een zo plotselinge verandering van levensstijl wel daartoe moest leiden. Deze verveling zou verdwijnen als ik aan een oppassend leven gewend zou zijn. Ik bracht elke morgen drie uur door met een taalleraar die mij Duitse les gaf. Hij was een uit Genua afkomstige Italiaan, Giustiniani genaamd, een voormalig capucijn, die door wanhoop tot afvalligheid was gebracht. De arme man, aan wie ik elke dag één écu van zes franc[1] gaf, beschouwde mij als een door de voorzienigheid gezonden engel, terwijl ik in de verblindheid van mijn zogenaamde roeping hem aanzag voor een rechtstreeks door de hel gestuurde duivel, aangezien hij elk ogenblik waarop hij zijn lange les onderbrak, aangreep om kwaad te spreken over alle religieuze gemeenschappen. Degenen die het meest voorbeeldig leken, waren volgens hem het meest verdorven, omdat ze de meeste aantrekkingskracht bezaten. Hij betitelde alle monniken als het laagste uitschot van het hele mensdom.

'Maaar Onze Lieve Vrouw van Einsiedeln bijvoorbeeld,' zei ik op een keer. 'U zult toegeven...'

'Einsiedeln? Een gemeenschap van tachtig ongeletterde, inslechte, huichelachtige nietsnutten, regelrechte smeerlappen, ze—'

'Maar zijne Zeer Eerwaarde Hoogheid de abt?'

'Een opgeklommen boer, die voor vorst speelt, en zich verbeeldt dat hij er echt een is.'

'Maar hij is dat toch echt.'

'Geen sprake van, het is een maskerade. In mijn ogen is hij niets anders dan een potsenmaker.'

'Wat heeft hij u gedaan?'

'Niets. Het is een monnik.'

'Hij is een vriend van mij.'

'In dat geval verzoek ik u mij te vergeven wat ik heb gezegd.'

Toch ondermijnde Giustiniani mijn moreel. Om zes uur 's middags op de veertiende dag van mijn vermeende bekering,

1 Écu van zes franc: er waren twee soorten écu's, de *gros écu,* die zes franc waard was, en de *petit écu* ter waarde van drie franc.

een dag voordat de abt mij ingevolge zijn belofte zou bezoeken, bevond ik mij bij mijn raam dat uitzag op de brug. Vandaaruit zag ik alle voorbijgangers, en ook de mensen die bij het hotel aankwamen. Ik zag hoe een door vier paarden getrokken koets in gestrekte draf kwam aanrijden en voor de deur stilhield. De kelner kwam naar buiten om het portier te openen, want er zat geen bediende achter op het rijtuig, en ik zag vier goedgeklede vrouwen uitstappen. Ik nam niets opmerkelijks waar bij de eerste drie, maar werd getroffen door de vierde die gekleed was in wat men amazonetenue noemt. De jonge brunette met zwarte, amandelvormige,[1] uitpuilende ogen[2] onder onverschrokken wenkbrauwen;[3] blank als een lelie met roze wangen; getooid met een blauwsatijnen muts waaraan een zilveren kwast hing die op haar oor viel, was een mirakel dat mij met stomheid sloeg. Ik schoof mijn bovenlichaam op de vensterbank om tien duim[4] te winnen, waarop zij haar bekoorlijke hoofd ophief, alsof ik haar had geroepen. Mijn vreemde houding bracht haar ertoe gedurende een halve minuut aandachtig naar mij te kijken — te lang voor een fatsoenlijke vrouw. Zij ging naar binnen, ik holde naar het raam van mijn voorvertrek dat uitzag op de gang, en zag haar snel de trap oplopen om zich bij haar metgezellinnen te voegen die al voorbij waren. Toen zij langs mijn raam liep, draaide zij bij toeval haar hoofd om. Zij zag mij staan, deed een halve pas achterwaarts en slaakte een uitroep alsof zij een geest had gezien. Zij herstelde zich meteen en holde

1 Amandelvormige: Casanova schrijft 'des yeux très fendus', letterlijk vertaald: met zeer gespleten ogen.
2 Uitpuilende ogen: werden in die tijd gezien als een schoonheidskenmerk.
3 Onverschrokken wenkbrauwen: waarschijnlijk een verwijzing naar het boek van Lavater over het verband tussen uiterlijk en karakter.
4 Tien duim: 27 cm.

proestend van de lach de kamer in waar haar drie vriendinnen zich bevonden.

Is er een man op aarde die de kracht bezit een dergelijke ontmoeting te weerstaan? Zouden er fanatici bestaan die in het dwaze voornemen zouden kunnen volharden zich in een klooster te begraven, nadat zij hadden gezien wat ik toen op de drieëntwintigste april in Zürich had gezien? Ik liet mij op mijn bed vallen om tot rust te komen. Vijf of zes minuten later liep ik terug naar het raam bij de gang. Ik zag de kelner uit de kamer van de zojuist aangekomen vrouwen lopen en zei hem dat ik beneden aan de open tafel zou souperen.

'Als u daar wilt souperen om in het gezelschap van deze dames te verkeren, hebt u daar niets aan. Zij souperen om acht uur op hun kamer om morgen bij het aanbreken van de dag te vertrekken.'

'Waar gaan zij naartoe?'

'Zij gaan naar Einsiedeln om hun godsdienstplichten te vervullen. Zij zijn alle vier katholiek.'

'Waar komen zij vandaan?'

'Uit Solothurn.'

'Wat zijn hun namen?'

'Daar heb ik geen idee van.'

Ik ging weer op mijn bed liggen en overwoog naar Einsiedeln te gaan. Maar wat moest ik daar doen? Zij zouden gaan biechten, de communie ontvangen, gesprekken voeren met God, de heiligen en de monniken. Wat voor indruk zou ik daar maken? Verder was het mogelijk dat ik onderweg de abt tegenkwam en dan zou ik op mijn schreden moeten terugkeren, hoe erg ik het ook vond. Ik verwierp dit plan; ik besefte echter dat als ik een vriend had gehad zoals ik die mij wenste, ik mij ergens verdekt zou hebben opgesteld om de amazone te schaken. Dit zou gemakkelijk uitvoerbaar zijn geweest, want niemand begeleidde hen. Ik overwoog hen brutaalweg uit te nodigen met mij te souperen, maar ik was bang dat de drie andere vrome pelgrims mij zouden afwijzen. Ik had de indruk dat de amazone alleen voor de vorm gelovig was, want haar uiterlijk zei mij genoeg, en het was lang geleden dat ik nog kon worden misleid door het voorkomen van een vrouw.

Plotseling rees in mijn koortsachtig brein een lumineus idee. Ik liep naar mijn raam bij de gang, en bleef daar staan tot de kelner voorbijliep. Ik riep hem mijn kamer binnen, gaf hem een louis en zei hem dat hij mij meteen een groen schort moest lenen, zoals hij droeg, aangezien ik de dames aan tafel wilde bedienen.

'Waarom lach je?'

'Ik lach om uw inval. Ik ga het schort voor u halen. De mooiste van de dames heeft mij gevraagd wie u was.'

'Dat kan, want zij heeft mij gezien toen zij voorbijliep, maar zij zal mij niet herkennen. Wat heb je tegen haar gezegd?'

'Alleen dat u een Italiaan bent.'

'Zorg ervoor dat je hier niet over praat.'

'Ik heb uw Spanjaard gevraagd of hij wilde helpen het souper te serveren, want ik ben alleen, en ik heb de tafel beneden.'

'Hij mag niet in de kamer komen, terwijl ik mijn rol speel, want die idioot zal zijn lachen niet kunnen inhouden, en dan is alles verknoeid. Roep hem! Zijn taak dient te zijn naar de keuken te gaan en mij de gerechten buiten de kamer aan te reiken.'

De kelner ging naar beneden en kwam terug met het schort en tevens met Leduc. Ik deelde deze op volkomen ernstige toon mee wat ik van hem verlangde. Hij lachte zich gek, maar verzekerde mij dat hij zou doen wat ik hem opdroeg. Ik liet hem het voorsnijmes voor mij halen, bond mijn haar in een cadogan,[1] knoopte mijn hemd vanboven los, en trok het schort aan over

1 Cadogan: een wrong die door een lint werd vastgehouden. Deze haardracht was in die tijd voorgeschreven voor bedienden.

een scharlakenrode, met gouddraad doorregen jas. Ik keek in de spiegel en vond dat ik het plebejische, quasi bescheiden voorkomen had van het personage dat ik moest spelen. Ik was in de wolken. Zij kwamen uit Solothurn! Zij spraken Frans![1]

Leduc kwam mij meedelen dat de kelner klaarstond om het souper naar boven te brengen. Ik liep de kamer van de vrouwen in, en zei terwijl ik naar de tafel keek: 'Dames, de maaltijd wordt zo meteen opgediend.'

'Wilt u haast maken,' zei de lelijkste, 'want wij moeten opstaan voor het aanbreken van de dag.'

Ik zette de stoelen klaar, en zag vanuit mijn ooghoek de schoonheid zitten. Zij had zich niet verroerd. Ik wierp haar een snelle blik toe, en zag dat zij verbluft was. Ik liep de kelner tegemoet, en hielp hem het gerecht op tafel te zetten. De kelner ging daarop weg, terwijl hij zei: 'Blijf jij hier, want ik moet beneden gaan bedienen.'

Ik nam een bord, en zette het[2] voor de vrouw neer die mij had verwond. Ik keek niet naar haar, maar zag haar wel helemaal – eigenlijk zag ik alleen maar haar. Zij was verbaasd. De anderen merkten mij zelfs niet op. Ik snelde toe om haar bord te verwisselen, en gaf daarna de overigen andere borden. Zij bedienden zichzelf van de soep, en in de tussentijd sneed ik in hun bijzijn met bewonderenswaardige behendigheid een kapoen *au gros sel*[3] in plakken.

'Kijk, dit is een kelner die goed kan opdienen,' zei de aan-

1 Zij spraken Frans: Solothurn (Franse naam Soleure) stond sterk onder Franse invloed in deze tijd. Het was de verblijfplaats van de Franse ambassadeur.
2 Zette het: er staat 'je *me* mets' ('ik ging staan') en niet 'je le mets'. Gezien de context moet dit een verschrijving van Casanova zijn.
3 Au gros sel: geserveerd in het eigen vleesnat en besprenkeld met grof zout.

trekkelijke vrouw. 'Bedient u allang in dit hotel, beste man?'

'Pas een paar weken, mevrouw. Dank u zeer.'

Ik had mijn gehaakte manchetten onder de mouwen van mijn jas verborgen, en deze bij de polsen dichtgeknoopt. Doordat het kantwerk een beetje uit de mouwsgaten stak, merkte zij dit op, en zei:

'Wacht u eens, wacht u eens.'

'Wat wenst u, mevrouw?'

'Laat u mij eens zien. Wat een prachtige kant.'

'Ja, mevrouw, dat heb ik al eerder gehoord, maar het is wel oud. Ik heb het gekregen van een Italiaanse heer, die hier heeft gelogeerd.'

Terwijl ik dit zei, liet ik toe dat zij de hele manchet naar buiten trok. Zij deed dit langzaam zonder naar mij te kijken, en stelde mij hierdoor in de gelegenheid mij op mijn gemak te verzadigen aan haar bekoorlijke gezicht. Wat een verrukkelijk ogenblik! Ik wist dat zij mij had herkend. Omdat ik begreep dat zij mijn geheim voor zich zou houden, leed ik onder de gedachte dat mijn maskerade aan bepaalde grenzen was gebonden. Een van haar vriendinnen maakte ten slotte een eind aan haar studie van mijn manchet door tegen haar te zeggen:

'Wat een nieuwsgierigheid. Het lijkt wel alsof je nog nooit kant hebt gezien.'

Mijn heldin bloosde. Terwijl ik na het souper de tafel afruimde, liep ieder van hen naar haar eigen hoekje om zich te kleden, maar de mooie vrouw ging zitten schrijven. Ik was bijna zo verwaand geweest te denken dat zij mij schreef. Nadat ik alles had weggebracht, bleef ik bij de deur staan.

'Waar wacht u op?' vroeg zij mij.

'U draagt laarzen, mevrouw. Tenzij het uw bedoeling is met laarzen en al naar bed te gaan.'

'Ach ja, u hebt gelijk. Het spijt mij dat ik gedwongen ben u zoveel werk te bezorgen.'

'Maar mevrouw, daar ben ik toch voor!'

Ik ging voor haar op de knieën zitten, waarop zij haar benen aan mij overleverde, en doorging met schrijven. Ik reeg haar laarzen los, trok ze uit, en maakte daarna de gesp los van de kniebanden van haar broek om deze uit te trekken en mijzelf het genoegen te verschaffen haar kuiten te zien en vooral aan te raken. Zij hield echter op met schrijven en zei:

'Het is genoeg zo, het is genoeg zo, ik had er geen erg in dat u zich zoveel moeite gaf. Wij zien elkaar morgenavond nog.'

'Dus u soupeert hier morgen, dames?'

'Jazeker.'

Ik ging weg, terwijl ik haar laarzen meenam en haar vroeg of zij wilde dat ik de kamer afsloot of liever had dat ik de sleutel in de deur achterliet.

'Laat de sleutel maar in de deur, beste man, ik doe hem zelf wel op slot.'

Ik liep de kamer uit en zij deed de deur meteen op slot. Mijn Spanjaard nam de laarzen meteen van mij over en zei mij lachend als een waanzinnige, dat zij mij in haar netten had verstrikt.

'Hoezo?'

'Ik heb alles gezien. U hebt uw rol perfect gespeeld, en ik ben er zeker van dat zij u morgenochtend een louis fooi zal geven, maar ik vertel alles als u die niet aan mij geeft.'

'Pak aan, schurk, hier heb je hem nu al. Breng mij mijn souper.'

Dit waren de geneugten van het leven die ik mij nu niet meer kan verschaffen, maar ik beschik wel over het genoegen er opnieuw van te genieten door eraan terug te denken. En toch bestaan er gedrochten die boetedoening prediken, en dwaze wijsgeren die verkondigen dat het allemaal niets inhoudt.

Ik sliep in gedachten met de amazone, een kunstmatige maar zuivere genieting. Net op het ogenblik dat de koetsier hun

147

kwam zeggen dat zij moesten opstaan, stond ik met haar schoongemaakte laarzen in de hand bij haar deur. Ik vroeg de dames voor de vorm of zij wilden ontbijten, waarop zij lachend antwoordden dat zij geen honger hadden. Ik liep weg om hun de gelegenheid te geven zich aan te kleden; aangezien de deur echter openstond, kregen mijn ogen als ontbijt een albasten boezem voorgeschoteld. Zij riep mij en vroeg waar haar laarzen waren, waarop ik haar verzocht mij toe te staan ze voor haar vast te rijgen. Omdat zij al kousen aanhad en een fluwelen broek droeg, gedroeg zij zich alsof zij een man was – trouwens, wat is nu eigenlijk een kelner? Des te erger voor hem als hij hoopt dat iets substantieels zal voortvloeien uit een nietszeggende gunst die hem wordt verleend. Hij zal worden gestraft, want hij zal nooit vermetel genoeg zijn om verder te gaan. Nu op mijn oude dag vallen mij enkele voorrechten in deze trant ten deel. Ik maak er gebruik van, maar minacht mijzelf tegelijkertijd, en ook de vrouwen die mij deze gunsten verlenen.

Na haar vertrek ging ik weer naar bed. Toen ik wakker werd, hoorde ik dat de abt in Zürich was. Mijnheer Ott deelde mij een uur later mee dat hij alleen met mij op mijn kamer zou dineren. Ik zei hem dat de rekening voor mij zou zijn en hij ons vorstelijk moest onthalen.

De rechtschapen prelaat kwam om twaalf uur mijn kamer binnen en maakte mij een compliment over de goede reputatie die ik in Zürich had verworven. Hij leidde daaruit af dat mijn wens monnik te worden nog steeds van kracht was.

'Hier is een distichon,' zei hij, 'dat u boven de deur van uw vertrekken zult laten aanbrengen:

Inveni portum. Spes et fortuna valete;
Nil mihi vobiscum est: ludite nunc alios.

('Ik heb de haven bereikt. Vaarwel, Hoop en Fortuna! Ik heb niets meer met u van doen: maakt u anderen nu maar tot uw speelbal.')

'Het is een vertaling van twee Griekse dichtregels van Euripides,' zei ik, 'maar ze zullen een andere keer van pas komen, monseigneur, want ik ben sinds gisteren van plan veranderd.'

Hij wenste mij geluk en zei dat hij hoopte dat al mijn verlangens zouden worden vervuld. Hij verzekerde mij in vertrouwen dat het makkelijker was de hemel te verdienen door in de wereld te blijven dan door zich in een klooster terug te trekken. Deze uitspraak leek mij niet die van een hypocriet, maar van een fatsoenlijk en nuchter man. Na het diner bedankte ik hem ten zeerste, begeleidde hem tot het portier van zijn rijtuig, en zag hem tevreden vertrekken. Ik stelde mij onmiddellijk bij het raam van mijn kamer op dat op de brug uitzag, om daar te wachten op de engel die speciaal uit Solothurn was gekomen om mij te bevrijden van de verzoeking monnik te worden. Een weergaloos mooi droomkasteel bracht mij in verrukking tot de aankomst van het rijtuig. Het arriveerde om zes uur. Ik hield mij schuil, maar op zodanige wijze dat ik de dames kon zien uitstappen. Ik zag hen, en bemerkte tot mijn ergernis dat zij alle vier naar het raam keken, waar de schoonheid mij de vorige dag had gezien. Uit hun nieuwsgierigheid die alleen maar kon zijn gewekt doordat de schoonheid het hele geheim had onthuld, maakte ik op dat zij alles had verteld, en ik was hevig teleurgesteld. Ik was niet alleen de illusie kwijt dat ik kon bewerkstelligen dat dit aangename avontuur tot meer zou leiden, maar ook het vertrouwen in mijn vermogen mijn rol goed te spelen. Ik voorzag dat ik misschien van mijn stuk zou raken, mij zou ergeren, en smadelijk uitgefloten zou worden. Die gedachten bedierven alles. Ik nam meteen het besluit voor hen geen klucht op te voeren, waarin ik zelf alleen meesmuilend zou kunnen lachen. Als de amazone evenveel belang stelde in mij als ik in haar, had zij niet verklapt welk spel ik speelde. Zij had alles verteld, en was dus niet van plan het avontuur voort te zetten. Het was ook mogelijk dat het haar aan de intelligentie had ontbroken te voorzien dat zij mij door haar loslippigheid lamlegde. Twee van de drie andere vrouwen vond ik namelijk regelrecht onsympathiek, en zoals een vrouw die mij bekoort, mij stimuleert, zo zet een vrouw die mij tegenstaat, een domper op mijn levenslust. Omdat ik de onaangenaamheden voorzag die mij zouden kunnen overkomen als ik niet aan tafel verscheen, verliet ik het hotel. Ik kwam Giustiniani tegen. Nadat ik hem had verteld, dat ik zin had enkele uren met een jonge, veile schoonheid door te brengen, bracht hij mij naar een deur, waar ik volgens hem op de tweede verdieping zou vinden wat ik zocht als ik de oude vrouw die ik daar zou aantreffen, zijn naam zou toefluisteren. Hij durfde niet met mij mee te gaan, omdat iemand erachter zou kunnen komen en hem moeilijkheden zou kunnen bezorgen in een stad waar de politie erg streng was in zaken als deze. Hij zei mij zelfs dat ik dit huis alleen moest binnengaan als ik er zeker van was dat niemand mij zag. Ik wachtte tot het schemerde en ging ernaartoe. Het eten was weliswaar pover, maar ik vermaakte mij tot middernacht uitstekend met twee jonge arbeidersmeisjes. Door mijn vrijgevigheid, die in dit land een onbekend verschijnsel was, won ik de vriendschap van de vrouw. Zij beloofde mij juweeltjes van dezelfde soort, als ik haar huis zou blijven bezoeken en daarbij alle mogelijke voorzorgen nam om niet te worden gezien.

Bij mijn terugkomst zei Leduc mij dat ik er goed aan had gedaan de wijk te nemen, aangezien heel het hotel van mijn maskerade op de hoogte was, en iedereen tot mijnheer Ott toe, zich buiten de kamer zou hebben opgehouden om zich te vermaken met het schouwspel dat ik bood in mijn rol als kelner. Ik zou dit alles hebben opgemerkt en erg uit mijn humeur zijn geweest.

'Ik heb in plaats van u bediend,' zie hij. 'De naam van de dame is de V...[1] Ik heb nog nooit zoiets smakelijks[2] gezien.'

'Heeft zij gevraagd waar de andere kelner was?'

'Nee. Maar de anderen hebben mij dit verscheidene malen gevraagd.'

'En mevrouw de V... heeft niets gezegd?'

'Niets. Zij was in een bedrukte stemming, en wel zozeer dat zij deed alsof zij geen belang in u stelde, toen ik haar meedeelde dat de kelner van gisteren niet bediende omdat hij ziek was.'

'Waarom heb je tegen haar gezegd dat ik ziek was?'

'Ik moest toch iets zeggen.'

'Heb je haar laarzen losgeregen?'

'Dat wilde zij niet.'

'Wie heeft je gezegd wat haar naam was?'

'Hun koetsier. Zij is pas getrouwd met een man op leeftijd.'

Ik ging naar bed. De volgende morgen nam ik plaats bij het raam om hen in hun koets te zien stappen. Ik stond evenwel achter het gordijn. Mevrouw de V... kwam als laatste. Om een reden te hebben omhoog te kijken, vroeg zij of het regende en nam haar satijnen muts af. Ik nam snel de mijne[3] af, waarop zij mij met een allervriendelijkste glimlach groette.

---

1 V...: Casanova had eerst geschreven 'de Rol', maar dit doorgehaald. De vrouw in kwestie was baronesse Marie Anne Louise Rol von Emmenholtz († 1825).

2 Zoiets smakelijks: er staat 'rien de si piquant'.

3 De mijne: namelijk zijn nachtmuts.

Mijnheer Ott kwam naar mijn kamer om mij zijn twee jonge
zoons voor te stellen. Zij waren in gezelschap van hun gouverneur, die hen opvoedde alsof zij prinsen waren. In Zwitserland
is een hotelhouder vaak iemand die een voorname staat voert en
aan het hoofd van een tafel zit, waar hij zich in zijn ogen niet
verlaagt door betaling te verlangen van degenen die er komen
dineren. Hij heeft gelijk. Hij zit alleen op de eerste plaats om ervoor te waken dat elk van zijn gasten goed wordt bediend. Als
hij een zoon heeft, staat hij hem niet toe aan tafel te gaan zitten,
maar verlangt dat hij bedient. In Schaffhausen stond de zoon
van de hotelhouder, een kapitein in het keizerlijk leger, achter
mijn stoel om mij een ander bord te geven, terwijl zijn vader
met alle gasten zat te dineren. Hij zou dit ergens anders niet
hebben gedaan, maar vond dat dit hem tot eer strekte in het
huis van zijn vader, en terecht. Zo redeneren de Zwitsers, met
wie een aantal oppervlakkige geesten de spot drijven. Feit is wel
dat in Zwitserland, net als in Holland, een buitenlander wordt
afgezet zodra zich daartoe de gelegenheid voordoet, maar onnadenkende mensen die zich laten afzetten, verdienen dit: men
moet vooraf de voorwaarden afspreken. Op die manier beschermde ik mijzelf in Bazel tegen de vermaarde afzetter Imhof
van Zu den Drei Königen.

Mijn gastheer complimenteerde mij met mijn vermomming
als kelner. Hij zei mij dat hij het jammer vond dat hij mij niet

had gezien, en sprak zijn lof uit over het feit dat ik de maskerade bij het tweede souper niet had herhaald. Nadat hij mij had bedankt voor de eer die ik zijn hotel had bewezen, verzocht hij mij of ik hem eveneens de eer zou willen doen voor mijn vertrek ten minste eenmaal aan zijn tafel aan te zitten. Ik beloofde hem dat ik er die dag nog zou dineren.

Omdat ik had besloten naar Solothurn te gaan om mijn opwachting bij de mooie amazone te maken, nam ik een kredietbrief op Genève. Ik schreef mevrouw d'Urfé en verzocht haar mij een warme aanbevelingsbrief te sturen voor mijnheer de Chavigny, de ambassadeur van Frankrijk, wiens voorspraak ik naar ik haar berichtte, dringend nodig had voor de behartiging van de belangen van onze orde.[1] Ik vroeg haar mij de brief zo spoedig mogelijk poste restante in Solothurn toe te zenden.

Aan de open tafel in mijn hotel trof ik stafofficieren aan, uitstekend voedsel en een groots dessert van zoete lekkernijen. Na het diner verloor ik honderd louis met passe-dix,[2] en de volgende dag verloor ik hetzelfde bedrag in het huis van een welgestelde jongeman, die mij had uitgenodigd bij hem te dineren. Zijn naam was Escher.

Vier dagen van mijn verblijf in Zürich vermaakte ik mij in het huis van de vrouw die ik door Giustiniani had leren kennen – het genoegen was echter zeer pover, aangezien de meisjes die zij mij bezorgde alleen plat Zwitsers spraken. Zonder woorden verliezen de genoegens van de liefde twee derde van hun bekoring. In Zwitserland nam ik hetzelfde merkwaardige verschijnsel waar als in Genua: zowel de Zwitsers als Genuezen spreken erg slecht, maar schrijven heel goed.

Vrijwel meteen na mijn vertrek uit Zürich moest ik in Baden

1 Onze orde: de broederschap van de Rozenkruisers.
2 Passe-dix: een spel met drie dobbelstenen. Wie het eerst tien punten behaalde, was de winnaar.

stoppen om een rijtuig dat ik had gekocht in orde te laten maken. Het is de stad waar de afgevaardigden van de kantons bijeenkomen voor hun algemene vergaderingen. Ik stelde mijn vertrek uit om te dineren met een Poolse dame die naar Einsiedeln ging, maar na het diner overkwam mij een vermakelijk avontuur.[1] Ik danste met de dochter van de hotelhouder – iets waarom zijzelf had verzocht; het was zondag. De hotelhouder kwam naar buiten, zijn dochter vluchtte weg, waarop de schurk mij meedeelde dat ik een louis boete moest betalen. Hij wees mij op een bord dat ik niet kon lezen. Ik weigerde te betalen en zei dat ik mij tot de plaatselijke rechter wilde wenden. Hij stemde hiermee in en ging weg. Een kwartier later liet hij mij naar een kamer in zijn hotel roepen, waar ik hem met een pruik en hamer aantrof. Hij deelde mij mee dat hij de rechter was. Hij stelde de zaak op schrift, en bevestigde het vonnis. Ik moest hem nog een écu geven omdat hij de zaak op schrift had gesteld. Ik zei hem dat ik zeker niet zou hebben gedanst als zijn dochter mij niet daartoe had overgehaald. Daarop betaalde hij een louis voor zijn dochter. Ik moest lachen om de zaak. De volgende morgen vertrok ik in alle vroegte.

In Luzern bezocht ik de pauselijke nuntius die mij uitnodigde met hem te dineren, en in Freiburg de jonge, frivole vrouw van graaf d'Affry. Maar nu het verslag van wat ik zag acht of tien mijl voor ik in Solothurn aankwam.

Bij het vallen van de nacht maakte ik een wandeling met de chirurgijn van het dorp. Honderd passen van mij vandaan zag ik hoe een man tegen de buitenkant van een huis klom. Toen hij bij een raam kwam, ging hij daardoor naar binnen. Ik maakte de chirurgijn op hem opmerkzaam. De chirurgijn lachte en zei dat het een boerenzoon op vrijersvoeten was, die de nacht samen met zijn verloofde zou doorbrengen.

1   Maar... avontuur: sic!

'Hij brengt de hele nacht met haar door,' vertelde hij, 'en hij verlaat haar in de morgen verliefder dan ooit, omdat zij hem niet de meest essentiële gunst schenkt. Als zij hem die wel zou schenken, zou hij misschien niet meer met haar trouwen, en zou het erg moeilijk voor haar zijn een nieuwe aanbidder te vinden.'

Bij het posthuis van Solothurn[1] vond ik een brief van mevrouw d'Urfé met daarin een brief van de hertog de Choiseul, gericht aan mijnheer de Chavigny, de ambassadeur. De brief was verzegeld maar de naam van de minister die hem had geschreven, stond op de voorzijde. Ik huurde een rijtuig per dag,[2] kleedde mij zoals ik in Versailles zou hebben gedaan, ging naar de deur van de woning van de ambassadeur, die geen bezoek ontving, en liet de brief voor hem achter. Het was een feestdag. Ik ging naar de mis, waar ik de mooie dame niet zag, maakte een korte wandeling en keerde naar mijn hotel terug. Een hofmeester wachtte op mij met een uitnodiging van de ambassadeur 'aan het hof'[3] te komen dineren.

Mevrouw d'Urfé deelde mij in haar brief mee dat zij speciaal naar Versailles was gegaan en zij er zeker van was dat de hertogin de Gramont[4] erin was geslaagd de minister ertoe te bewegen een zeer doeltreffende brief op te stellen. Dit deed mij veel genoegen, want ik was van plan mij voor te doen als een persoon van aanzien. Ik beschikte over veel geld. De markies de Chavig-

---

1 Het posthuis van Solothurn: het posthuis maakte deel uit van het toen bekende hotel Couronne.

2 Per dag: bedoeld wordt 'op dagbasis'.

3 'Aan het hof': 'à la cour'. In de zestiende eeuw was een deel van het franciskanerklooster in Solothurn verbouwd tot residentie van de Franse ambassadeur. Het stond daarna bekend als 'Maison de France' of 'Cour des ambassadeurs' ('Ambassadeurshof').

4 Hertogin de Gramont: deze was de zuster van Choiseul.

ny was dertig jaar eerder[1] ambassadeur in Venetië geweest. Ik wist veel over hem en ik verlangde ernaar kennis met hem te maken.

Ik ging er op het afgesproken uur naartoe; ik werd niet aangediend. Zodra de dubbele deuren voor mij werden geopend, zag ik de knappe oude man op mij af lopen, en hoorde ik hem mij uiterst vriendelijk en hoffelijk verwelkomen. Hij stelde alle mensen die hem omringden aan mij voor. Daarna haalde hij de brief van de hertog de Choiseul uit zijn zak, voorwendend dat hij mijn naam verkeerd had gelezen, en las hardop de passage voor waarin hem werd verzocht mij met de grootst mogelijke onderscheiding te behandelen. Hij liet mij rechts van hem plaatsnemen op een sofa, en op zijn vragen kon ik volstaan met antwoorden als: dat ik alleen voor mijn genoegen reisde, dat het Zwitserse volk in verscheidene opzichten alle andere naties overtrof, en dat het gelukkigste ogenblik van mijn leven was aangebroken, aangezien het mij de eer verschafte met hem kennis te maken.

Er werd opgediend, en Zijne Excellentie gaf mij als zijns gelijke de plaats rechts naast hem. Er was voor vijftien of zestien mensen gedekt, en iedere gast werd bediend door een lakei in de livrei van de ambassadeur. Toen het gesprek op Venetië kwam, zei ik hem dat men daar nog steeds met grote genegenheid en bewondering over hem sprak.

'Ik zal nooit vergeten,' zei hij, 'hoe vriendelijk ik daar steeds werd bejegend in de tijd dat ik daar ambassadeur was. Weest u wel zo goed mij de namen te zeggen van degenen die nog over mij spreken. Zij moeten erg oud zijn.'

Hier wilde ik naartoe. Ik had van mijnheer Malipiero een

1 Dertig jaar eerder: een vergissing van Casanova. Chavigny was in 1750-'51 ambassadeur van Frankrijk in Venetië. Hij had echter van 1719 tot 1722 met diplomatieke missies door Italië gereisd.

aantal geschiedenissen gehoord uit de tijd van de Régence,[1] die hem zeer tot eer strekten; verder had mijnheer Bragadin mij over zijn liefdesverhouding met de beroemde Stringhetta verteld.

Zijn kok was uitstekend, maar door het genoegen dat het gesprek met de ambassadeur mij bezorgde verwaarloosde ik dat van de maaltijd. Ik zag dat hij een hoogrode kleur van vreugde kreeg. Toen wij opstonden van tafel, zei hij tegen mij dat hij in Solothurn nog nooit met zoveel genoegen had gedineerd, en dat hij zich weer jong voelde door de galante avonturen in Venetië waar ik hem aan had herinnerd. Hij omhelsde mij, en vroeg mij zolang ik in Solothurn zou blijven, elke dag van de vroege morgen tot de late avond in zijn huis door te brengen. Op zijn beurt sprak hij veel over Venetië. Nadat hij de staatsvorm had geprezen, zei hij dat er geen stad op aarde was, waar men beter kon eten, ook op vastendagen, mits men ervoor zorgde over goede olie en buitenlandse wijnen te beschikken. Om vijf uur nodigde hij mij uit een plezierrit met hem te maken in een vis-à-vis.[2] Hij stapte daar als eerste in en dwong mij zo de achterste zitplaats te nemen.

Wij stapten uit bij een mooi landhuis, waar wij ijs kregen geserveerd. Toen wij naar de stad terugkeerden, zei hij mij dat hij elke avond een groot aantal gasten ontving, zowel vrouwen als mannen, en dat hij verwachtte dat ik mij niet zou vervelen voor zover dat van hem afhing. Ik verlangde ernaar dit gezelschap te ontmoeten; het leek mij onmogelijk dat ik er mevrouw ... niet zou aantreffen.

De eerste mensen kwamen aan. Ik zag een aantal lelijke vrouwen, enkele redelijk aantrekkelijke, maar niet een die mooi

1 De Régence: het regentschap (1715-1723).
2 Vis-à-vis: licht tweepersoons rijtuig, waarin men tegenover elkaar zat.

was. Tijdens het kaartspelen kreeg ik als tegenspelers een jonge blondine toebedeeld en een dame op leeftijd die pretendeerde niet provinciaals te zijn. Ik verveelde mij en verloor zonder een woord te zeggen vijf- of zeshonderd fiches. Toen het ogenblik van betalen was gekomen, zei de wereldwijze dame dat dit drie louis was.

'Drie louis?' zei ik.

'Ja, mijnheer. Twee sou per fiche. Dacht u misschien dat we om liards[1] speelden?'

'Integendeel, mevrouw. Ik dacht dat het om fiches van twintig sou[2] ging; ik speel namelijk nooit om minder.'

Zij liet mijn snoeverij onbeantwoord, maar kreeg een kleur.

Nadat ik een ronde door het vertrek had gemaakt, en niet de schoonheid had gezien naar wie ik uitkeek, maakte ik aanstalten om te vertrekken. De ambassadeur had zich al teruggetrokken. Ik zag twee dames met elkaar spreken terwijl zij naar mij keken. Ik herkende ze als de vrouwen die ik in Zürich in gezelschap van mevrouw ... had gezien, ontweek hen, en vertrok.

De volgende dag kwam een hofmeester van de ambassadeur mij zeggen dat Zijne Excellentie bij mij langs zou komen, en mij dit liet berichten om zich ervan te vergewissen dat hij mij thuis zou treffen. Ik zei hem dat ik op hem zou wachten. Ik dacht na over een manier waarop ik inlichtingen van hem over mevrouw ... kon krijgen, maar hij bespaarde mij die moeite.

Ik ontving de achtenswaardige edelman een kwartier later op gepaste wijze. Nadat hij enkele alledaagse onderwerpen had aangesneden, zei hij glimlachend dat hij mij een allerzotst verhaal zou vertellen, maar mij vooraf erop wees dat hij er geen woord van geloofde. Na deze inleiding vertelde hij mij dat twee dames die mij op zijn ontvangst hadden gezien – hij zei mij hun

1 Liards: een liard, een koperen munt, was één vierde sou.
2 Twintig sou: één franc.

namen – na mijn vertrek naar zijn kamer waren gekomen om mij te zeggen dat hij moest oppassen omdat ik de kelner van het hotel in Zürich was.

'U hebt hen tien dagen geleden aan tafel bediend toen zij naar Onze Lieve Vrouw van Einsiedeln gingen om hun godsdienstplichten te vervullen. Zij zijn zeker van hun zaak. Zij zeggen dat zij gisteren aan de overzijde van de Aar uw collega-kelner hebben gezien, die kennelijk samen met u is weggelopen om God mag weten welke reden. Zij zeiden dat u er meteen vandoor ging, toen u gisteren merkte dat zij u hadden herkend. Ik antwoordde lachend dat zelfs als u mij geen brief van de hertog de Choiseul had gegeven, ik er zeker van zou zijn dat zij zich vergisten, en zij vandaag met u bij mij zouden dineren. Ik zei tegen hen dat het mogelijk was dat u zich als kelner had vermomd in de hoop de gunsten van een van hen te verwerven. Zij zeiden dat dit een absurde veronderstelling was, en dat u niets anders was dan een hotelkelner die met veel talent een kapoen kon snijden en erg kwiek ieders bord verving. Zij zeiden dat zij bereid zijn u daarover te complimenteren als ik hun dit toesta. Ik heb hun geantwoord dat u dit vermakelijk zou vinden, en ik eveneens. Als er iets waar is van dit verhaal, verzoek ik u mij alles te vertellen.'

'Ik zal u alles vertellen, en met genoegen. Wij moeten wel een zekere terughoudendheid in acht nemen, want deze klucht zou iemand kunnen schaden, die ik zelfs ten koste van mijn leven geen leed zou willen berokkenen.'

'Dus het verhaal is waar? U maakt mij heel nieuwsgierig.'

'Het is waar tot op zekere hoogte. Ik hoop dat Uwe Excellentie niet denkt dat ik de kelner van Zum Schwert ben.'

'Nee. Dat zou nooit bij mij opkomen. U hebt zich als zodanig vermomd.'

'Juist. Hebben zij u verteld dat zij met zijn vieren waren?'

'Ja, dat weet ik. De schoonheid was er ook. Ik begrijp nu de

hele zaak. U hebt gelijk. Wij moeten terughoudendheid betrachten, want zij heeft een vlekkeloze reputatie.'

'Dat is iets waar ik niet van op de hoogte was. Wat is voorgevallen, is onschuldig, maar de mensen zouden er dingen bij
kunnen fantaseren die afbreuk zouden kunnen doen aan de
goede naam van deze vrouw. Ik was getroffen door haar kwaliteiten.'

Ik vertelde hem daarop de hele geschiedenis en eindigde met
de mededeling dat ik alleen naar Solothurn was gekomen om
haar te ontmoeten en haar het hof te maken, zo dit mogelijk
was.

'Als dit niet mogelijk is,' zei ik, 'vertrek ik na drie of vier dagen, maar niet zonder te zorgen dat de twee praatzieke vrouwen
een figuur slaan. Zij weten ongetwijfeld heel goed dat de kelner
in kwestie alleen maar die rol speelde. De enige reden waarom
zij voorwenden dit niet te weten, moet zijn dat zij mij willen
krenken, en mevrouw ... willen schaden, die er heel verkeerd
aan deed hen in het geheim te betrekken.'

'Rustig, rustig! U vertelt mij zoveel. Laat mij u eerst omhelzen. Ik heb veel plezier in deze geschiedenis. Laat u dit aan mij
over. U zult niet vertrekken, mijn beste, en u zult uw opwachting bij mevrouw ... maken. Staat u mij toe mij met deze geschiedenis te vermaken. Ik ben jong geweest, en een paar mooie
ogen hebben ook mij er vaak toe gebracht een vermomming
aan te nemen. Vandaag aan tafel zult u de spot drijven met deze
twee boosaardige dames, maar op goedgehumeurde wijze. De
zaak is zo onschuldig dat zelfs mijnheer ... erom zal lachen. Zijn
vrouw zal wel weten dat u op haar verliefd bent?'

'Zij heeft ongetwijfeld een blik in mijn ziel geworpen, hoewel ik alleen maar haar laarzen heb uitgetrokken.'

'Heel vermakelijk!'

Hij vertrok lachend, en omhelsde mij bij het portier van zijn
rijtuig voor de derde maal. Omdat ik met zekerheid mocht aan-

nemen dat mevrouw ... haar drie metgezellinnen alles had ver- teld wat zij wist voor zij naar Zürich terugkeerde, vond ik de ... grap[1] die de twee feeksen met de ambassadeur uithaalden boos- aardig en vals, maar het belang van mijn hartsaangelegenheid dwong mij hun laster voor een subtiele geestigheid te laten doorgaan.

Ik liep om halftwee het huis van de ambassadeur binnen. Nadat ik zeer nederig voor hem had gebogen, zag ik de beide dames. Ik vroeg aan degene die mij het meest boosaardig leek, of zij mij herkende. Zij liep mank en haar naam was F.

'Dus u geeft toe dat u de kelner van het hotel in Zürich bent.'

'Ja, mevrouw. Ik ben daar een uur kelner geweest om de eer te hebben u van dichtbij te zien, en u hebt mij gestraft door nooit iets tegen mij te zeggen. Ik hoop dat ik hier niet zo onfor- tuinlijk zal zijn en u mij zult toestaan mijn opwachting bij u te maken.'

'Heel merkwaardig allemaal. U hebt uw rol zo goed ge- speeld, dat niemand had kunnen vermoeden dat u geen echte kelner was. We zullen nu zien of u uw huidige rol even talentvol speelt. Als u besluit mij een bezoek te brengen, zal dit mij een eer zijn.'

Na deze beleefdheidsfrase hoorde het complete gezelschap de hele geschiedenis. Net op dit ogenblik kwam mevrouw ... met haar echtgenoot aan. Zij zag mij en zei meteen tegen hem:

'Daar is de kelner uit Zürich.'

De goede man bedankte mij uiterst beleefd voor het feit dat ik zijn vrouw de eer had bewezen haar laarzen uit te trekken. Ik begreep dat zij hem alles had verteld, en dit deed mij genoegen. Mijnheer de Chavigny wees haar de stoel aan zijn rechterzijde toe, terwijl ik aan tafel tussen de twee vrouwen bleek te zitten die mij hadden belasterd.

1 De ... grap: de gedachtepuntjes vervangen vermoedelijk een krachtterm die Casanova niet publicabel achtte.

Hoewel zij mij tegenstonden, maakte ik hun het hof en bracht de kracht op bijna geen enkele maal naar mevrouw ... te kijken, die nu nog mooier was dan in rijkleding. Haar echtgenoot leek mij niet jaloers, en ook niet zo oud als ik had vermoed. De ambassadeur nodigde hen beiden uit voor een bal dat hij zou geven, en verzocht haar nog een keer de heldin uit *L'Écossaise*[1] te spelen zodat ik tegen de hertog de Choiseul zou kunnen zeggen dat ik mij in Solothurn uitstekend had vermaakt. Zij antwoordde hem dat er twee acteurs ontbraken. Hij bood daarop aan Lord Monrose te spelen, en ik zei onmiddellijk dat ik Murray zou spelen. Mijn tafelgenote F. die boos was over deze verdeling, omdat zij de onsympathieke rol van lady Alton kreeg toebedeeld, gaf mij een por.

'Waarom is er in het stuk geen rol voor een kelner!' zei zij tegen mij. 'U zou daarin voortreffelijk zijn.'

'Maar u zult mij leren nog beter de rol van Murray te spelen,' antwoordde ik.

De ambassadeur besloot het bal vijf of zes dagen later te geven, en ik ontving de volgende dag de tekst van mijn kleine rol. Omdat hij had gezegd dat hij het te mijner ere gaf, ging ik terug naar mijn hotel om een ander pak aan te trekken, en kwam uiterst elegant gekleed in de balzaal terug.

Ik opende het bal door een menuet te dansen met een vrouw die voorrang diende te hebben op alle anderen, en danste daarna met ieder van hen. De gewiekste ambassadeur zorgde er echter voor dat ik bij de contradansen mevrouw ... als partner

1   *L'Écossaise:* Voltaires blijspel *Le Café ou l'Écossaise* werd in 1760 gepresenteerd als een vertaling van een Engels toneelstuk van een zekere Hume. Later gaf Voltaire toe dat hij de auteur was. De heldin van het stuk is het mooie Schotse meisje Lindane, op wie Murray verliefd is. Monrose is haar vader en lady Alton een jaloerse intrigante die Murray voor zich probeert te winnen.

kreeg, en niemand kon daar iets op aanmerken. Hij zei dat lord Murray alleen met Lindane diende te dansen.

Bij de eerste pauze van de contradans zei ik tegen haar dat zij de enige reden was waarom ik naar Solothurn was gekomen, dat ik alleen ter wille van haar als kelner was opgetreden en ik daarom hoopte dat zij mij zou toestaan mijn opwachting bij haar te maken. Zij antwoordde dat er omstandigheden waren die haar beletten bezoek van mij te ontvangen, maar dat wij zeker gelegenheid zouden krijgen elkaar te ontmoeten, als ik niet meteen zou vertrekken en ervan af zou zien haar bepaalde attenties te bewijzen die aanleiding tot praatjes zouden geven. Liefde, bereidvaardigheid en voorzichtigheid samen hadden mij geen bevredigender antwoord kunnen geven. Ik beloofde haar alle terughoudendheid die zij maar wenste. Mijn liefde kreeg onmiddellijk een heroïsch karakter en stelde zich er volledig op in de sluier van geheimhouding te dragen.

Aangezien ik had verklaard dat ik niet bedreven was in de kunst van het theater, verzocht ik mevrouw F. mij daarin te onderwijzen. Ik ging in de morgen naar haar toe, maar zij dacht dat het alleen een voorwendsel was. Door haar te bezoeken dong ik naar de gunst van mevrouw ..., die heel goed begreep wat mij tot deze bezoeken dreef. Zij[1] was een weduwe van dertig tot veertig jaar. Zij had een boosaardige inborst, een geelachtige gelaatskleur en een moeilijke wijze van lopen, doordat zij niet wilde dat men merkte dat zij mank was. Zij sprak voortdurend. Omdat zij blijk wilde geven van een spitsheid van geest die zij niet bezat, was zij vervelend gezelschap. In weerwil daarvan moest ik mij gedragen of ik verliefd op haar was. Ik moest lachen toen zij mij op een dag zei dat zij nooit had gedacht dat ik verlegen van aard was toen zij mij in Zürich zo goed de rol van kelner had zien spelen. Ik vroeg haar waaruit zij opmaakte

1 Zij: mevrouw F.

dat ik verlegen was, en zij gaf mij geen antwoord. Ik was vastbesloten met haar te breken als wij *L'Écossaise* hadden opgevoerd.

Onze eerste voorstelling werd bijgewoond door alle mensen van stand uit de stad. Mevrouw F. genoot van de afschuw die zij in haar rol inboezemde, omdat zij er zeker van was dat haar eigen persoon daartoe niet had bijgedragen. Mijnheer de Chavigny ontroerde tot tranen toe. De mensen zeiden dat hij zijn rol beter had gespeeld dan Voltaire.[1] Mijn bloed stolde echter toen in de derde scène van het vijfde bedrijf, Lindane tegen mij zei: 'Wat? U! U hebt de moed mij te beminnen?'[2] Zij sprak deze vijf woorden op zo'n merkwaardige wijze uit, legde er zo'n duidelijke minachting in – daarmee uit haar rol vallend – dat de toeschouwers buitensporig applaudisseerden. Dit applaus stak mij en bracht mij van mijn stuk, want ik vond dat haar spel afbreuk deed aan mijn eer. Toen het verstomde, en ik diende te antwoorden zoals mijn rol wilde 'Ja, ik aanbid u, en dat moet ik wel', sprak ik deze woorden met zoveel emotie uit dat het applaus verdubbelde. Het bis-geroep van vierhonderd stemmen dwong mij ze te herhalen.

Ondanks het applaus kwamen wij evenwel tijdens het souper tot de slotsom dat wij onze rol nog niet goed genoeg kenden. Mijnheer de Chavigny zei dat de tweede opvoering zou worden uitgesteld tot over twee dagen, en dat wij de volgende dag een repetitie zonder publiek zouden houden in zijn landhuis waar wij zouden dineren. Wij prezen elkaars spel. Mevrouw F. zei dat ik goed had gespeeld, maar dat ik nog beter als kelner zou zijn geweest, en de lachers waren aan haar kant. Zij kozen echter mijn zijde toen ik haar antwoordde dat zij erg

1 Beter ... dan Voltaire: Voltaire hield van toneelspelen, en liet zijn eigen toneelstukken vaak bij hem aan huis opvoeren. Hij speelde dan zelf mee.

2 'Wat... beminnen': het correcte citaat luidt 'Et vous, son fils! Vous osez m'aimer!'

goed lady Alton speelde, maar dat dit moeilijk anders kon, omdat zij daarvoor geen enkele moeite hoefde te doen.

Mijnheer de Chavigny zei tegen mevrouw ... dat de toeschouwers die voor haar hadden geapplaudisseerd tijdens de passage waar zij haar verbazing uitsprak over het feit dat ik van haar hield, onjuist hadden gereageerd, omdat zij uit haar rol was getreden door deze woorden op minachtende toon uit te spreken. Lindane kon immers alleen maar een hoge dunk van Murray hebben.

De ambassadeur kwam mij de volgende dag in zijn rijtuig ophalen, mij meedelend dat ik het mijne niet nodig had. Alle acteurs waren in zijn landhuis aanwezig. Hij zei meteen tegen mijnheer ... dat hij dacht dat hij diens kwestie had geregeld en dat zij er nog over zouden spreken na het diner en de repetitie. Wij gingen aan tafel. Daarna repeteerden wij het stuk zonder dat wij ook maar eenmaal een souffleur nodig hadden.

Tegen de avond zei hij tegen heel het gezelschap dat hij het in Solothurn voor het souper verwachtte. Iedereen vertrok daarop, uitgezonderd mijnheer ... met wie hij iets moest bespreken. Ik had geen rijtuig. Op het ogenblik van vertrek ondervond ik een plezierige verrassing.

'Rijdt u met mij mee in mijn rijtuig,' zei de ambassadeur tegen mijnheer ..., 'dan bespreken wij onze kwestie. Mijnheer de Seingalt[1] zal de eer hebben mevrouw uw echtgenote in uw rijtuig gezelschap te houden.'

1 Mijnheer de Seingalt: Casanova schreef eerst 'mijnheer de Casanova', streepte dit door en verving het door 'mijnheer de Seingalt'. Dit is de eerste maal dat hij deze naam gebruikt in zijn memoires. Seingalt was een door Casanova zelfbedachte naam, die hij naar zijn mening zonder bezwaar kon aannemen omdat hij het 'auteursrecht' ervan bezat. De titel 'chevalier' die hij later vaak aan 'de Seingalt' liet voorafgaan, mocht hij voeren omdat hij in december 1760 van paus Clemens XIII de Gulden Sporen Orde kreeg.

Ik bood meteen het wonder van de natuur mijn hand. Zij drukte er hard in terwijl zij instapte op een wijze die de grootst mogelijke onverschilligheid uitdrukte. Daar zaten wij opeens naast elkaar.

Een halfuur ging voorbij als een minuut, maar wij verloren deze tijd niet met spreken. Onze monden verenigden zich en scheidden pas van elkaar op tien passen van de deur van de villa. Zij stapte als eerste uit. Haar verhitte gezicht vervulde mij met ongerustheid. Doordat dit niet haar natuurlijke kleur was, zouden wij alle mensen in de ontvangstzaal onze wandaad onthullen. Haar eer stond mij niet toe haar in deze staat bloot te stellen aan de onderzoekende blik van mevrouw F., bij wie een dergelijke belangrijke ontdekking eerder een gevoel van triomf dan van vernedering teweeg zou brengen.

De liefde bracht mij op een uniek redmiddel; Fortuna, die mij vaak bijstond, wilde dat ik in mijn zak een doosje had met een sternutatorium.[1] Ik drong erop aan dat zij hier snel iets van zou nemen, en ik deed hetzelfde. De te sterke dosis begon halverwege de trap al te werken, en wij bleven ruim een kwartier niezen. Haar veelzeggende rode kleur werd nu toegeschreven aan haar niesaanval. Toen het niezen ophield, zei zij dat zij geen hoofdpijn meer had, maar zich er in de toekomst wel voor zou hoeden een dergelijke sterke remedie te gebruiken. Ik zag dat mevrouw F. in diep nadenken was verzonken, maar zij durfde niets te zeggen.

Deze voorproef van mijn succes deed mij besluiten net zo lang in Solothurn te blijven als nodig zou zijn om mijn geluk te bekronen. Ik besloot onmiddellijk een landhuis te huren. Iedere man in mijn situatie met het hart op de juiste plaats zou hetzelfde besluit hebben genomen. Voor mij zag ik een door mij aanbeden volmaakte schoonheid; ik bezat de zekerheid dat haar

2 Sternutatorium: niesmiddel.

hart naar mij uitging, maar ik had haar alleen vluchtig aangeraakt. Ik beschikte over geld en ik was mijn eigen heer en meester. Ik vond mijn besluit veel zinniger dan mijn plan monnik te worden in Einsiedeln. Ik was zo vervuld van het geluk dat mij ten deel was gevallen en mij nog te wachten stond, dat ik iedere gedachte aan 'wat de mensen zouden zeggen' van mij af schoof. Ik liet iedereen achter aan tafel, en zocht de ambassadeur op, een minuut nadat deze zich had teruggetrokken. Ik kon als man van de wereld de beminnelijke oude heer niet een ontboezeming onthouden die hij zozeer had verdiend.

Zodra wij alleen waren, vroeg hij mij of ik voordeel had getrokken van de dienst die hij mij had bewezen. Nadat ik verscheidene malen zijn voorname gezicht had gekust, deelde ik hem alles mee in deze vijf woorden: Ik mag op alles hopen. Toen hij echter het verhaal over het sternutatorium hoorde, overlaadde hij mij met complimenten, want[1] door het sterk veranderde gezicht van de dame had het vermoeden kunnen rijzen van een worsteling.[2] Na dit relaas waarom hij hartelijk lachte, vertelde ik hem dat ik, aangezien ik mijn geluk wilde bekronen, de naam van de dame wilde ontzien, en bovendien niets beters had te doen, een landhuis wilde huren om op mijn gemak te wachten tot Fortuna mij ter wille zou zijn. Ik vroeg hem of hij mij wilde helpen bij het vinden van een gemeubileerd huis, een huurrijtuig, twee lakeien en goede kok, en een huishoudster-dienstmeisje dat voor mijn linnengoed zorg zou dragen. Hij zei mij dat hij zijn gedachten hierover zou laten gaan. De volgende dag voerden wij met veel succes ons blijspel op, en de dag daarop deelde hij mij als volgt mee wat hij had bedacht:

1 Want: sic!
2 Worsteling: er staat 'combat' ('gevecht'), een woord dat Casanova echter vaak gebruikt in de zin van 'vrijpartij' ('combat amoureux').

'Ik begrijp, mijn waarde, dat bij deze intrige uw geluk afhankelijk is van de omstandigheid of u uw hartstocht kunt bevredigen zonder op enigerlei wijze afbreuk te doen aan de goede naam van mevrouw ... Ik ben er zelfs zeker van dat u meteen zou vertrekken zonder dat u iets had bereikt, als zij u zou laten weten dat uw vertrek nodig is voor haar gemoedsrust. U kunt hieruit opmaken dat ik de aangewezen persoon ben om u van advies te dienen. Als u echt niet wilt dat men uw bedoelingen kent, dient u zich te onthouden van alle handelingen waardoor mensen die geloven dat er voor elke daad een goede reden is, de waarheid zouden kunnen vermoeden. Zelfs iemand die zeer ver doordenkt, kan het korte samenzijn dat ik eergisteren voor u regelde, alleen toeschrijven aan een puur toevallige loop van omstandigheden. Het voorval met het sternutatorium ontkracht de gevolgtrekkingen waartoe een uiterst scherpzinnig en kwaaddenkend persoon zou kunnen komen, want een verliefd man die wil profiteren van een gunstige gelegenheid voor de liefde, begint niet met het opwekken van spasmen in het hoofd van zijn beminde als een gelukkig toeval hem haar toespeelt. Verder kan men niet vermoeden dat een sternutatorium werd gebruikt om een hevige kleur te maskeren. Het komt immers niet vaak voor dat lust een dergelijke uitwerking heeft, en een minnaar met een dermate vooruitziende blik is begiftigd dat hij hiervoor een excitans bij zich draagt. Wat is gebeurd, is te weinig om uw geheim te onthullen. Zelfs mijnheer ..., die als echtgenoot jaloers is, hoewel hij dit niet wil lijken, kan niets vreemds gezien hebben in het feit dat ik besloot hem met mij terug te laten reizen naar Solothurn, want het is onwaarschijnlijk dat ik als Mercurius[1] voor u zou willen optreden. Aan de andere kant lag het voor de hand, en was het een kwestie van normale, alledaagse beleefdheid – iets waartegen hij zich nooit

1 Mercurius: hier 'koppelaar'.

heeft verzet– dat zijn dierbare echtgenote op haar terugweg
hiernaartoe de plaats in mijn vis-à-vis zou innemen die ik zo
vriendelijk was hem aan te bieden als gevolg van mijn wens
hem van dienst te zijn bij zijn belangrijke zaak.[1]

Na deze lange inleiding waarin ik mij tot u heb gericht als een
minister tijdens een kabinetszitting, dienen wij tot een besluit
te komen. Twee dingen zijn nodig om u de weg tot uw geluk te
ontsluiten. De eerste heeft betrekking op u: u dient te bewerkstelligen dat mijnheer ... uw vriend wordt zonder hem enige reden te geven te vermoeden dat u uw zinnen op zijn vrouw hebt
gezet. De tweede heeft betrekking op de dame: zij mag publiekelijk niets doen, als niet iedereen op de hoogte is van de reden
daarvoor. Ik raad u dus aan pas een landhuis te huren als wij
daarvoor samen een heel aannemelijke verklaring hebben bedacht, waarmee we de mensen die doordenken, zand in de ogen
strooien. Ik vond zo'n verklaring toen ik gisteren over u nadacht. U moet voorwenden ziek te zijn en een kwaal bedenken
die een arts niet in twijfel kan trekken als hij u heeft aange-
hoord. Gelukkig ken ik een arts, wiens manie het is voor bijna
alle kwalen een verblijf in de gezonde buitenlucht, en door hem
zelf samengestelde baden voor te schrijven. Deze arts zal een de-
zer dagen bij mij langskomen om mijn pols op te nemen. U laat
hem voor een consult naar uw hotel komen, en geeft hem twee
louis. Ik ben ervan overtuigd dat hij u in ieder geval een verblijf
op het land zal voorschrijven, en tegen de hele stad zal zeggen
dat hij er zeker van is dat hij u zal genezen. Zo iemand is Herrenschwandt, wat niet wegneemt dat hij een geleerd man is.'

1   Aan de andere kant ... belangrijke zaak: de redenering die Casanova mijnheer Chavigny in de mond legt, ontspoort hier: mevrouw ...
was in haar eigen koets (en niet in de vis-à-vis van Chavigny) met Casanova naar Solothurn teruggereden. Chavigny had de terugtocht in
zijn vis-à-vis gemaakt met mijnheer ...

'Wat? Is Herrenschwandt hier? Hij is een vriend van mij. Ik heb hem in Parijs bij mevrouw du Rumain leren kennen.'

'Dit is zijn broer. Bedenkt u een modieuze kwaal, iets waar u zich niet voor hoeft te schamen. Daarna vinden wij een huis, en krijgt u van mij een jongeman als kok die uitstekende ragouts maakt.'

Het kiezen van een kwaal vergde enig nadenken. Ik gaf mevrouw ... achter de coulissen een schets van mijn plan, dat zij goedkeurde. Ik verzocht haar een weg te vinden via welke wij elkaar konden schrijven, en zij beloofde mij erover na te denken. Zij vertelde mij dat haar echtgenoot zeer over mij te spreken was, en hij niets verkeerds had gezien in het feit dat ik met haar in haar coupé[1] had gezeten. Zij vroeg mij of mijnheer de Chavigny haar man had meegenomen omdat dat toevallig zo uitkwam of dat er opzet in het spel was. Ik antwoordde 'Opzet'. Zij hief haar mooie ogen hemelwaarts en beet op haar lip.

'Vindt u dit vervelend, lieve vriendin?'

'Nee... Helaas!'

Drie of vier dagen later kwam de arts om de laatste voorstelling van *L'Écossaise* te zien en bij de ambassadeur te dineren. Nadat hij mij tijdens het dessert een compliment had gemaakt over de goede gezondheid waarin ik leek te verkeren, zei ik tegen hem dat de schijn bedroog, en vroeg hem om een consult. Het deed hem genoegen dat hij zich had vergist, en hij beloofde dat hij mij de volgende dag op een bepaalde tijd in mijn hotel zou bezoeken. Hij kwam, en ik zei tegen hem wat God mij in de mond legde.

'Ik lijd iedere nacht aan sensuele dromen,' zei ik, 'ze slopen mij.'

'Die kwaal ken ik, mijnheer, en ik zal u er met behulp van twee middelen van genezen. Het eerste, dat u misschien niet

1 Coupé: (eigen) rijtuig met twee plaatsen.

aanstaat, is een verblijf van zes weken op het land, waar u niet de zaken waarneemt die door stimulering van het zevende paar zenuwen de lumbale ontlading veroorzaken als gevolg waarvan u bij het ontwaken tevens ten prooi bent aan diepe neerslachtigheid.'

'Inderdaad.'

'O ja, ik ken dit. De tweede remedie bestaat uit een kuur met koude baden, die u zal verstrooien.'

'Moet ik die kuur hier ver vandaan volgen?'

'Waar u maar wilt. Ik zal namelijk meteen het recept ervoor geven. De apotheker zal ze voor u samenstellen.'

Nadat hij het recept had geschreven en twee louis had ontvangen, ging hij weg, en voor de morgen was verstreken, was heel de stad op de hoogte van mijn kwaal en mijn besluit buiten te gaan wonen. Mijnheer de Chavigny maakte er grapjes over aan tafel. Hij zei tegen Herrenschwandt dat deze mij vrouwelijk bezoek moest verbieden. Mevrouw F.[1] zei dat het kijken naar bepaalde miniaturen waar mijn juwelenkistje mee was gevuld, mij verboden diende te worden. Mijnheer ..., die anatoom was, vond de theorie van de arts voortreffelijk. Ik verzocht de ambassadeur publiekelijk mij behulpzaam te zijn bij het vinden van een landhuis en een kok, omdat ik van een goede tafel hield.

Omdat ik het beu was een valse rol te spelen die mij niet langer noodzakelijk leek, staakte ik mijn bezoeken aan mevrouw F. Zij had de moed mij de verandering van mijn gedrag in scherpe bewoordingen te verwijten en zei mij dat ik haar voor de gek had gehouden. Zij deelde mij mee dat zij alles wist en dreigde dat zij zich zou wreken. Ik antwoordde haar dat zij zich nergens voor hoefde te wreken, aangezien ik haar niet had beledigd,

1 Mevrouw F.: er staat 'M.F.', 'mijnheer F.', wat een vergissing moet zijn, aangezien mevrouw F. weduwe was.

maar dat ik om bewaking zou vragen als zij van plan was mij te laten vermoorden. Zij antwoordde mij dat zij geen Italiaanse was.

Ik was blij dat ik mij van deze adder had ontdaan en richtte nu al mijn gedachten op mevrouw ... Mijnheer de Chavigny, die zich volledig voor mij inzette, suggereerde mijnheer ... dat ik de juiste persoon was om de hertog de Choiseul, kolonel-generaal van de Zwitserse garde,[1] ertoe te bewegen gratie te verlenen aan een neef van hem, die tijdens een duel in La Muette zijn tegenstander had gedood. Hij had hem verteld dat ik via de hertogin de Gramont alles kon bereiken. Terwijl hij mij dit vertelde, vroeg hij mij of ik mij wilde inspannen voor het verkrijgen van deze gratie en of ik dacht dat ik kans van slagen had. Dit was een zekere manier om de volle vriendschap van mijnheer ... te winnen. Ik antwoordde hem dat ik niet met zekerheid kon zeggen dat ik succes zou hebben, maar dat ik mij er graag voor wilde inzetten.

Hij regelde daarop dat mij de hele zaak in zijn bijzijn door mijnheer ... zelf werd uitgelegd, die alle stukken betreffende de omstandigheden van het – overigens heel simpele – factum[2] naar mijn hotel bracht.

Ik bracht een groot deel van de nacht door met het schrijven van een brief die eerst de hertogin de Gramont moest overreden en vervolgens haar broer de hertog.[3] Ik schreef mevrouw d'Urfé dat het welzijn van de orde van de Rozenkruizers afhing van de

1 De Zwitserse garde: een keurkorps dat deel uitmaakte van de privé-troepen van de Franse koning. Het dateerde uit de tijd dat Lodewijk xi en zijn opvolgers Zwitserse huursoldaten in dienst namen.
2 Factum: het feit, incident.
3 Haar broer: Casanova schrijft 'haar vader', een evidente verschrijving: eerder deelt hij mee dat Choiseul haar broer was, wat bovendien historisch juist is.

gratie die de koning zou verlenen aan een officier die vanwege een duel het koninkrijk had moeten verlaten.

Ik ging de volgende dag bij de ambassadeur langs met de brief die de hertog onder ogen zou krijgen. Hij vond hem uitstekend, en zei mij dat ik hem aan mijnheer ... moest laten zien, die ik aantrof terwijl hij zijn nachtmuts nog droeg. Hij was mij erg erkentelijk voor de moeite die ik mij voor zijn zaak wilde getroosten en bedankte mij uitvoerig. Hij zei mij dat zijn vrouw nog in bed lag, en verzocht mij te wachten om met haar te ontbijten. Ik vroeg hem echter mij bij haar te verontschuldigen, omdat ik weinig tijd had als gevolg van de omstandigheid dat de post om twaalf uur vertrok.

Ik ging dus terug naar mijn hotel waar ik mijn brieven verzegelde en op het postkantoor liet bezorgen. Daarna ging ik, onder vier ogen met de ambassadeur dineren, die mij verwachtte.

Nadat hij mijn tactisch besluit had geprezen niet te willen wachten tot mevrouw ... zou zijn opgestaan, en mij had verzekerd dat haar echtgenoot ongetwijfeld mijn beste vriend was geworden, liet hij mij eerst een brief van Voltaire zien, waarin deze hem bedankte voor het spelen van de rol van Monrose in *L'Écossaise,* en daarna een brief van de markies de Chauvelin, die toen in Les Délices bij Voltaire logeerde. Hij beloofde hem een bezoek te brengen voor hij naar Turijn zou reizen, waar hij de post van ambassadeur zou vervullen.

Na het diner ging ik terug naar mijn hotel om mij te kleden, want er zou die dag een ontvangst en een souper worden gegeven in 'het hof'. Dit was de naam waarmee de residentie van de Franse ambassadeur in Zwitserland werd aangeduid.

MIJN LANDHUIS. MEVROUW DUBOIS.
DE MANKE FEEKS LEVERT MIJ EEN KWALIJKE
STREEK. MIJN VERDRIETIGE GEVOELENS.

Toen ik de salon binnenkwam, zag ik mevrouw ... in een hoek aandachtig een brief lezen. Ik liep naar haar toe en vroeg haar mij te verontschuldigen voor het feit dat ik niet had gewacht om met haar te ontbijten. Zij antwoordde mij dat ik juist had gehandeld, en zei dat ik haar een plezier zou doen als ik zou besluiten het huis te kiezen dat haar echtgenoot mij waarschijnlijk tijdens het souper zou voorstellen als ik tenminste nog niet het landhuis had gehuurd dat ik nodig had.

Zij kon mij niet meer zeggen, want zij werd geroepen voor een partij quadrille.[1] Ik gaf er de voorkeur aan niet te spelen. Aan tafel sprak iedereen over mijn gezondheid en de baden die ik zou nemen in een landhuis dat ik wilde huren. Zoals zijn vrouw mij had aangekondigd, vertelde mijnheer ... mij over een landhuis bij de Aar dat erg mooi was.

'Maar men wil het voor ten minste zes maanden verhuren,' zei hij.

Ik antwoordde dat ik de zes maanden vooruit zou betalen, mits het huis mij beviel en ik vrij was te vertrekken wanneer ik wilde.

'Er is een ontvangstvertrek dat het mooiste is van het hele kanton.'

'Des te beter. Dan geef ik er een bal! Laten wij het morgenochtend meteen gaan bekijken. Ik kom om acht uur bij u langs om u op te halen.'

1 Quadrille: een kaartspel voor vier personen.

'Ik verheug mij erop.'

Voor ik naar bed ging bestelde ik een berline met vier paarden. Toen ik om acht uur aankwam, was mijnheer ... klaar voor vertrek. Hij zei mij dat hij zijn vrouw had willen overreden met ons mee te gaan, maar dat zij ervan hield in bed te luieren. Wij kwamen in nog geen uur bij het mooie huis aan, en ik vond het schitterend. Er was genoeg logeerruimte voor twintig gasten.[1] Behalve het ontvangstvertrek, dat ik erg mooi vond, was er een studeerkamer waarvan de muren bedekt waren met een keur van prenten. Bij het huis hoorden een grote siertuin, een mooie moestuin, waterwerken, en een zeer comfortabele ruimte om te baden. Nadat ik alles goed had bevonden, keerden wij terug naar Solothurn. Ik verzocht mijnheer ... of hij alles wilde doen om te bewerkstelligen dat ik er de volgende dag mijn intrek in zou kunnen nemen. Ik zag zijn echtgenote, die opgetogen bleek toen haar man zei dat het huis mij was bevallen. Ik zei hun dat ik hoopte dat zij mij vaak de eer zouden bewijzen er te komen dineren, en mijnheer ... beloofde mij dit op zijn woord. Nadat ik hem de honderd louis had betaald die men voor de huurperiode van zes maanden verlangde, omhelsde ik hem, en ging zoals steeds dineren met de ambassadeur.

Ik vertelde hem meteen dat ik het huis had gehuurd dat mijnheer ... mij had voorgesteld, teneinde zijn vrouw te gerieven die mij vooraf had ingelicht. Hij zag daar geen enkel bezwaar tegen.

'Maar bent u werkelijk van plan daar een bal te geven?' zei hij.

'Beslist, als ik voor mijn geld alles kan krijgen wat ik nodig heb.'

'Dat zal geen probleem voor u zijn, want u zult bij mij terecht kunnen voor alles wat u voor geld niet kunt krijgen. Ik zie

1   Gasten: Casanova gebruikt het woord 'maîtres'.

dat u zin hebt goede sier te maken. Intussen zult u over twee lakeien beschikken, de huishoudster, en de kok. Mijn majordomus zal hun betalen, en u kunt hem later terugbetalen. Hij is een fatsoenlijk man. Ik zal af en toe uw soep komen proeven en met genoegen luisteren naar het onderhoudende verslag van uw liefdesavontuur. Ik heb een hoge dunk van deze jonge vrouw; haar gedrag is wijzer dan haar leeftijd zou doen vermoeden. De blijken van liefde die zij u geeft, dienen u reden te geven haar te ontzien. Weet zij dat ik alles weet?'

'Zij weet niet meer dan dat Uwe Excellentie weet dat wij van elkaar houden, en zij vindt dit niet onaangenaam, want zij is zeker van uw stilzwijgen.'

'Het is een innemende vrouw.'

Een mij door de arts aanbevolen apotheker vertrok die dag nog om de baden samen te stellen die mij dienden te genezen van een kwaal die ik niet had. Twee dagen later ging ik er zelf naartoe, nadat ik Leduc had opgedragen mij met al mijn bagage te volgen. Mijn verbazing was echter niet gering toen ik het appartement inliep dat ik zou betrekken en een jonge vrouw of meisje met een erg leuk gezicht op mij zag toe komen dat mijn hand wilde kussen. Ik trok hem terug, en zij kreeg een kleur door de verbazing die zij bij mij waarnam.

'Hoort u bij het huispersoneel, mejuffrouw?'

'De majordomus van Zijne Excellentie de ambassadeur heeft mij aangenomen om u als huishoudster te dienen.'

'Vergeeft u mij mijn verbazing. Laten wij naar mijn kamer gaan.'

Zodra wij alleen waren, vroeg ik haar naast mij te gaan zitten op de bank. Zij antwoordde mij op vriendelijke, uiterst bescheiden toon dat zij die eer niet kon aannemen.

'Zoals u wenst. Maar u zult er, hoop ik, geen bezwaar tegen maken samen met mij te eten als ik u daarom verzoek, want als ik alleen eet, verveel ik mij.'

'Tot uw dienst.'

'Waar is uw kamer?'

'Daar. De majordomus heeft mij die aangewezen, maar u kunt bepalen wat u goeddunkt.'

De kamer lag achter de alkoof waar zich mijn bed bevond. Ik liep met haar naar binnen, en zag jurken op een sofa: ernaast was een boudoir met de gebruikelijke artikelen: onderrokken, mutsen, schoenen, pantoffels, en een mooie open koffer waarin ik een overvloed aan lijfgoed zag. Ik keek naar haar, dacht na over haar serieuze houding, en keurde haar gereserveerdheid goed. Ik vond echter wel dat ik verplicht was haar aan een grondig onderzoek te onderwerpen, want zij was te interessant en stak te goed in haar kleren om alleen maar een dienstmeisje te zijn. Ik vermoedde dat mijnheer de Chavigny mij dit had geleverd, want een dergelijk meisje dat niet ouder dan vierentwintig tot zesentwintig jaar kon zijn en over de garderobe beschikte die ik zag, leek mij eerder bestemd de minnares te zijn van een man als ik dan de huishoudster. Ik vroeg haar of zij de ambassadeur kende, en wat voor loon zij zou krijgen. Zij antwoordde dat zij de ambassadeur alleen van gezicht kende, en de majordomus haar had gezegd dat zij twee louis per maand zou krijgen en daarbij maaltijden op haar kamer. Zij zei dat zij uit Lyon kwam, weduwe was, en Dubois heette.

Ik liet haar alleen. Ik was niet in staat te besluiten wat ik zou doen, want hoe langer ik naar haar keek en met haar sprak, hoe meer zij mij interesseerde. Ik ging naar de keuken, en ik zag een jongeman die deeg aan het kneden was. Zijn naam was Durosier. Ik had zijn broer gekend toen deze in dienst was van de Franse ambassadeur[1] in Venetië. Hij zei mij dat mijn souper om negen uur klaar zou zijn.

'Ik eet nooit alleen.'

1 Franse ambassadeur: Bernis.

'Dat weet ik.'

'Hoeveel krijgt u per maand?'

'Vier louis.'

Ik zag twee goed geklede lakeien met een prettig voorkomen. Een van hen zei mij dat hij zou zorgen dat ik de wijnen kreeg waar ik om zou vragen. Ik ging naar het badhuisje, en trof daar de apothekersassistent aan, die bezig was het bad samen te stellen dat ik met ingang van de volgende dag diende te nemen.

Nadat ik een uur in de tuin had doorgebracht, ging ik naar de woning van de conciërge, waar ik een groot gezin aantrof met enkele niet te versmaden dochters. Ik bracht twee uur pratend met hen door, mij verheugend over het feit dat iedereen Frans sprak. Omdat ik heel mijn huis wilde zien, leidde de vrouw van de conciërge mij overal rond. Ik ging terug naar mijn appartement, waar ik Leduc aantrof die mijn koffers leeghaalde. Nadat ik hem had gezegd dat hij al mijn linnengoed aan mevrouw Dubois moest geven, ging ik naar mijn studeerkamer om te schrijven. Het was een aangenaam vertrek op het noorden, met één raam. Het verrukkelijke uitzicht leek speciaal bestemd te zijn om de ziel van een dichter te vervullen met de schitterende ideeën die bij hem ontspruiten in een vrolijk landschap waar de lucht fris is en de voelbare stilte zijn oren streelt. Wilde een man genieten van de eenvoud van bepaalde genoegens, zo besefte ik, dan diende hij verliefd te zijn en te weten dat zijn liefde werd beantwoord.[1] Ik was ingenomen met mijn situatie.

Ik hoorde kloppen en zag mijn mooie huishoudster. Met een glimlachend gezicht dat in niets deed denken aan het gezicht dat iemand trekt die op het punt staat zich te beklagen, verzocht zij mij mijn kamerbediende opdracht te geven haar beleefd te behandelen.

1   Dan ... werd beantwoord: Casanova schrijft kortweg 'a besoin d'être amoureux et heureux' en gebruikt hier 'heureux' in de zin van 'lucky': 'fortuinlijk'.

'In welk opzicht is hij in beleefdheid tekortgeschoten?'

'Misschien in geen enkel, in zijn ogen. Hij wilde mij omhelzen, ik weigerde dit. Omdat hij vond dat hij er recht op had, werd hij daarna een tikje onbeschoft.'

'Op welke wijze?'

'Door mij uit te lachen. Neemt u mij niet kwalijk, mijnheer, maar dit stoorde mij. Ik houd er niet van om gehoond te worden.'

'En terecht, mijn waarde hulp in de huishouding. Hoongelach komt uitsluitend voort uit domheid of boosaardigheid. Leduc zal onmiddellijk te horen krijgen dat hij u met achting moet behandelen. U soupeert vanavond met mij.'

Toen hij mij een halfuur later iets kwam vragen, zei ik hem dat hij mevrouw Dubois met respect moest behandelen.

'Zij is preuts – zij wilde niet dat ik haar omhelsde.'

'En jij bent een schooier.'

'Is zij uw dienstmeisje of uw maîtresse?'

'Misschien is zij wel mijn vrouw.'

'Ik weet genoeg. Ik ga mij wel in het huis van de conciërge vermaken.'

Ik was erg tevreden over mijn kleine souper, en eveneens over de uitstekende Neuchâtelwijn. Mijn huishoudster was gewend wijn uit La Côte[1] te drinken. Ook deze was heerlijk. Ik was na afloop erg ingenomen met alles: de kok, de bescheidenheid van mijn huishoudster, en het gedrag van mijn Spanjaard die zonder kuren haar bord voor haar verwisselde. Nadat ik mijn bediende had gezegd dat ik om zes uur 's morgens mijn bad wilde, stuurde ik hem weg. Toen ik alleen aan tafel zat met deze onwaarschijnlijk mooie vrouw, vroeg ik haar mij haar geschiedenis te vertellen.

'Mijn geschiedenis is heel kort. Ik ben in Lyon geboren.

1 La Côte: de oever van het meer van Neuchâtel.

Mijn vader en moeder hebben mij met hen mee genomen naar Lausanne. Ik vertel wat zij mij hebben gezegd, want zelf herinner ik mij dit niet. Ik weet dat ik veertien was toen mijn vader overleed. Hij was koetsier bij mevrouw d'Hermenches.[1] Deze dame nam mij bij haar in huis: drie of vier jaar later kwam ik als kamermeisje in dienst bij lady Montagu[2] en haar oude bediende Dubois trouwde met mij. Drie jaar later bleef ik als weduwe achter in Windsor, waar hij overleed. Omdat ik als gevolg van de lucht in Engeland tering dreigde te krijgen, vroeg ik mijn edelmoedige meesteres mij uit haar dienst te ontslaan. Zij voldeed aan mijn wens, betaalde mijn reis en gaf mij enkele waardevolle geschenken. Ik ging terug naar mijn moeder in Lausanne, waar ik in dienst trad bij een Engelse dame, die erg op mij was gesteld en mij met haar mee naar Italië zou hebben genomen als zij geen verdenking tegen de jonge hertog van Roxburghe had gekregen, die op mij verliefd leek te zijn. Zij hield van hem, en dacht dat ik in het geheim haar rivale was. Zij vergiste zich daarin. Zij overlaadde mij met geschenken, en zond mij terug naar mijn moeder in Lausanne, waar ik twee jaar met mijn handen de kost heb verdiend. Mijnheer Lebel,[3] de majordomus van de ambassadeur, vroeg mij vier dagen geleden of ik als huishoudster in dienst wilde treden bij een Italiaanse heer, en vertelde mij wat de voorwaarden waren. Ik stemde toe, omdat ik er altijd naar heb verlangd Italië te zien. Dit verlangen was de oorzaak van mijn onbezonnen handelwijze. Ik ben meteen vertrokken, en zit nu dus hier.'

'Welke onbezonnen handelwijze bedoelt u?'

1 Mevrouw d'Hermenches: haar echtgenoot David d'Hermenches was een vriend van Voltaire.
2 Lady Montagu: of Elisabeth Montagu (1720-1800), een Engelse schrijfster (die echter geen titel had) óf lady Mary Wortly Montagu (1689-1762). Deze woonde echter tot 1761 in Italië.
3 Lebel: een gefingeerde naam, evenals Dubois.

'Het feit dat ik naar uw huis ben gegaan zonder dat ik u vooraf heb ontmoet.'

'Dus u zou niet zijn gekomen, als u mij vooraf had ontmoet?'

'Zeker niet, want ik kan nu niet meer in dienst treden bij een vrouw. Vindt u dat u het soort man bent die een huishoudster als ik kan hebben zonder dat de mensen zeggen dat u mij voor iets anders hebt?'

'Ik verwacht dat dit zal gebeuren, want u bent erg aantrekkelijk en ik zie er niet uit als een koorknaap, maar ik trek mij er niets van aan.'

'Ik zou mij er ook niets van aantrekken, als mijn positie mij toestond bepaalde vooroordelen te negeren.'

'U wilt dus zeggen, schoonheid, dat u graag terug naar Lausanne zou gaan.'

'Niet nu, want dat zou onrechtvaardig zijn ten opzichte van u. De mensen zouden kunnen denken dat u mijn ongenoegen hebt gewekt door zich vrijpostig tegen mij te gedragen. U zou misschien ook een verkeerd oordeel over mij vellen.'

'Ik verzoek u mij te zeggen wat ik dan van u zou denken.'

'Dat ik indruk op u wilde maken.'

'Dat zou kunnen. Door uw plotselinge en onredelijke vertrek zou ik mij namelijk in mijn eer aangetast voelen. Toch betreur ik het dat u zich in deze situatie bevindt. Gezien uw opvattingen moet het niet prettig voor u zijn bij mij te blijven, maar kunt u ook niet weggaan. Toch zult u een besluit moeten nemen.'

'Dat heb ik al genomen. Ik blijf, en ik ben er bijna zeker van dat ik daar geen spijt van zal krijgen.'

'Uw verwachting vleit mij; er is echter een probleem.'

'Wilt u zo goed zijn mij uit te leggen wat dat is?'

'Ik ben u die uitleg verschuldigd, mijn beste mevrouw Dubois. Ik kan geen zwaarmoedigheid verdragen en moet niets hebben van bepaalde scrupules.'

'U zult mij nooit somber zien. Maar laten we alstublieft helderheid verschaffen over het onderwerp scrupules. Wat bedoelt u met scrupules?'

'Graag. Het woord scrupule zoals het in het alledaagse leven wordt gebruikt betekent: een bijgelovige, boosaardige geesteshouding, waardoor iemand kwaad zoekt achter een daad die misschien onschuldig is.'

'Als ik in het onzekere verkeer over een bepaalde daad, ben ik niet geneigd deze slecht uit te leggen. Ik ben mij alleen verplicht over mijzelf te waken.'

'U hebt veel gelezen, geloof ik.'

'Het is het enige wat ik doe, om precies te zijn. Anders zou ik mij namelijk vervelen.'

'Dus u hebt boeken.'

'Veel. Spreekt u Engels?'

'Geen woord.'

'Dat is jammer, want u zou ze onderhoudend vinden.'

'Ik houd niet van romans.'

'Plezierig om te horen. Ik evenmin. Mag ik vragen hoe u zo snel tot de conclusie bent gekomen dat ik een voorkeur voor romans heb.'

'Ook al een opmerking die mij bevalt. Uw uitval doet mij genoegen, en ik ben blij dat ik erin ben geslaagd uw lachlust te wekken.'

'Neemt u mij niet kwalijk. Ik lach omdat...'

'U kunt mij uw omdat besparen. Lacht u maar wanneer het u belieft – een betere manier om huis met mij te houden[1] zult u nooit ontdekken. Ik vind dat u zich te goedkoop aan mij hebt verhuurd.'

1 Om huis met mij te houden: er staat 'de me gouverner'. Aangezien het door Casanova gebruikte woord voor huishoudster 'gouvernante' is, maakt hij hier een woordspeling.

'Ik moet nu weer lachen, want het staat u vrij mijn salaris te verhogen.'

Ik stond van tafel op, ten zeerste verbaasd over deze jonge vrouw, die erin leek te slagen mij op mijn zwakke plek te raken. Zij kon een logisch betoog voeren, en had al in dit eerste tweegesprek mijn reserves uitgeput. Jong, mooi, elegant gekleed, en intelligent – ik had geen idee waartoe zij mij nog zou brengen. Ik verlangde ernaar met mijnheer Lebel te spreken, die mij een dergelijk stuk huisraad had geleverd.

Nadat zij de tafel had afgeruimd en alles naar haar kamer had gebracht, kwam zij mij vragen of ik papillotten onder mijn nachtmuts droeg. Dit was de taak van Leduc, maar ik gaf met genoegen de voorkeur aan haar. Zij kweet zich heel goed van haar taak.

'Ik vermoed dat u mij op dezelfde manier zult verzorgen als lady Montagu.'

'Niet helemaal. Aangezien u niet van somberheid houdt, ben ik echter genoodzaakt u om een gunst te vragen.'

'Vraagt u maar, mijn waarde mevrouw.'

'Ik zou u liever niet helpen als u een bad neemt.'

'Ik mag sterven als die gedachte zelfs maar bij mij is opgekomen. Dat zou aanstootgevend zijn. Leduc zal die taak op zich nemen.'

'Dan verzoek ik u mij te vergeven, en breng de moed op u om nog een gunst te vragen.'

'Zegt u mij vrijuit wat u wenst.'

'Mag ik een van de dochters van de conciërge bij mij laten slapen?'

'Ik zweer u dat ik, als ik daar ook maar een ogenblik aan had gedacht, u dit zelf gevraagd zou hebben. Is zij in uw kamer?'

'Nee.'

'Gaat u haar dan roepen.'

'Dat doe ik morgen, want als ik nu zou gaan, zou men daar

van alles achter kunnen zoeken. Dank u wel.'

'Lieve vriendin, u bent verstandig en voorzichtig. Weest u ervan overtuigd dat ik u er nooit van zal weerhouden met beleid te handelen.'

Zij hielp mij bij het uitkleden, en vond ongetwijfeld dat ik mij heel netjes gedroeg. Toen ik echter voor het inslapen nadacht over mijn gedrag, besefte ik dat dit niet voortsproot uit deugdzaamheid. Mijn hart was vervuld van mevrouw ..., en de weduwe Dubois had mij nogal overdonderd. Zij had mij misschien al verstrikt maar ik stond niet stil bij die gedachte.

Ik schelde de volgende morgen om Leduc. Deze zei mij dat hij niet had verwacht dat hem deze eer ten deel zou vallen. Ik zei dat hij een dwaas was. Nadat ik een koud bad had genomen, ging ik weer in bed liggen, en gaf hem opdracht twee kopjes chocolade te brengen. Mijn huishoudster kwam binnen in een elegant huistoilet. Zij was een en al glimlach.

'U bent in een goed humeur, mooie huishoudster.'

'Ik ben in een goed humeur, omdat het mij genoegen doet in uw gezelschap te zijn. Bovendien heb ik goed geslapen, en een wandeling gemaakt, en er bevindt zich op mijn kamer een heel mooi meisje dat bij mij zal slapen.'

'Brengt u haar binnen.'

Ik schoot in de lach toen ik het meisje zag: schuw en lelijk als de nacht. Ik zei tegen haar[1] dat zij elke morgen chocolade met mij zou drinken. Zij gaf te kennen dat zij dit plezierig vond en zei mij dat zij veel van chocolade hield. In de namiddag kwam mijnheer de Chavigny drie uur bij mij op bezoek. Hij was ingenomen met het hele huis, maar erg verrast over de huishoudster die Lebel mij had bezorgd. Deze had hem niets over haar meegedeeld. Hij vond dat dit bij uitstek het middel was mij te genezen van mijn liefde voor mevrouw ... Ik verzekerde hem dat hij

1 Haar: mevrouw Dubois.

zich vergiste. Hij richtte zich op uiterst hoffelijke wijze tot haar.

Meteen al de volgende dag, net toen ik met mijn huishoudster aan tafel wilde gaan, reed een koets mijn binnenplaats op. Ik zag mevrouw F. uitstappen. Ik was verrast en geprikkeld, maar kon mij niet aan de verplichting onttrekken haar tegemoet te lopen.

'Mevrouw, ik verwachtte niet dat u mij zou vereren met een bezoek.'

'Ik ben gekomen om u een gunst te vragen nadat wij hebben gedineerd.'

'Komt u dan meteen, want de soep staat op tafel. Dit is mevrouw Dubois. Mevrouw F.,' zei ik tegen de laatste, 'zal met ons dineren.'

Mijn huishoudster nam de honneurs waar aan tafel, en speelde de rol van gastvrouw voorbeeldig, en mevrouw F. gedroeg zich niet uit de hoogte ondanks haar arrogante natuur. Ik sprak geen twintig woorden tijdens het diner en betoonde het krankzinnige mens geen enkele attentie. Ik was benieuwd naar de aard van de dienst die zij mij wilde vragen.

Zodra mevrouw Dubois ons alleen liet, zei zij zonder omslag dat zij was gekomen om mij te vragen haar twee kamers te geven gedurende drie of vier weken. Zeer verrast door haar brutaliteit antwoordde ik haar dat ik haar dit genoegen niet kon doen.

'U zult mij wel dit genoegen doen, want de hele stad weet dat ik hiernaartoe ben gekomen om u erom te vragen.'

'Dan zal heel de stad ook vernemen dat ik u dit heb geweigerd. Ik wil alleen zijn en volkomen vrij. Elk gezelschap zou mij tot last zijn.'

'U zult geen last van mij hebben, en u zult zelfs niet hoeven merken dat ik mij in uw huis bevind. Ik zal het u niet kwalijk nemen als u mij niet vraagt hoe ik het maak, en zal op mijn beurt niet naar uw wel en wee informeren, zelfs als u ziek zou worden. Ik zal mijn maaltijden door mijn dienstmeisje in de kleine keuken laten bereiden, en zal niet in de tuin gaan wandelen als ik weet dat u daar bent. Het appartement waar ik u om vraag, bestaat uit de twee laatste kamers op de eerste verdieping. Zo kan ik via de kleine trap het huis verlaten en binnenkomen zonder dat iemand mij ziet of dat ik iemand zie. Zegt u mij nu of u mij dit genoegen zuiver op beleefdheidsgronden kunt weigeren.'

'Als u de grondbeginselen van de beleefdheid zou kennen, zou u dit niet van mij verlangen, en niet aandringen nadat u mijn weigering hebt gehoord.'

Zij antwoordde mij niet, en ik liep als een dolleman heen en weer door de kamer en overwoog haar het huis uit te zetten. Ik vond dat ik het recht had haar te behandelen als een krankzinnig persoon. Daarna bedacht ik dat zij familie had en besefte ik dat zij mijn vijandin zou worden als zij niet met tact zou worden behandeld, en misschien op een verschrikkelijke manier wraak zou nemen. Ten slotte realiseerde ik mij dat mevrouw ... ieder hardhandig middel zou afkeuren waartoe ik mocht besluiten om mij van deze adder te ontdoen.

'Goed dan, mevrouw,' zei ik. 'U krijgt het appartement, maar een uur nadat u er uw intrek in hebt genomen, ga ik terug naar Solothurn.'

'Dan neem ik het appartement, en zal er overmorgen intrekken. Ik denk niet dat u de dwaasheid zult begaan daarom naar Solothurn terug te keren. U zou de lachlust van de hele stad wekken.'

Met deze woorden stond zij op en vertrok. Ik liet haar gaan zonder mij te verroeren. Een ogenblik later had ik er echter spijt van dat ik had toegegeven, want haar handelwijze en brutaliteit waren ongehoord en ongekend. Ik vond mijzelf dwaas, slap en dom. Ik had de zaak niet ernstig moeten nemen, maar mij er vrolijk om moeten maken. Ik had de spot met haar moeten drijven, haar onomwonden moeten zeggen dat zij niet goed bij haar hoofd was en haar moeten dwingen te vertrekken nadat ik het hele gezin van de conciërge en mijn bedienden als getuigen had geroepen. Toen ik mevrouw Dubois vertelde wat was gebeurd, toonde zij zich verbaasd. Zij zei mij dat een dergelijk gedrag onvoorstelbaar was en dit eveneens gold voor mijn wijken voor deze druk, tenzij ik zeer goede redenen kon aanvoeren om mij te rechtvaardigen.

Omdat ik vond dat haar redenering juist was, maar ik haar niets wilde vertellen, besloot ik niet meer met haar over de zaak te spreken. Ik ging wandelen tot het tijd was om te souperen, en bleef met haar aan tafel zitten tot middernacht. Ik vond haar steeds aardiger, stelde vast dat zij uiterst intelligent was, en luisterde geamuseerd naar de persoonlijke anekdotes die zij mij vertelde. Zij had zeer wijze ideeën, maar was van mening dat zij ongelukkig zou worden als zij niet leefde volgens de beginselen van wat men deugdzaamheid en fatsoen noemt. Haar oppassende gedrag vloeide dus meer uit haar filosofische instelling voort dan uit deugdzaamheid. Als zij echter niet deugdzaam was geweest, zou zij niet de kracht hebben bezeten haar filosofie in praktijk te brengen.

Ik vond mijn belevenis met mevrouw F. zo ongewoon, dat ik mij er niet van kon weerhouden de volgende morgen vroeg te vertrekken om mijnheer de Chavigny erop te vergasten. Ik zei tegen mijn huishoudster dat zij niet op mij hoefde te wachten met de middagmaaltijd, als zij mij niet op de gebruikelijke tijd zou terugzien.

De ambassadeur had geweten dat mevrouw F. mij zou bezoeken. Hij barstte in lachen uit toen ik hem vertelde op welke wijze zij erin was geslaagd haar zin te krijgen.

'Uwe Excellentie vindt dit komisch, maar ik niet.'

'Dat zie ik, maar gelooft u mij, u moet doen alsof u zich er ook vrolijk om maakt. Gedraagt u zich in alle omstandigheden alsof u niet weet dat zij zich in uw huis bevindt, daarmee straft u haar voldoende. De mensen zullen zeggen dat zij verliefd op u is, en u niets van haar wilt weten. Ik raad u aan om naar mijnheer ... te gaan om hem heel deze geschiedenis te vertellen, en gewoon bij hen te blijven voor de middagmaaltijd. Ik heb met Lebel over uw mooie huishoudster gesproken. Hij had geen slechte bedoelingen. Een uur nadat ik hem had opgedragen een keurige huishoudster voor u te zoeken, was hij naar Lausanne vertrokken. Mijn verzoek indachtig sprak hij over u met La Dubois en de zaak was geregeld. Het is een buitenkansje voor u, want als u verliefd op haar wordt, zal zij u niet laten smachten.'

'Dat weet ik niet. Zij heeft namelijk bepaalde principes.'

'Ik ben er zeker van dat u daar niet het slachtoffer van zult worden. Ik zal morgen bij u komen dineren en met plezier naar haar gebabbel luisteren.'

'Uwe Excellentie zal mij een groot genoegen doen met zijn bezoek.'

Mijnheer ... ontving mij als een vriend, en maakte mij meteen een compliment over de luisterrijke verovering[1] die ongetwijfeld mijn verblijf op het land tot een genoegen zou maken. Hoewel zijn echtgenote de waarheid vermoedde, complimenteerde zij mij er eveneens mee. Ik zag echter dat zij versteld stonden toen ik hun het hele verhaal tot in de bijzonderheden vertelde. Mijnheer ... zei mij dat als deze vrouw werkelijk een last voor mij werd, ik haar alleen maar een exploot van de regering hoefde te laten betekenen met het bevel nooit meer een voet in mijn huis te zetten. Ik zei hem dat ik mij niet van dit middel wilde bedienen. Behalve dat het haar te schande zou maken, zou ik er namelijk door laten blijken dat het mij aan persoonlijkheid ontbrak. Iedereen moest immers weten dat ik het voor het zeggen had in mijn eigen huis, en zij nooit zon-

1 Luisterrijke verovering: namelijk (ironisch) die van mevrouw F.

der mijn toestemming haar intrek bij mij had kunnen nemen. Zijn echtgenote zei mij op ernstige toon dat ik er goed aan had gedaan haar het appartement af te staan, en zij haar een bezoek zou brengen, aangezien zij haar zelf had meegedeeld dat zij de volgende dag een appartement bij mij zou krijgen. Ik sprak niet meer over de zaak, en aanvaardde hun uitnodiging deel te nemen aan hun bescheiden maaltijd. Aangezien ik mevrouw ... uitsluitend de gebruikelijke beleefdheden had bewezen, kon haar echtgenoot geen flauw vermoeden hebben van onze verstandhouding. Zij greep een gelegenheid aan om mij mee te delen dat ik er goed aan had gedaan het appartement aan de boosaardige vrouw af te staan, en zei mij dat ik haar echtgenoot zou kunnen uitnodigen twee of drie dagen bij mij te komen logeren als mijnheer de Chauvelin, wiens komst werd verwacht, zou zijn vertrokken. Zij zei mij ook dat de vrouw van de conciërge haar voedster was, en zij mij via haar zou schrijven als dit nodig mocht zijn.

Nadat ik een bezoek had gebracht aan twee Italiaanse jezuïeten die op doorreis in Solothurn verbleven, en hen had uitgenodigd de volgende dag bij mij te dineren, keerde ik terug naar huis. Mijn huishoudster vermaakte mij tot middernacht met filosofische kwesties. Zij hield van Locke. Zij zei dat ons vermogen tot denken geen bewijs vormde voor de onstoffelijkheid van de ziel, omdat het mogelijk was dat God de materie deze eigenschap had verleend. Ik lachte hartelijk toen zij mij zei dat er een verschil was tussen denken en redeneren.

'Ik denk,' zei ik tegen haar, 'dat u juist redeneert als u zich laat overreden met mij naar bed te gaan, terwijl u denkt dat u zeer juist redeneert door daar niet mee in te stemmen.'

'Neemt u maar van mij aan,' antwoordde zij, 'dat er tussen de manier van redeneren van een man en die van een vrouw hetzelfde verschil bestaat als tussen de twee seksen.'

Wij zaten de volgende morgen om negen uur onze chocolade te drinken toen mevrouw F. aankwam. Ik ben zelfs niet naar het raam gelopen. Zij stuurde haar koets terug en ging met haar dienstmeisje naar haar appartement. Ik stuurde Leduc naar Solothurn om op mijn brieven te wachten en vroeg daarna mijn huishoudster mijn haar te verzorgen. Ik vertelde haar dat de ambassadeur en twee Italiaanse jezuïeten zouden komen dineren. Ik had mijn kok al opdracht gegeven een goede maaltijd te bereiden met zowel vis- als vleesgerechten, omdat het vrijdag was. Ik zag dat zij erg opgetogen was, en zij verzorgde mijn haar uitstekend. Nadat ik mij had geschoren, bood ik haar mijn ochtendgroet aan, die zij met plezier aanvaardde, al weigerde zij mij wel haar mooie mond. Het was de eerste keer dat ik haar wangen kuste. Dit was de manier waarop wij met elkaar omgingen. Wij hielden van elkaar, maar in alle deugdzaamheid. Zij moest daaronder echter minder lijden dan ik vanwege de maar al te natuurlijke vrouwelijke behaagzucht, die vaak nog sterker is dan de liefde.

Mijnheer de Chavigny kwam om elf uur aan. Ik had de jezuïeten pas uitgenodigd te komen dineren nadat ik hem hiervan op de hoogte had gesteld, en ik had mijn koets naar hen gestuurd. In afwachting van hun komst gingen wij een wandeling maken. Hij vroeg mevrouw Dubois zich bij ons te voegen zodra zij haar huishoudelijke taken zou hebben verricht. Hij was een van de mannen die Frankrijk tijdens de monarchie gereed hield om ze op het juiste ogenblik en naar gelang de omstandigheden naar de mogendheden te zenden die het wilde winnen voor zijn belangen. Zo'n man was ook mijnheer de l'Hospital,[1] wie het gelukte het hart van Elisabeth Petrovna te winnen; een ander was de hertog de Nivernois,[2] die erin slaagde het hof van St.-

1 Mijnheer de l'Hospital: Paul-François Galucci de l'Hospital, markies de Châteauneuf (1697-1776) was van 1757 tot 1762 buitengewoon gezant aan het hof van tsarina Elisabeth, dochter van Peter de Grote.

James[3] naar zijn hand te zetten in 1762, en ik kende nog een aantal van hen.

De markies de Chavigny trof tijdens de wandeling door mijn tuin in mijn huishoudster alle karaktereigenschappen aan die vereist waren om een jonge ongebonden man gelukkig te maken. Hij raakte geheel onder haar bekoring toen zij de twee jezuïeten klem zette met betogen waarin zij een geestigheid aan de dag legde die nooit onvriendelijk was. Nadat hij de hele dag op uiterst aangename wijze had doorgebracht, ging hij terug naar Solothurn. Hij vroeg mij bij hem te komen dineren zodra hij mij zou laten weten dat mijnheer de Chauvelin was aangekomen.

Deze beminnelijke man, die ik bij de hertog de Choiseul in Versailles had ontmoet, kwam twee dagen later aan. Hij herkende mij meteen en stelde mij voor aan zijn innemende vrouw, die mij niet kende. Aangezien het toeval wilde dat ik aan tafel naast mevrouw ... zat, raakte ik in zo'n goede stemming dat ik zeer amusante verhalen vertelde. Mijnheer de Chauvelin zei mij dat hij een aantal erg vermakelijke geschiedenissen over mij wist.

'Maar het verhaal van Zürich kent u niet,' zei mijnheer de Chavigny tegen hem. Hij vertelde daarop de geschiedenis.

Mijnheer de Chauvelin zei tegen mevrouw ... dat hij zich tot koetsier zou hebben getransformeerd om de eer deelachtig te worden haar te dienen. Mijnheer ... antwoordde hem dat ik een veel verfijndere smaak had, aangezien de dame die zoveel in-

2 De hertog de Nivernois: Louis Jules Henri Barton Mancini-Mazarini hertog de Nivernois et Donziois (1716-1798). Hij was in 1762 als buitengewoon gezant naar het Engelse hof gestuurd voor de onderhandelingen die een einde moesten maken aan de zevenjarige oorlog.
3 Het hof van St.-James: het Engelse hof. St. James was de naam van een koninklijk paleis.

druk op mij had gemaakt, nu bij mij logeerde in een huis dat ik buiten de stad had gehuurd.

'Wij zullen u een bezoek komen brengen,' zei mijnheer de Chauvelin tegen mij.

'Ja,' antwoordde mijnheer de Chavigny, 'wij komen allen samen naar u toe.'

Hij vroeg mij daarop meteen of ik hem mijn mooie ontvangstzaal wilde lenen voor een bal dat hij de volgende zondag al wilde geven.

Op deze wijze weerhield de oude hoveling mij ervan zelf het bal te geven. Dit zou een snoeverij zijn geweest, die mij zou hebben geschaad. Ik zou daardoor inbreuk hebben gemaakt op het privilege van de ambassadeur deze bekende buitenlanders te onthalen tijdens de vijf of zes dagen die zij in Solothurn wilden doorbrengen. Bovendien zou deze blunder mij tot grote uitgaven hebben gebracht.

Naar aanleiding van de komedies die bij mijnheer de Voltaire werden opgevoerd, kwam ons gesprek op *L'Écossaise*. Men loofde mijn tafeldame, die een kleur kreeg en mooi werd als een ster. De ambassadeur nodigde ons allen uit voor een bal dat hij de volgende dag zou geven. Toen ik naar huis terugkeerde, was ik hartstochtelijk verliefd op de bekoorlijke vrouw, die de hemel bij haar geboorte had voorbestemd mij het grootste verdriet te bezorgen dat ik in mijn leven heb gekend. Ik laat het oordeel hierover aan mijn lezer.

Mijn huishoudster was al naar bed gegaan toen ik thuiskwam, en ik was daar blij om, want de ogen van mevrouw ... hadden mij van alle rede beroofd. Zij vond mij de volgende dag somber, en maakte mij daarover op geestige wijze vriendelijke verwijten. Terwijl wij zaten te ontbijten, verscheen opeens het dienstmeisje van mevrouw F. en overhandigde mij een briefje. Ik zei haar dat ik haar een antwoord zou sturen. Ik maakte het zegel los, en las:

'De ambassadeur heeft mij een uitnodiging gestuurd voor zijn bal. Ik heb geantwoord dat ik mij niet goed voelde, maar dat ik zou komen als ik mij tegen de avond beter voelde. Aangezien ik in uw huis verblijf, ben ik van mening dat ik er samen met u naartoe dien te gaan of in het geheel niet. Als u dus geen zin hebt mij het genoegen te doen mij daarheen te vergezellen, verzoek ik u zo vriendelijk te zijn te zeggen dat ik ziek ben. Neemt u mij niet kwalijk dat het mij toescheen dat ik in dit uitzonderlijke geval inbreuk kon maken op onze voorwaarden: het gaat er namelijk om in het openbaar de schijn op te houden van welgemanierdheid.'

Ik was razend. Ik pakte een pen en schreef:

'Mevrouw, u hebt een goede uitvlucht bedacht. Er zal worden verkondigd dat u ziek bent. Uit hoofde van mijn principiële wens volledige vrijheid te genieten ontsla ik mij namelijk van de eer als uw begeleider op te treden.'

Mijn huishoudster lachte om het briefje dat de dame mij had geschreven en vond dat zij mijn antwoord had verdiend. Ik verzegelde het en stuurde het haar toe. Ik bracht tijdens dit bal een zeer plezierige nacht door, want ik sprak veel met het voorwerp van mijn hartstocht. Zij lachte om mijn antwoord op het briefje van mevrouw F. maar keurde het af – want,' zo zei zij, 'het gif van de boosheid zal door haar aderen rondgaan en God mag weten wat voor onheil het aanricht als het tot uitbarsting komt.'

Ik bracht de twee volgende dagen thuis door. Op zondag kwamen in alle vroegte mensen van de ambassadeur met alle benodigdheden voor het bal en het souper. Zij brachten alles in gereedheid voor het orkest en zorgden ervoor dat overal in het huis licht zou branden. De majordomus kwam, toen ik aan tafel zat, naar mij toe voor een beleefdheidsbuiging. Ik vroeg hem te gaan zitten, en bedankte hem voor het mooie geschenk dat hij mij had gegeven in de vorm van een zo beminnenswaardige huishoudster. Hij was een knappe man, niet jong meer, fatsoenlijk, innemend, met alle goede eigenschappen die zijn beroep vereiste.

'Wie van u beiden voelt zich het meest beetgenomen?' zei hij.

'Geen van ons tweeën, want wij zijn allebei even tevreden met elkaar,' zei mevrouw Dubois.

De eerste die tegen de avond aankwam, was mevrouw ... met haar echtgenoot. Zij sprak op heel beminnelijke toon tegen mijn huishoudster en toonde geen spoor van verrassing toen ik haar meedeelde dat zij mijn huishoudster was. Zij zei mij dat de beleefdheid absoluut vereiste dat ik haar naar het appartement van mevrouw F. bracht, en ik moest haar gehoorzamen. Zij ontving ons met veel vertoon van vriendelijkheid, en liep met ons naar buiten om een wandeling te maken. Mijnheer ... begeleidde haar. Nadat wij een ronde door de tuin hadden gemaakt, vroeg mevrouw ... mij haar naar de woning van haar min te brengen.

'Wie is dan uw min?'

'De vrouw van de conciërge,' zei mijnheer ... tegen mij. 'Wij zullen op u wachten in het appartement van mevrouw.'

'Zegt u mij eens,' zei zij onderweg, 'uw huishoudster slaapt vast met u.'

'Nee, dat zweer ik. Ik kan alleen van u houden.'

'Als dat het geval is, doet u er verkeerd aan haar bij u te houden, want niemand kan dit geloven.'

'Dat kan mij niet schelen, zolang u maar niet denkt dat ik verliefd op haar ben.'

'Ik wil alleen geloven wat u mij vertelt. Zij is erg aantrekkelijk.'

Wij liepen de woning van de conciërge binnen, wiens vrouw haar 'mijn dochter' noemde en haar uitbundig omhelsde. Zij liep daarna weg om limonade voor ons te maken. Wij bleven alleen achter. Ik kon haar alleen vurige zoenen geven, die met de hare wedijverden. Onder een jurk van tafzijde, droeg zij alleen een dunne onderrok. Mijn God, wat een moois! Ik ben er zeker van dat de goede min niet zo snel zou zijn teruggekomen als zij had kunnen vermoeden hoe dringend wij er behoefte aan hadden dat zij zou talmen. Maar niets daarvan! Nooit eerder werden twee glazen zo snel gevuld met limonade!

'U had de limonade al gemaakt,' zei ik tegen de min. 'Nee, edele heer, maar ik doe alles snel.'

Door de naïviteit van de vraag en het antwoord barstte mijn mooie engel in lachen uit. Terwijl wij terugliepen naar het appartement van mevrouw F., zei zij tegen mij dat wij, omdat wij de tijd steeds tegen ons hadden, moesten wachten tot haar echtgenoot zou besluiten drie of vier dagen bij mij te komen logeren, en dan gebruik dienden te maken van de gelegenheid. Ik had hem al uitgenodigd, en hij had beloofd te komen.

Mevrouw F. zette verscheidene soorten vruchtengelei voor ons neer, en beval ze ons aan, vooral een moes van kweeperen, die zij ons verzocht te proeven. Wij sloegen dit aanbod af, en mevrouw ... trapte op mijn voet. Zij zei mij achteraf, dat men haar ervan verdacht dat zij haar echtgenoot had vergiftigd.

Het bal was grandioos, evenals het souper dat op twee tafels werd opgediend, die elk voor dertig personen waren gedekt. Daarnaast was er een buffet waaraan meer dan honderd mensen aten. Ik danste alleen een menuet met mevrouw de Chauvelin, aangezien ik de hele nacht met haar echtgenoot zat te praten, een uiterst intelligent man. Ik gaf hem tot zijn groot genoegen mijn vertaling ten geschenke van zijn kleine gedicht over de zeven doodzonden.[1]

Toen ik hem beloofde dat ik hem in Turijn zou opzoeken, vroeg hij of ik mijn huishoudster mee zou nemen. Na mijn ontkennend antwoord zei hij dat ik een fout maakte. Iedereen vond haar allerliefst. Men vroeg haar vergeefs ten dans. Zij zei mij achteraf dat, als zij hier wel op was ingegaan, de vrouwen een hekel aan haar zouden hebben gekregen. Zij danste overigens erg goed.

Mijnheer de Chauvelin vertrok op dinsdag. Aan het eind van de week ontving ik een brief van mevrouw d'Urfé, die mij meedeelde dat zij ten behoeve van mijn kwestie twee dagen in Versailles had doorgebracht. Zij zond mij een afschrift van de door de koning getekende brief waarin gratie werd verleend aan de neef van mijnheer ... Zij deelde mij mee dat de minister de brief al naar het regiment had gestuurd teneinde te bewerkstelligen dat de schuldige weer dezelfde rang zou krijgen als voor het duel.

Vrijwel meteen nadat ik deze brief had ontvangen, liet ik mijn paarden inspannen om mijnheer Chavigny het nieuws te gaan meedelen. Mijn blijdschap kende geen grenzen, en ik verborg dit niet voor de ambassadeur. Die complimenteerde mij zeer, omdat mijnheer ... door mijn toedoen, zonder dat dit hem een obool[2] had gekost, iets had bereikt, waarvoor hij zeer veel zou hebben moeten betalen als hij het voor geld had willen verkrijgen. Om de zaak nog belangrijker te doen schijnen verzocht ik de ambassadeur of hij mijnheer ... het nieuws wilde meedelen. Hij zond hem meteen een briefje met het verzoek onmiddellijk naar hem toe te komen.

1 Gedicht over de zeven doodzonden: Casanova's vertaling in het Venetiaans dialect, *I sette Capitali, canzone,* is tussen zijn papieren in Dux teruggevonden. Het gedicht verscheen in 1758 en werd toegeschreven aan Philippe de Chauvelin, broer van de ambassadeur. Volgens andere bronnen was de ambassadeur zelf de auteur van het gedicht, dat hij zou hebben geschreven tijdens zijn verblijf op het landgoed van de prins de Conti, toen hij zich daar alleen met zeven mooie vrouwen bevond.

2 Obool: een halve denier.

Zodra hij binnenkwam, overhandigde de ambassadeur hem het afschrift van de gratiebrief, en deelde hem tegelijkertijd mee dat ik degene was aan wie hij dit had te danken. De goede man was ontdaan van blijdschap en vroeg mij hoeveel hij mij was verschuldigd.

'Niets behalve uw vriendschap. Als u mij daar echter een blijk van wilt geven, doet u mij dan de eer een paar dagen bij mij te komen logeren, want ik kom om van verveling. De kwestie die u mij verzocht te regelen, moet van weinig betekenis zijn geweest, want u ziet hoe snel aan uw wens is voldaan.'

'Van weinig betekenis? Ik heb mij er al een jaar voor ingezet, en zonder succes hemel en aarde bewogen, en u hebt in twee weken deze zaak helemaal geregeld! Mijn leven staat tot uw beschikking.'

'Omhelst u mij, en komt u mij opzoeken. Ik beschouw mezelf als de gelukkigste man op aarde als ik mensen zoals u van dienst kan zijn.'

'Ik ga mijn vrouw het nieuws meedelen. Zij zal buiten zichzelf van blijdschap zijn.'

'Ja, gaat u maar,' zei de ambassadeur, 'en komt u morgen om met ons vieren te dineren.'

De markies de Chavigny, een oude hoveling met een scherp inzicht, maakte enkele bespiegelende opmerkingen over het hof van een monarch, waar op zichzelf niets makkelijk of moeilijk was, want elk ogenblik veranderde het een in het ander. Hij kende mevrouw d'Urfé doordat hij haar het hof had gemaakt in de tijd dat de Regent in het geheim haar minnaar was. Hij was degene die haar de bijnaam Egeria had gegeven, omdat zij zei dat zij over alles werd ingelicht door een genius die elke nacht dat zij alleen sliep, met haar doorbracht. Hij sprak daarna tegen mij over mijnheer ..., die ongetwijfeld de grootst mogelijke vriendschap voor mij had opgevat. Hij was ervan overtuigd dat de beste methode om een vrouw te benaderen die een jaloerse echtgenoot had, was de echtgenoot voor zich te winnen, omdat vriendschap als zodanig onverenigbaar was met jaloezie. De volgende dag tijdens het diner met ons vieren liet mevrouw ... mij in het bijzijn van haar echtgenoot blijken dat haar vriendschappelijke gevoelens voor mij de zijne evenaarden. Zij beloofden mij dat zij de volgende week drie dagen bij mij zouden komen doorbrengen.

Ik zag hen op een middag aankomen, onaangekondigd. Toen ik ook het dienstmeisje uit het rijtuig zag stappen, sprong mijn hart op van vreugde. Deze werd echter getemperd door twee onaangename mededelingen. De eerste daarvan vernam ik van mijnheer ... hij zou op de vierde dag naar Solothurn moeten terugkeren. De tweede hoorde ik van mevrouw ...: wij zouden verplicht zijn steeds mevrouw F. in ons gezelschap te betrekken. Ik bracht hen meteen naar het appartement dat ik voor hen had bestemd en dat het meest geschikt was voor mijn plannen. Het bevond zich op de begane grond tegenover het gedeelte van het huis, waar mijn vertrekken waren. De slaapkamer had een alkoof met twee bedden, die werden gescheiden door een schot waarin zich een tussendeur bevond. Men kwam er binnen door twee voorkamers; de deur van de eerste kamer gaf toegang tot de tuin. Ik bezat de sleutels van al deze deuren. Het dienstmeisje zou verblijven in de kamer boven de slaapkamer.

Gehoor gevend aan de wens van mijn godin gingen wij naar het appartement van mevrouw F. die ons erg vriendelijk ontving. Onder het voorwendsel dat zij ons vrij wilde laten, verkoos zij niet alle drie de dagen in ons gezelschap door te brengen. Zij meende echter te moeten zwichten toen ik haar voorhield dat onze overeenkomst alleen van kracht diende te zijn als ik alleen was.

Mijn huishoudster soupeerde op haar kamer zonder dat ik haar dit had hoeven op te dragen, en de dames vroegen niet naar haar. Na het souper bracht ik mevrouw en mijnheer ... naar hun appartement, en daarna kon ik er niet aan ontkomen mevrouw F. naar het hare te vergezellen. Ik veroorloofde mij wel de vrijheid niet aanwezig te zijn bij haar nachttoilet, hoewel zij daarop aandrong. Zij zei mij op schalkse toon dat ik, nu ik mij zo goed had gedragen, het verdiende datgene te krijgen waar ik naar verlangde. Ik gaf haar geen antwoord.

De volgende dag tegen de avond zei ik tegen mevrouw ... dat ik alle sleutels bezat en op elk tijdstip in haar appartement en slaapvertrek kon komen. Zij antwoordde mij dat zij verwachtte dat zij haar echtgenoot bij zich zou hebben, aangezien hij haar de complimenten had gemaakt waarmee hij haar placht te bedelen als hij het voornemen had met haar te slapen. Zij zei dat wij de volgende nacht de gelegenheid zouden krijgen, aangezien het nog nooit was gebeurd dat hij zin had gehad zich twee dagen achter elkaar te vermaken.

Tegen twaalf uur 's morgens zagen wij mijnheer de Chavigny aankomen. Er werd snel een vijfde couvert neergelegd. Hij protesteerde echter hevig toen hij hoorde dat mijn huishoudster alleen op haar kamer zou dineren. De dames zeiden dat hij gelijk had, en wij liepen allen naar haar toe om haar te dwingen haar handwerk weg te leggen. Zij was de ziel van ons diner. Zij vermaakte ons kostelijk met amusante verhalen over lady Montagu. Op een ogenblik dat niemand ons kon horen, zei mevrouw ... tegen mij dat het onmogelijk was dat ik niet op haar verliefd was. Nadat ik haar had gezegd dat ik haar zou tonen dat zij zich vergiste, vroeg ik haar of zij wilde bevestigen dat ik twee uur in haar armen zou mogen doorbrengen.

'Nee, lieve vriend, want hij heeft mij vanmorgen gezegd dat de maan vandaag om twaalf uur in de middag van gestalte verandert.'

'Heeft hij dan toestemming van de maan nodig om zijn plichten bij u te vervullen?'

'Juist. Volgens zijn horoscoop is dit de manier waarop hij in goede gezondheid blijft en een jongen krijgt, als de hemel hem tenminste ter wille is, want zonder de hulp van de hemel lijkt mij dit niet waarschijnlijk.'

Ik moest hierom lachen en zag mij genoodzaakt erin te berusten tot de volgende dag te wachten. Zij zei mij tijdens de wandeling[1] dat het offer aan de maan was gebracht, en zij voor alle veiligheid en haar zielsrust zou bewerkstelligen dat hij een extra gave plengde, waarna hij in slaap zou vallen. Zij zei daarom dat ik om één uur kon komen.

Nu ik de zekerheid bezat dat mijn geluk nabij was, gaf ik mij over aan de blijdschap die dit besef wekt bij een minnaar die hevig heeft gehunkerd. Het was de enige nacht waarop ik kon hopen, want mijnheer ... had besloten de volgende dag in Solothurn te gaan slapen. Ik kon niet hopen op een tweede nacht, die intenser dan de eerste zou zijn geweest.

Na het souper bracht ik de dames naar hun vertrekken. Daarna trok ik mij terug in mijn kamer en zei tegen mijn huishoudster dat zij kon gaan slapen, omdat ik veel moest schrijven.

Om vijf minuten voor één verliet ik mijn kamer. Omdat het een donkere nacht was, liep ik op de tast half om het huis. Ik wilde de deur van het appartement openen waar mijn engel zich bevond, maar deze bleek open, en het kwam niet bij mij op mij af te vragen waarom. Ik opende de deur van de tweede voorkamer, en voelde dat iemand mij vastgreep. Uit de hand die zij op mijn mond legde, maakte ik op dat ik niet moest spreken. Wij lieten ons op een grote sofa vallen, en ik bereikte in een oogwenk het hoogste wat ik begeerde. Het was de dag van de zonnewende.[2] Omdat ik maar twee uur voor mij had, verloor ik geen minuut. Ik gebruikte ze om de goddelijke vrouw die ik

1   De wandeling: de wandeling voor het souper.
2   De zonnewende: de zomerzonnewende (21 juni).

in mijn armen hield, – ik was er zeker van dat zij het was – her-haalde blijken te geven van het vuur dat mij verteerde. Ik vond haar besluit niet in haar bed op mij te wachten zeldzaam voor-uitziend, aangezien haar echtgenoot wakker had kunnen wor-den door het geluid van onze zoenen. Haar hartstochtelijkheid die de mijne leek te overtreffen, bracht mij in vervoering, en het stond voor mij vast dat van al mijn veroveringen deze de eerste was waar ik mij met recht op kon beroemen.

De pendule gaf mij te kennen dat ik moest weggaan. Ik stond op nadat ik haar een uiterst tedere kus had gegeven, en liep terug naar mijn kamer, om daar innig tevreden in slaap te zinken. Ik stond om negen uur op, en ik zag mijnheer ... Deze liet mij intens vergenoegd een brief van zijn neef zien die hij net had ontvangen, waarin deze hem berichtte welk goed nieuws hij had gekregen. Hij vroeg mij op zijn kamer chocolade bij hem te komen drinken, aangezien zijn vrouw nog bezig was toi-let te maken. Ik deed snel een kamerjas aan. Net toen ik weg wilde gaan met mijnheer ... zag ik mevrouw F. binnenkomen die mij op opgewekte toon zei dat zij mij bedankte en meedeel-de dat zij terugging naar haar huis in Solothurn.

'Wacht u een kwartier. Wij gaan ontbijten bij mevrouw ...'

'Nee, ik heb haar net goedemorgen gewenst, en vertrek. Goedendag.'

'Dag mevrouw.'

Vrijwel meteen nadat zij was vertrokken vroeg mijnheer ... mij of zij gek was geworden. Er was reden voor die veronder-stelling. Aangezien zij met de grootste hoffelijkheid was om-ringd, had zij in ieder geval tot de avond moeten wachten om met mijnheer en mevrouw ... te vertrekken.

Wij gingen ontbijten en leverden commentaar op haar plot-selinge vertrek. Daarna liepen wij naar buiten om in de tuin te wandelen waar wij mijn huishoudster zagen. Mijnheer ... ging naar haar toe. Ik vond dat mevrouw een enigszins neerslachtige indruk maakte, en vroeg haar of zij goed had geslapen.

'Ik ben pas om vier uur gaan slapen nadat ik vergeefs op u had zitten wachten. Welke ongelukkige gebeurtenis heeft u belet te komen?'

Mijn bloed stolde door deze vraag die ik met geen mogelijkheid had kunnen voorzien. Ik keek haar aan, zonder haar antwoord te geven, en kon maar niet bekomen van mijn verrassing. Deze week pas voor een gevoel van afgrijzen veroorzaakt door het vermoeden dat mevrouw F. degene was geweest die ik in mijn armen had gehouden. Ik trok mij onmiddellijk terug achter de haag om bij te komen van een schok, waar niemand zich een juist beeld van kan vormen. Ik had het gevoel dat ik doodging. Om te voorkomen dat ik viel, leunde ik met mijn hoofd tegen een boom. De eerste gedachte die bij mij opkwam en door mij onmiddellijk werd verworpen, was dat mevrouw ... niet wilde uitkomen voor wat zij had gedaan. Iedere vrouw die zich aan een man geeft op een donkere plaats, heeft het recht dit te loochenen, en het kan gebeuren dat het niet mogelijk is te bewijzen dat zij liegt. Ik kende mevrouw ... echter te goed om haar in staat te achten tot een dergelijk platte leugenachtigheid, waar geen enkele vrouw ter wereld iets van wil weten, uitgezonderd de ware gedrochten, die de schrik en schande zijn van het mensdom. Ik besefte op hetzelfde ogenblik dat als zij mij had gezegd dat zij vergeefs op mij had gewacht teneinde zich te vermaken met mijn verrassing, het haar aan fijngevoeligheid zou hebben ontbroken, want in een zaak van dit gehalte doet de geringste twijfel al afbreuk aan de zuiverheid van de emoties. Ik zag dus in wat er was gebeurd. Mevrouw F. had haar plaats ingenomen. Hoe had zij dit gedaan? Hoe was zij op de hoogte geweest? Om dit te bepalen dient men logisch te redeneren, en het vermogen daartoe volgt pas als een deprimerende gewaarwording het grootste deel van haar deprimerende werking heeft verloren. Ik bezat dus de afschuwelijke zekerheid dat

ik twee uur met een hellemonster had doorgebracht, en de gedachte die mij van het leven beroofde, was dat ik niet kon ontkennen dat ik gelukkig was geweest. Dit was wat ik mijzelf niet
kon vergeven, want het verschil tussen de ene en de andere
vrouw was onmetelijk en had door het onfeilbaar tribunaal van
mijn zintuigen kunnen worden waargenomen, zij het dat zien
en horen er geen deel van hadden kunnen uitmaken. Maar dit
was niet genoeg voor mij om mijzelf te vergeven. Mijn tastzin
alleen had voor mij voldoende moeten zijn. Ik vervloekte de
liefde, de natuur en mijn laffe zwakheid op het ogenblik dat ik
erin had toegestemd het monster in mijn huis op te nemen dat
had bewerkstelligd dat mijn engel was onteerd en ik mijzelf ver-
achtte. Op dat ogenblik veroordeelde ik mijzelf ter dood, maar
wel met het voornemen voordat ik het leven liet, eigenhandig
de Megaera¹ in stukken te trekken die mij tot de ongelukkigste
man op de aardbodem had gemaakt.

Terwijl ik in deze Styx² ronddreef, zag ik opeens mijnheer ...
voor mij. Hij kwam mij vragen of ik mij niet goed voelde, en
schrok van mijn bleekheid. Hij zei dat zijn vrouw zich er zorgen
over maakte. Ik antwoordde hem dat ik van haar weg was gelopen vanwege een lichte aanval van duizeligheid, en dat ik mij
nu alweer goed voelde. Wij voegden ons weer bij hen. Mijn
huishoudster gaf mij eau de carmes³ en zei gekscherend dat het
vertrek van mevrouw F. mij zo hevig had aangegrepen.

Toen ik weer samen met mevrouw ... was en haar echtgenoot
op een afstand met mevrouw Dubois sprak, zei ik haar dat ik

1 Megaera: naam van een van de drie Furiën.
2 Styx: rivier om de Hades (het onderaardse dodenrijk in de Griekse
mythologie) met giftig, ijskoud water.
3 Eau de carmes: aqua carmelitarum, melissegeest, dat volgens een
geheim procédé door de karmelieten werd vervaardigd. De werking
ervan was kalmerend.

overstuur was geraakt door haar opmerking die ongetwijfeld als grapje was bedoeld.

'Ik maakte geen grapje, lieve vriend, zegt u mij waarom u vannacht niet bent gekomen.'

Bij dit antwoord had ik het gevoel dat ik dood zou neervallen. Ik kon het niet over mij krijgen haar het gebeurde te vertellen, en wist niet wat ik moest bedenken om mij te rechtvaardigen voor het feit dat ik niet naar haar bed was gekomen zoals wij hadden afgesproken. Somber, met stomheid geslagen en besluiteloos zo was mijn gemoedstoestand toen het jonge dienstmeisje van mevrouw Dubois mij een brief kwam overhandigen die mevrouw F. haar door een ijlbode had laten brengen. Zij opende hem, en gaf mij de aan mij gerichte bijgesloten brief. Ik stak hem in mijn zak met de woorden dat ik hem zou lezen als het mij uitkwam. Zij drongen niet aan en lachten. Mijnheer ... zei dat het een liefdesbrief was. Ik liet hem praten en vermande mij. Er werd aangekondigd dat de maaltijd klaar was en wij gingen dineren. Ik kon niet eten, maar men schreef dit toe aan het feit dat ik mij onwel voelde. Ik verlangde ernaar de brief te lezen, maar ik moest er de tijd voor vinden. Toen wij van tafel waren opgestaan, zei ik dat ik mij beter voelde, en dronk koffie.

In plaats van te beginnen aan de gebruikelijke partij piquet zei mevrouw ... dat het in de beschutte laan koel was, en wij daar gebruik van moesten maken. Ik gaf haar mijn arm, haar echtgenoot gaf de zijne aan mevrouw Dubois, en wij liepen ernaartoe.

Zodra zij er zeker van was dat zij niet konden horen wat zij zou zeggen, begon zij als volgt:

'Ik ben er zeker van dat u de nacht met die boosaardige vrouw hebt doorgebracht, en misschien loop ik hierdoor gevaar, al weet ik niet hoe. Vertelt u mij alles, lieve vriend. Dit is mijn eerste liefdesintrige, maar als ik daarvan moet leren, dien ik van alles op de hoogte te zijn. Ik ben er zeker van dat u van mij hebt gehouden. Ach, laat u mij toch niet denken dat u nu mijn vijand bent geworden.'

'De hemel sta mij bij! Ik, uw vijand!'

'Vertelt u mij dan de volledige waarheid, liefst voordat u de brief leest die u hebt gekregen. Ik bezweer u in de naam van de liefde niets voor mij te verbergen.'

'Hier is het hele verhaal in een paar woorden. Ik kwam om één uur uw appartement binnen. In de tweede voorkamer voelde ik dat iemand mij vastpakte en een hand op mijn mond legde om mij te beduiden dat ik niet moest spreken. Ik sloot u in mijn armen en wij lieten ons op de sofa vallen. Begrijpt u dat ik wel moest denken dat u het was, dat ik daar onmogelijk aan kon twijfelen? Ik bracht dus zonder een enkel woord te zeggen of van u te horen de heerlijkste twee uren van heel mijn leven door – twee vervloekte uren. De herinnering eraan zal tot mijn laatste ademtocht mijn leven tot een hel maken. Om kwart over drie ging ik bij u weg. De rest weet u.'

'Wie kan dit monster hebben verteld dat u om één uur naar mijn kamer zou komen?'

'Daar heb ik geen idee van.'

'U moet toegeven dat ik van ons drieën het meest te beklagen ben, misschien wel als enige.'

'Denkt u dat in godsnaam niet, want ik ben van plan haar met een dolk dood te steken en daarna mijzelf te doden.'

'Wat een schandaal oplevert waarin ik als de ongelukkigste vrouw ter wereld achterblijf. Wij moeten ons beheersen. Geeft u mij de brief die zij u heeft geschreven. Ik zal hem onder de bomen lezen, leest u hem later. Als ze zouden zien dat wij de brief lazen, zouden wij verplicht zijn hem ook aan hen te laten lezen.'

Ik gaf haar de brief, en liep naar mijnheer ... die schudde van de lach om wat mijn huishoudster hem vertelde. Na het gesprek dat ik had gevoerd, was ik wat meer bij zinnen gekomen. De zelfverzekerdheid waarmee zij er bij mij op had aangedrongen dat ik haar de brief van het monster gaf beviel mij. Ik was nieuwsgierig naar de brief, maar zag er toch tegenop hem te lezen. Hij kon mij alleen ergeren en ik was bang voor de gevolgen van mijn gerechtvaardigde boosheid.

Mevrouw ... voegde zich bij ons. Nadat wij ons opnieuw hadden losgemaakt van de anderen, overhandigde zij mij de brief en zei mij dat ik hem alleen moest lezen en in een rustige gemoedstoestand. Zij vroeg mij of ik op mijn woord van eer wilde beloven niets in deze zaak te ondernemen zonder haar vooraf te raadplegen. Ik zou haar door middel van de vrouw van de conciërge van al mijn ideeën op de hoogte kunnen stellen. Zij zei mij dat wij niet hoefden te vrezen dat mevrouw F. bekend zou maken wat was gebeurd, aangezien zij als eerste haar naam te grabbel gooide. Zij deelde mij mee dat wij er het beste toe konden besluiten het gebeurde te negeren. Zij maakte mij nog nieuwsgieriger naar de inhoud van de brief door mij te zeggen dat het gemene mens mij een waarschuwing gaf waar ik beslist acht op moest slaan.

Wat mijn hart verscheurde tijdens het heel verstandige betoog van mijn engel, waren haar tranen, die rijkelijk uit haar mooie ogen vloeiden zonder dat haar gezicht vertrok. Zij trachtte mijn overduidelijke verdriet te temperen door te glimlachen door haar tranen heen, maar ik zag te duidelijk wat in haar nobele en hoogstaande ziel omging om niet de beklagenswaardige toestand van haar gemoed te begrijpen die het gevolg was van het feit dat zij de zekerheid bezat dat de verachtelijke mevrouw F. wist dat er tussen ons een verboden verstandhouding bestond. Dit was de omstandigheid waardoor mijn wanhoop geen grenzen kende.

Zij vertrok om zeven uur met haar echtgenoot, die ik in zulke oprechte bewoordingen bedankte dat hij er niet aan kon twijfelen dat ze door gevoelens van de zuiverste vriendschap werden ingegeven, en het was een feit dat ik hem niet bedroog. Welke natuurlijke drang zou een man die verliefd is op een vrouw, ervan kunnen weerhouden uiterst oprechte en warme vriendschap te voelen voor haar echtgenoot, als zij er een heeft? Een aantal wetten heeft als enig doel vooroordelen te vergroten. Ik omhelsde hem. Toen ik mevrouw de hand wilde kussen, verzocht hij mij grootmoedig haar dezelfde eer te bewijzen. Ik ging naar mijn kamer, ernaar uitziend de brief van de harpij te lezen, die mij tot de ongelukkigste man op aarde had gemaakt. Hier volgt een getrouw afschrift, waarin ik alleen enkele zinsneden heb verbeterd:

'Mijnheer, ik ben redelijk voldaan uit uw huis weggegaan, niet omdat ik twee uur met u had doorgebracht, want u bent niet anders dan andere mannen, waarbij komt dat ik alleen aan mijn gril heb toegegeven om mij te amuseren. Wat mij tot tevredenheid stemde, was dat ik mij had gewroken voor de blijken van onverschilligheid die u mij in het publiek hebt betoond – uw denigrerend gedrag onder vier ogen heb ik u namelijk vergeven. Door uw bedoelingen te ontmaskeren heb ik mij gewroken voor uw geïntrigeer en voor de schijnheiligheid van mevrouw ..., die mij in de toekomst niet meer met de uitdrukking van meerderwaardigheid zal kunnen aankijken, die zij op grond van haar vermeende deugdzaamheid aannam. Mijn wraak bestaat uit het feit dat zij de hele nacht op u moet hebben gewacht, en dat vanmorgen een komiek tweegesprek tussen u beiden haar ongetwijfeld duidelijk heeft gemaakt dat ik mij iets heb toegeëigend wat voor haar was bestemd. Mijn wraak houdt verder in dat u niet meer kunt denken dat zij een wonder van de natuur is, want als u mij voor haar hebt aangezien, kan ik dus in geen enkel opzicht anders zijn dan zij, wat er logischerwijs toe dient te leiden dat u geneest van de dwaze hartstocht die u ertoe dreef haar boven alle vrouwen ter aanbidding te verkiezen. Als ik u uit de droom heb geholpen, staat u bij mij in het krijt voor een bewezen goede dienst. Ik ontsla u echter van de verplichting tot dankbaarheid en sta u zelfs toe mij te haten, mits deze haat mij met rust laat. Mocht namelijk in de toekomst uw optreden mij beledigend toeschijnen, dan ben ik in staat het gebeurde bekend te maken, aangezien ik zelf niets te vrezen heb, want ik ben weduwe, leid mijn eigen leven, en kan mij veroorloven mij niets aan te trekken van wat men over mij zal zeggen. Ik heb niemand nodig. Voor mevrouw ... daarentegen is het zeer noodzakelijk een bepaalde schijn op te houden. Maar nu een waarschuwing, die ik u geef. U kunt eruit opmaken dat ik goed van inborst ben.

Ik wil dat u weet, mijnheer, dat ik sinds tien jaar een kwaaltje heb, waarvan ik nooit heb kunnen genezen. U hebt vannacht genoeg gedaan om deze ziekte te hebben opgelopen; ik raad u aan er direct iets tegen te ondernemen. Ik deel u dit mede opdat u zich ervoor hoedt de ziekte over te dragen op uw schoonheid, die in haar onwetendheid haar echtgenoot en anderen zou kunnen aansteken, wat haar ongelukkig zou maken. Dit zou ik onaangenaam vinden, want zij heeft mij nooit kwaad gedaan of onrechtvaardig behandeld. Aangezien het mij onmogelijk leek dat u beiden de brave man niet zouden bedriegen, ben ik uitsluitend in uw huis komen wonen, om mij door middel van de feiten ervan te vergewissen dat mijn oordeel niet ongegrond was. Ik heb mijn plan uitgevoerd zonder dat ik hulp van iemand nodig had. Nadat ik twee nachten vergeefs op de u welbekende sofa had doorgebracht, besloot ik ook de derde nacht daar door te brengen en zette zo de kroon op mijn werk. Niemand in het huis heeft mij gezien, en ook mijn dienstmeisje weet niet wat het doel van mijn nachtelijke tochten was. Het is dus aan u of u deze geschiedenis met stilzwijgen wilt bedekken. Ik raad het u aan. P.S. Als u een arts nodig hebt, dringt u er dan bij hem op aan voor zich te houden wat u hem vertelt. Men weet namelijk in Solothurn dat ik dit kwaaltje heb, en men zou kunnen zeggen dat u het van mij hebt gekregen. Dit zou mij schaden.'

Ik vond de onbeschaamdheid van deze brief zo monsterlijk dat ik bijna zin had erom te lachen. Ik was mij er terdege van bewust dat mevrouw F. mij wel moest haten na de wijze waarop ik mij jegens haar had gedragen, maar ik had nooit gedacht dat zij in staat was zo ver te gaan in haar wraakneming. Zij had mij haar ziekte gegeven. Ik kon de verschijnselen ervan nog niet zien, maar ik twijfelde niet aan haar woorden. Ik leed al door de gedachte dat ik er een kuur tegen zou moeten volgen. Ik zou mijn liefdesavontuur moeten opgeven. Teneinde geroddel van boze tongen te vermijden, zou ik zelfs verplicht zijn weg te gaan om te genezen. Na twee uur vol sombere overpeinzingen leek het mij wijs niets te zeggen, maar ik was vastbesloten mij te wreken zodra zich daartoe de gelegenheid zou voordoen.

Omdat ik tijdens de middagmaaltijd niet had gegeten, had ik er erg behoefte aan goed te souperen en diep te slapen. Ik ging aan tafel met mijn huishoudster, die ik door mijn neerslachtige gemoedstoestand gedurende het hele souper niet eenmaal aankeek.

VERVOLG VAN HET VORIGE HOOFDSTUK.
MIJN VERTREK UIT SOLOTHURN.

Zodra de bedienden waren weggegaan en wij alleen tegenover elkaar zaten, belastte de jonge weduwe, die van mij begon te houden omdat ik haar gelukkig maakte, zich met de taak mij tot spreken te brengen.

'Uw neerslachtigheid past niet bij uw karakter en beangstigt mij,' zei zij. 'Het lucht u misschien op als u mij in vertrouwen neemt over uw problemen. Ik ben daar alleen nieuwsgierig naar omdat ik belang in u stel. Misschien ben ik in staat u te helpen. U kunt rekenen op mijn stilzwijgen. Om u aan te moedigen vrijuit te spreken, en vertrouwen in mij te hebben, kan ik u alles vertellen wat ik van u te weten ben gekomen zonder dat ik enige inlichtingen heb ingewonnen en zonder dat ik uit onbescheiden nieuwsgierigheid op enigerlei wijze iets heb ondernomen om achter zaken te komen die mij niet aangaan.'

'Uitstekend, mijn beste mevrouw Dubois. Uw eerlijkheid bevalt mij. Ik merk dat u vriendschap voor mij voelt, en ik ben u daar dankbaar voor. Begint u dus met mij alles te vertellen wat u weet over de zaken die mij op dit ogenblik ter harte gaan. Houdt u niets achter.'

'Met alle genoegen. U en mevrouw ... zijn verliefd op elkaar. Mevrouw F. die door u zeer onvriendelijk is behandeld, heeft tijdens haar verblijf hier u een onaangenaam probleem bezorgd, waardoor u, heb ik de indruk, bijna onenigheid hebt gekregen met mevrouw ... Vervolgens is zij hier weggegaan op een wijze waarop men een achtenswaardig huis niet behoort te verlaten. U bent hierdoor overstuur. U bent bang voor eventuele gevolgen. U bent zich er pijnlijk van bewust dat u een beslissing moet nemen; uw hart vecht tegen uw verstand, liefde en eergevoel zijn in een worsteling verwikkeld. Ik weet niets zeker en gis maar. Wat ik wel zeker weet, is dat u gisteren een gelukkige indruk maakte, en dat u vandaag beklagenswaardig lijkt, en ik trek mij dit aan, omdat ik erg veel sympathie voor u ben gaan voelen. Ik heb vandaag mijn uiterste best gedaan mijnheer ... met mijn gezelschap te onderhouden, en mij erop toegelegd hem te amuseren, zodat hij u de gelegenheid zou geven vrijuit met zijn vrouw te spreken, die naar het mij toeschijnt het alleszins waardig is uw hart te bezitten.'

'Alles wat u mij nu zegt, is waar. Ik stel uw vriendschap op prijs en ik heb een hoge dunk van uw intelligentie. Mevrouw F. is een monster. Zij heeft mij ongelukkig gemaakt door zich te wreken voor het feit dat ik niets van haar wilde weten, en ik kan mij niet op haar wreken. Eerbesef verbiedt mij u hier meer over mee te delen. Bovendien is het niet mogelijk dat u of iemand anders mij een advies zou kunnen geven dat bij machte is mij te verlossen van het verdriet dat mij pijnigt. Misschien wordt het wel mijn dood, lieve vriendin. Intussen verzoek ik u vriendschap voor mij te blijven voelen, en altijd met dezelfde oprechtheid tegen mij te spreken. Ik zal u steeds met de grootst mogelijke aandacht aanhoren. Dit is de manier waarop u mij kunt helpen, en ik zal u daar dankbaar voor zijn.'

Ik bracht een gruwelijke nacht door, iets wat altijd zeer uitzonderlijk is voor iemand met mijn temperament. Puur gerechtvaardigde woede, moeder van de zucht naar wraak, heeft altijd de kracht gehad mij uit de slaap te houden, en ook vaak het nieuws van een groot geluk dat ik niet had verwacht. Intense voldoening berooft mij van het genot van de slaap, en neemt tevens mijn eetlust weg. Voor de rest heb ik tijdens de ogenblikken van de diepste neerslachtigheid altijd goed gegeten en nog beter geslapen. Als gevolg daarvan heb ik mij altijd kunnen redden uit moeilijke situaties waar ik anders het slachtoffer van zou zijn geworden. Ik schelde heel vroeg om Leduc. Het jonge meisje kwam mij zeggen dat Leduc ziek was en mevrouw Dubois mij mijn chocolade zou komen brengen.

Zij kwam en zei mij dat ik eruitzag of ik de dood onder de leden had, en ik er goed aan had gedaan mijn baden op te schorten. Vrijwel meteen nadat ik mijn chocolade had gedronken, braakte ik deze voor de eerste maal in mijn leven uit. Mijn huishoudster had hem klaargemaakt. Anders zou ik hebben gedacht dat mevrouw F. mij had laten vergiftigen. Een minuut later braakte ik alles uit wat ik tijdens de avondmaaltijd had gegeten, en gaf met veel moeite bittere stukken groen, taai slijm op, die mij de zekerheid verschaften dat het vergif dat ik had uitgebraakt, mij was toegediend door verterende woede – een emotie, die als zij sterk is, de dood veroorzaakt van de persoon die haar de wraakneming onthoudt die zij van hem eist. Van mij verlangde zij het leven van mevrouw F., en zij zou mij gedood hebben, als de chocolade het vergif niet naar buiten had gedreven. Toen ik uitgeput door de inspanning neerzakte zag ik dat mijn huishoudster huilde.

'Waarom huilt u?'

'Ik weet niet wat u allemaal denkt.'

'Maakt u zich geen zorgen, lieve vriendin. Wat ik denk is dat mijn toestand u ertoe brengt uw vriendschap voor mij te laten voortduren. Laat u mij nu alleen, want ik verwacht nu dat ik zal kunnen slapen.'

Toen ik opstond, voelde ik mij inderdaad een ander mens. Ik zag tot mijn genoegen dat ik zeven uur achtereen had geslapen. Ik schelde. Mijn huishoudster kwam binnen en zei mij dat de dorpschirurgijn met mij wilde spreken. Zij was erg bedrukt binnengekomen, maar ik zag dat zij opeens vrolijk was geworden, en vroeg haar wat de reden daarvan was, waarop zij zei dat zij zag dat ik uit den dode was opgestaan. Ik zei haar dat wij zouden dineren nadat ik had gehoord wat de chirurgijn mij had mee te delen. Hij kwam binnen, keek het hele vertrek rond en fluisterde mij daarna toe dat mijn bediende syfilis had. Ik barstte in hartelijk gelach uit, want ik had iets vreselijks verwacht.

'Mijn beste, behandelt u hem zonder kosten of moeite te sparen; ik zal u ruimschoots alles vergoeden. Stelt u mij de volgende keer alleen op een minder naargeestige wijze op de hoogte van wat u mij in vertrouwen wilt meedelen. Hoe oud bent u?'

'Tachtig binnenkort.'

'Moge God uw gezondheid behoeden!'

Aangezien ik vreesde dat ik in dezelfde toestand verkeerde, beklaagde ik mijn arme Spanjaard die per slot van rekening de vervloekte ziekte voor de eerste maal had, terwijl het voor mij misschien de twintigste keer was. Feit is wel dat ik veertien jaar ouder was dan hij.

Mijn huishoudster die terugkwam om mij te kleden, vroeg mij wat de brave oude man tegen mij had gezegd en mij zo hard had doen lachen.

'Ik wil u dit met genoegen vertellen, maar zegt u mij eerst of u weet wat het woord syfilis inhoudt.'

'Dat weet ik. Een bode van lady Montagu is eraan gestorven.'

'Uitstekend, maar doet u alsof u niet weet wat het is. Leduc heeft deze kwaal.'

'De arme jongen. En daar moet u om lachen?'

'Ik lachte omdat de chirurgijn er zo geheimzinnig over deed.'

Nadat zij mijn haar had gekamd, zei zij mij dat zij mij een belangrijke bekentenis moest doen, waarna ik haar óf moest vergeven óf op staande voet moest ontslaan.

'Nog meer onheil! Wat hebt u in Godsnaam gedaan? Voor de dag ermee.'

'Ik heb iets van u gestolen.'

'Wat dan? Wanneer? Hoe? Kunt u mij het gestolene teruggeven? Ik vond u niet iemand om te stelen. Dieven vergeef ik nooit, net zomin als leugenaars.'

'Niet zo snel! Toch ben ik er zeker van dat u mij zult vergeven, want het is pas een halfuur geleden dat ik iets van u heb gestolen, en ik zal het u meteen teruggeven.'

'Als het maar een halfuur geleden is, hebt u recht op een volle aflaat. Geeft u mij nu terug wat u onrechtmatig in uw bezit hebt.'

'Hier is het.'

'De brief van mevrouw F.? Hebt u hem gelezen?'

'Jazeker. Dat is de diefstal.'

'U hebt dus een geheim van mij gestolen, en dat is een ernstige diefstal, want u kunt mij het niet teruggeven. O, mijn beste mevrouw Dubois! U hebt een ernstige misdaad begaan.'

'Ik ben mij daarvan bewust. Het is een diefstal die niet ongedaan kan worden gemaakt, maar ik kan u verzekeren dat ik dit geheim zal bewaren alsof ik het nooit had vernomen. U moet het mij vergeven, en wel heel snel.'

'En wel heel snel! U bent een merkwaardig wezen. Goed, ik vergeef u dit heel snel, en ik omhels u, maar zorgt u ervoor dat u in de toekomst niet alleen mijn papieren niet leest, maar er ook niet aankomt. Ik heb geheimen bij mij,[1] waarover ik niet vrij kan beschikken. Vergeet u nu dus de afschuwelijke dingen die u hebt gelezen.'

'Luistert u goed naar wat ik u ga zeggen. Staat u mij toe ze niet te vergeten; misschien wordt u daar beter van. Laten we over deze afschuwelijke zaak van gedachten wisselen. Mijn haren gingen overeind staan toen ik alles wist. Dit monster heeft u twee dodelijke slagen toegebracht: de éne heeft uw ziel getroffen, de andere uw lichaam. Verder heeft het gemene mens ge-

1 Ik heb geheimen bij mij: mogelijk doelt Casanova hier op zijn activiteiten als vrijmetselaar of als geheim agent.

zorgd dat zij de macht bezit mevrouw ... te schande te maken. Dit laatste, mijn waarde meester, is in mijn ogen haar grootste wandaad. Ondanks de smadelijke ervaring zal uw liefde namelijk overleven, terwijl de ziekte waarmee de feeks u heeft besmet, zal overgaan, maar de eer van mevrouw ... is voor altijd verloren, als het gemene mens haar dreigement uitvoert. Draagt u mij dus niet op de zaak te vergeten, maar laten wij er juist over praten om te zien wat wij ertegen kunnen doen. Gelooft u mij, ik ben uw vertrouwen waardig, en ik weet zeker dat het niet lang zal duren voordat u waardering voor mij zult krijgen.'

Ik dacht dat ik droomde toen ik een jonge vrouw van haar maatschappelijke klasse nog verstandiger tegen mij hoorde spreken dan Minerva tegen Telemachus.[1] Door deze uiteenzetting alleen al verwierf zij niet slechts de waardering waar zij naar streefde, maar ook mijn achting.

'Ja, lieve vriendin,' zei ik. 'Laten wij nagaan hoe wij mevrouw ... kunnen verlossen van het gevaar waarin zij zich bevindt. Ik ben u er dankbaar voor dat u denkt dat dit niet onmogelijk is. Laten wij hierover nadenken en er dag en nacht over spreken. Blijft u van haar houden, en vergeeft u haar eerste misstap, waakt u over haar eer, en beklaagt u mij om de situatie waarin ik verkeer. Weest u een echte vriend voor mij, laat u de verfoeilijke aanspreektitel "meester" varen en vervangt u deze door "vriend". Ik zal tot mijn dood de uwe zijn, dit zweer ik u. Uw verstandige woorden hebben mijn hart gewonnen. Komt u in mijn armen.'

'Nee, nee, dat is niet nodig; wij zijn jong, en wij zouden te gemakkelijk van het spoor van de genegenheid kunnen afdwa-

1 Telemachus: in de Odyssee geeft Pallas Athene (Minerva in de Romeinse mythologie) herhaaldelijk goede raad aan Telemachus, de zoon van Odysseus.

len. Om gelukkig te worden verlang ik alleen uw vriendschap, maar ik wil deze niet voor niets ontvangen. Ik wil haar verdienen door u overtuigende bewijzen van de mijne te leveren. Ik ga zorgen dat de middagmaaltijd nu wordt opgediend, en ik hoop dat u zich daarna uitstekend voelt.'

Zoveel deugdzaamheid verbaasde mij. Zij kon voorgewend zijn, want om haar te spelen hoefde mevrouw Dubois alleen de regels ervan te kennen. Dit was echter niet datgene waar ik over inzat. Ik voorzag dat ik verliefd op haar zou worden, en gevaar zou lopen het slachtoffer van haar zedelijke opvattingen te worden, waarvan zij op grond van haar zelfrespect nooit af zou mogen wijken, zelfs als zij verliefd op mij zou worden in de volle betekenis van het woord. Ik besloot daarom mijn ontluikende liefde niet te voeden. Als ik deze nooit liet uitgroeien, zou zij van verveling verkwijnen. Verveling is dodelijk voor kinderen. Zo luidde mijn hoopvolle redenering. Ik vergat dat het niet mogelijk is alleen eenvoudige vriendschap te voelen voor een vrouw die men aantrekkelijk vindt, met wie men dagelijks omgaat, en van wie men kan vermoeden dat zij verliefd is. Vriendschap in haar opperste vorm gaat over in liefde. Omdat zij als uitlaat hetzelfde heerlijke middel gebruikt dat de liefde nodig heeft om gelukkig te worden, stelt zij na de tedere daad met blijdschap vast dat zij nog sterker is geworden. Dit overkwam de gevoelige Anacreon[1] met Smerdis, Cleobulus en Bathyllus.[2] Een aanhanger van het platonisch denken[3] die beweert dat het mogelijk is niet meer dan zuivere vriendschap te voelen voor een aantrekkelijke vrouw met wie men dagelijks omgaat, staat buiten de werkelijkheid. Mijn huishoudster was te aantrekke-

1 Anacreon: een Griekse dichter (560-478), die vooral liefde en wijn bezong.
2 Smerdis, Cleobulus, Bathyllus: drie mooie jongens, bezongen door Anacreon.

lijk en te intelligent. Het was onbestaanbaar dat ik niet verliefd op haar zou worden.

Wij begonnen pas te spreken toen wij goed hadden gedineerd. Niets is namelijk onvoorzichtiger en gevaarlijker dan in aanwezigheid van bedienden te spreken, die altijd kwaadwillig of onwetend zijn, zaken verkeerd begrijpen, feiten toevoegen of weglaten, en menen dat zij het voorrecht bezitten straffeloos de geheimen van hun meesters te onthullen, aangezien zij ze kennen zonder dat men hen in vertrouwen heeft genomen.

Mijn huishoudster begon mij te vragen of ik voldoende reden had overtuigd te zijn van de trouw van Leduc.

'Lieve vriendin, hij is bij wijlen een schurk, verder een groot rokkenjager, dapper, en zelfs geneigd te grote risico's te nemen. Hij is dom en slim tegelijk, en een schaamteloze leugenaar die door niemand behalve mij van zijn stuk kan worden gebracht. Bij al zijn fouten heeft deze boef één grote deugd: hij voert blindelings uit wat ik hem opdraag en trotseert alle gevaren waaraan hij zich blootstelt door mij te gehoorzamen. Hij neemt niet alleen stokslagen voor lief, maar trotseert ook het risico van de galg, als hij die alleen van op een afstand ziet. Als ik reis en het blijkt nodig te weten te komen of het riskant voor mij is in mijn rijtuig een rivier over te steken, kleedt hij zich uit zonder dat ik iets zeg, en gaat zwemmend de diepte ervan peilen.'

'Dat is voldoende. Het enige wat u nodig hebt, is deze jongen. Lieve vriend – want zo wilt u dat ik u noem – ik wil u meedelen, dat mevrouw ... niets meer hoeft te vrezen. Doet u wat ik u ga zeggen, en mevrouw F. zal de enige zijn die te schande

3 Een aanhanger van het platonisch denken: er staat 'platonicien', aanhanger van Plato. Casanova doelt niet zozeer op Plato's theorieën zelf, alswel op de Renaissance-interpretatie van Plato's dialogen. Die uitleg bracht een overdreven scheiding aan tussen zinnelijke en zogenaamde 'platonische' liefde.

wordt gemaakt, als zij zich niet gedraagt. Maar zonder Leduc kunnen wij niets ondernemen. Wij moeten wel eerst de hele geschiedenis van zijn syfilis kennen, aangezien een aantal omstandigheden een beletsel zou kunnen vormen voor mijn plan. Gaat u dus meteen naar hem toe om u op de hoogte te stellen. Het is vooral belangrijk dat u te weten komt of hij met de bedienden over zijn kwaal heeft gesproken. Als u alles hebt vernomen, legt u hem dan volstrekte geheimhouding op over uw belangstelling voor zijn ziekte.'

Zonder moeite te doen om haar plan te doorgronden, liep ik onmiddellijk naar boven en zocht Leduc op zijn kamer op. Ik trof hem alleen en in bed aan. Ik ging rustig bij hem zitten, en beloofde dat ik zou zorgen dat hij genas onder voorwaarde dat hij zonder iets aan de feiten te veranderen mij tot in de kleinste bijzonderheden alles vertelde wat betrekking had op de ziekte die hij had opgelopen.

Hij zei mij dat hij op de dag dat hij naar Solothurn was gegaan om mijn brieven op te halen halverwege van zijn paard was gestegen om melk te drinken in een melkerij, waar hij een inschikkelijk boerenmeisje had aangetroffen dat hem in niet meer dan een kwartier had bedeeld met wat hij mij meteen liet zien. Wat hem aan bed kluisterde was een grote zwelling op een teelbal.

'Heb je iemand hierover in vertrouwen genomen?'

'Niemand, want ze zouden zich er vrolijk over hebben gemaakt. Alleen de chirurgijn is op de hoogte van mijn ziekte, maar hij weet niet bij wie ik haar heb opgelopen. Hij heeft mij gezegd dat hij zou zorgen dat de zwelling meteen verdween, en dat ik u morgen aan tafel kan bedienen.'

'Heel goed. Blijf over deze zaak zwijgen.'

Zodra ik mijn Minerva dit alles had meegedeeld, stelde zij mij de volgende vragen:

'Zegt u mij of mevrouw F. met de hand op haar hart kan

zweren dat zij twee uur met u op de sofa heeft doorgebracht.'

'Nee, want zij heeft mij niet gezien en niet met mij gesproken.'

'Uitstekend. Schrijft u haar dan meteen als antwoord op haar minderwaardige brief dat zij heeft gelogen, omdat u uw kamer absoluut niet hebt verlaten, en dat u in uw huis de nodige nasporingen zult verrichten om te ontdekken wie de stakker is die zij zonder hem te kennen heeft besmet. Schrijft u haar, en stuurt u haar de brief direct toe. Over anderhalf uur zendt u haar dan een tweede brief, die ik nu meteen ga opstellen en die u moet overschrijven.'

'Lieve vriendin, ik begrijp uw vernuftige plan. Ik heb echter mevrouw ... op mijn erewoord toegezegd niets in deze zaak te ondernemen zonder dat ik haar daar vooraf van op de hoogte heb gesteld.'

'De situatie vraagt erom dat u uw woord breekt. Liefde weerhoudt u ervan even ver te gaan als ik, maar alles hangt af van de snelheid en de tijd tussen de eerste en de tweede brief. Doet u dit nu, lieve vriend, en u hoort de rest als u de brief leest, die ik ga schrijven. Schrijft u nu meteen de eerste brief.'

Wat mij ertoe bracht te handelen, was een regelrechte betovering, die ik als iets dierbaars koesterde. Hier is een afschrift van de brief die ik schreef in de vaste overtuiging dat het plan van mijn huishoudster niet viel te evenaren.

'De onbeschaamdheid van uw brief is verbazingwekkend, en net zo verbazingwekkend zijn de drie nachten die u hebt gewaakt om u ervan te overtuigen dat uw lage verdenking gegrond was. U dient te weten, hellemonster, dat ik mijn kamer niet heb verlaten, en u dus de twee uur met God mag weten wie hebt doorgebracht. Ik zal dit misschien nog vernemen en u daarvan bericht sturen. Weest u de hemel dankbaar voor het feit dat ik pas na het vertrek van mijnheer en mevrouw ... het zegel van uw brief heb verbroken. Ik kreeg hem in hun bijzijn.

Omdat ik echter verachting voelde voor de hand die hem had geschreven, stak ik hem bij mij, en niemand vroeg ernaar. Als zij hem zouden hebben gelezen, zou ik u, schepsel dat niet verdient geboren te zijn, achterna zijn gesneld om u eigenhandig van het leven te beroven. Ik verkeer in goede gezondheid, maar ben niet van zins u daarvan te overtuigen teneinde u te bewijzen dat ik niet de persoon ben die zich met uw karkas heeft vermaakt.'

Nadat ik de brief aan mevrouw Dubois had laten zien, die hem goedkeurde, zond ik hem naar de ellendelinge door wier toedoen ik mij ellendig voelde.[1] Anderhalf uur later stuurde ik haar de volgende brief, die ik alleen overschreef zonder er een woord aan toe te voegen.

'Een kwartier nadat ik u had geschreven, kwam de chirurgijn mij zeggen dat mijn bediende zijn diensten nodig had vanwege een zwelling waar hij kort geleden last van had gekregen, en vanwege verschijnselen die erop wezen dat hij was aangetast door het ernstige gif van de syfilis. Nadat ik hem had opgedragen hem te behandelen, ging ik alleen bij de zieke op bezoek. Hij bekende mij met enige moeite dat hij dit mooie geschenk van u had gekregen. Hij vertelde mij dat hij, toen hij mij naar bed had gebracht, had gezien hoe u alleen en in het donker het appartement van mevrouw ... binnenging, en dat hij vervolgens nieuwsgierig was geworden naar wat u er ging doen. Als u namelijk de dame zelf had willen bezoeken, die op dat tijdstip al in bed moest liggen, zou u niet de deur hebben genomen die op de tuin uitkwam. Nadat hij een uur had gewacht om te zien of u naar buiten zou komen, besloot hij eveneens naar binnen te gaan toen hij merkte dat u de deur open had gelaten. Hij bezwoer mij dat hij niet naar binnen was gegaan met de bedoeling

---

1 Ellendelinge... ellendig voelde: er staat 'la malheureuse qui m'avait rendu malheureux'.

van uw charmes te genieten – iets wat mij niet moeilijk viel te geloven – maar om te zien of misschien iemand anders dit geluk ten deel was gevallen. Hij verzekerde mij dat hij bijna om hulp riep toen u hem greep en een hand op zijn mond legde, maar dat hij van voornemen veranderde toen hij op de sofa werd getrokken en met kussen werd overladen. Hij zei mij dat hij, omdat hij er zeker van was dat u hem voor een ander aanzag, u twee uren achtereen op zodanige wijze van dienst was geweest, dat hij een heel andere beloning van u had verdiend, dan die waarvan hij de volgende dag de treurige symptomen zag. Omdat hij bang was te worden herkend, ging hij weg bij het eerste signaal van de dageraad, nog steeds zonder iets te zeggen. Het is overigens voorstelbaar dat u hem voor mij hebt aangezien, en ik feliciteer u met het feit dat u in verbeelding een genoegen hebt ondervonden dat u, uw persoon in aanmerking genomen, in werkelijkheid nooit ten deel zou zijn gevallen. Ik wijs u erop dat de arme jongen vastbesloten is u een bezoek te brengen, en ik hem dit niet kan beletten. Behandelt u hem dus vriendelijk, want hij zou de zaak bekend kunnen maken, en u begrijpt wat de gevolgen daarvan zouden zijn. Hij zal u zelf meedelen wat hij van u verlangt, en ik raad u aan zijn eisen in te willigen.'

Ik stuurde haar de brief toe, en ontving een uur later het antwoord op de eerste, die niet lang was geweest, maar tien of twaalf regels. Zij deelde mij mee dat mijn voorstelling van het gebeurde knap was bedacht, maar mij niet zou baten, aangezien zij zeker van haar zaak was. Zij daagde mij uit haar over enkele dagen te bezoeken om haar te bewijzen dat mijn gezondheidstoestand van de hare verschilde.

Mijn huishoudster vertelde mij tijdens ons souper verhalen om mij op te vrolijken, maar ik was te terneergeslagen om erop te reageren. Wij zouden nu de derde stap moeten nemen, die de kroon op ons werk zou zetten, en de schaamteloze mevrouw F. in het nauw zou drijven. Aangezien ik de twee brieven had geschreven volgens mijn huishoudsters wens, besefte ik dat ik tot het einde moest doen wat zij verlangde. Zij was degene die mij zei welke instructies ik Leduc moest geven, wanneer ik hem de volgende dag naar mijn kamer riep. Zij wilde de voldoening hebben achter de gordijnen in de alkoof persoonlijk toe te horen wat ik hem zou opdragen.

Ik liet hem dus komen en vroeg hem of hij in staat was te paard naar Solothurn te rijden om een opdracht uit te voeren die uiterst belangrijk voor mij was.

'Ja, mijnheer, maar de chirurgijn staat erop dat ik morgen baden begin te nemen.'

'Goed, je vertrekt meteen en rijdt naar het huis van mevrouw F. in Solothurn. Als je je laat aandienen, zeg je niet dat je namens mij komt, want zij mag niet weten dat ik je naar haar toe heb gestuurd. Je laat haar weten dat je haar moet spreken. Als zij je niet ontvangt, wacht je haar op straat op, maar ik denk dat zij je zal ontvangen, en zelfs zonder getuigen. Je zegt haar dan dat zij jou syfilis heeft bezorgd zonder dat je daarom had gevraagd, en je eist dat zij je het geld geeft dat je nodig hebt om te genezen. Je zegt tegen haar dat zij je zonder je te kennen twee uur in het donker heeft laten werken. Verder deel je haar mee dat je nooit naar voren zou zijn gekomen met het gebeurde, als zij je niet dit onplezierige geschenk had gegeven, maar dat zij het je niet mag kwalijk nemen dat je je tot haar hebt gewend, nu zij merkt dat je in de toestand verkeert die je haar toont. Als zij weigert, dreig dan dat je haar voor het gerecht zult dagen. Dat is alles. Je komt daarna zonder een minuut te verliezen terug om mij mee te delen wat zij je heeft geantwoord.'

'Maar als zij mij uit het raam laat gooien, kan ik niet zo snel terugkomen.'

'Wees daar niet bang voor. Ik sta ervoor in.'

'Wat een vreemde opdracht.'

'Jij bent de enige persoon ter wereld die in staat is haar uit te voeren.'

'Ik sta geheel tot uw dienst. Ik moet u wel enkele vragen stellen die van belang zijn. Heeft deze dame echt syfilis?'

'Ja.'

'Ik beklaag haar. Maar hoe kan ik tegen haar zeggen dat ik die ziekte van haar heb gekregen, als ik nog nooit met haar heb gesproken?'

'Die ziekte krijg je niet door met elkaar te praten, uil! Je hebt twee uur met haar in het donker doorgebracht en wel zonder te spreken. Zij hoort nu dat zij jou ermee heeft besmet, terwijl zij dacht dat zij haar aan een ander gaf.'

'Nu begin ik de zaak te begrijpen. Maar als wij in het donker waren, hoe kan ik dan weten dat zij het was?'

'Je hebt haar naar binnen zien gaan, maar je kunt er zeker van zijn dat zij je geen vragen zal stellen.'

'Ik ga meteen naar haar toe. Ik ben nog nieuwsgieriger dan u naar wat zij mij zal antwoorden. Maar er is nog iets wat ik moet weten. Het is mogelijk dat zij wil afdingen op het bedrag dat zij mij moet geven voor mijn genezing. Ik verzoek u mij te zeggen of ik in dat geval genoegen kan nemen met honderd écu.'

'Dat is te veel in Zwitserland. Vijftig is genoeg.'

'Dat is nogal weinig voor twee uur werk.'

'Ik zal je nog eens vijftig geven.'

'Dat klinkt beter. Ik vertrek nu; ik denk dat ik alles weet. Ik zal er niet over praten, maar ik wed dat u degene bent aan wie zij dit geschenk heeft gegeven, dat u er zich voor schaamt, en dat u niet wilt uitkomen voor wat is gebeurd.'

'Dat is mogelijk. Houd dit alles voor je, en vertrek.'

'Weet u dat deze schavuit uniek is, mijn beste?' zei de huishoudster tegen mij toen zij uit de alkoof kwam. 'Ik barstte bijna in lachen uit toen hij tegen u zei dat hij niet zo snel zou kunnen terugkomen als zij hem uit het raam zou laten gooien. Ik ben er zeker van dat hij zich wonderwel van zijn opdracht zal kwijten. Als hij in Solothurn aankomt, heeft zij haar antwoord op de tweede brief al verstuurd. Ik ben er heel nieuwsgierig naar.'

'U bent degene die deze schitterende klucht heeft bedacht. Zij is meesterlijk in elkaar gezet. Het is ongelooflijk dat dit het werk is van een jonge vrouw zonder ervaring met intriges.'

'Toch is het mijn eerste, en ik hoop dat zij slaagt.'

'Als zij mij maar niet uitdaagt haar te laten zien dat ik gezond ben.'

'Maar tot nu toe verkeert u in goede gezondheid, geloof ik.'

'Ja, mijn gezondheid is uitstekend.'

'Als niet vaststond dat zij momenteel minstens witte vloed[1] heeft, zou het een goede grap zijn.'

'In dat geval zou ik mij geen zorgen maken over mijn gezondheid, maar wat zou er dan met Leduc gebeuren? Ten behoeve van mijn zielsrust verlang ik ernaar de ontknoping van het stuk te zien.'

'U schrijft een verslag van alles wat is gebeurd en stuurt dit naar mevrouw ...'

'Dat is zeker. U begrijpt dat ik moet zeggen dat ik de bedenker van deze klucht ben, maar ik zal u niet de beloning onthouden waar uw werk recht op heeft.'

'De beloning die ik verlang, is dat u geen geheimen meer voor mij hebt.'

'Dat is merkwaardig. Hoe is het mogelijk dat u zoveel belang stelt in wat ik doe. Ik kan mij niet voorstellen dat u van nature nieuwsgierig bent.'

'Dat zou een lelijk gebrek zijn. U zult alleen mijn nieuwsgierigheid wekken als ik zie dat u terneergeslagen bent. De reden waarom ik op u ben gesteld, is dat u erg aardig voor mij bent.'

'Ik ben hierdoor erg geroerd, lieve vriendin. Ik beloof u dat ik u in de toekomst steeds alles zal meedelen wat uw ongerustheid kan wegnemen.'

1   Witte vloed: er staat 'les fleurs blanches', 'de witte bloemen': leukorrhoea.

'O, wat zal ik dat prettig vinden.'

Een uur na het vertrek van Leduc kwam een man te voet bij mij aan. Hij gaf mij een brief van mevrouw F. en een pakje, en zei dat hij opdracht had gekregen op antwoord te wachten. Ik zei hem buiten te wachten. Omdat mijn huishoudster aanwezig was, vroeg ik haar de brief te lezen en liep naar het raam. Mijn hart bonsde. Zij riep mij toen zij hem had gelezen, en zei dat alles goed ging.

Hier is de brief:

'Eén mogelijkheid is dat alles wat u schrijft, waar is, een andere dat het een bedenksel is van uw geraffineerde brein, waar – helaas voor u – heel Europa maar al te goed van op de hoogte is. Hoe dan ook, ik neem voor waar aan wat ontegenzeggelijk de schijn van de waarheid draagt. Ik vind het uiterst verdrietig dat ik een onschuldig persoon schade heb toegebracht, en betaal er graag de boete voor. Ik verzoek u hem de vijfentwintig louis te overhandigen die ik u stuur. Zou u de grootmoedigheid willen opbrengen al uw gezag als zijn meester aan te wenden om hem de allerstrengste geheimhouding op te leggen? Ik hoop het, want mij kennende hebt u reden beducht te zijn voor mijn wraak. Geeft u zich er rekenschap van dat het mij, als de geschiedenis van deze klucht in de openbaarheid komt, gemakkelijk zal vallen er een uitleg aan te geven die u onaangenaam zal treffen, en de ogen van de fatsoenlijke man zal openen die u bedriegt, want[1] ik zal nooit opgeven. Aangezien het mijn wens is dat wij elkaar nooit meer onder ogen komen, zal ik een voorwendsel bedenken om morgen naar Luzern te gaan voor een bezoek aan mijn familie. Schrijft u mij of u deze brief hebt ontvangen.'

'Ik vind het vervelend dat ik Leduc opdracht heb gegeven naar haar toe te gaan,' zei ik tegen mijn huishoudster. 'Zij is na-

1 Want: sic!

melijk gewelddadig van aard, en er kan een ongeluk gebeuren.'

'Er gebeurt niets. Stuurt u haar meteen haar geld terug. Zij zal het hem persoonlijk geven, en uw wraak zal dan volledig zijn. Zij kan niet meer twijfelen. U zult alles horen als hij over twee of drie uur terug is. Alles is uitstekend verlopen, en de eer van de innemende en hoogstaande vrouw die u lief hebt, loopt geen enkel gevaar meer. De enige onaangename omstandigheid die voor u overblijft, is dat u met grote zekerheid weet dat u de ziekte van de ellendige vrouw in uw bloed hebt. Ik denk echter dat de kwaal weinig te betekenen heeft en makkelijk te genezen is, want hardnekkige witte vloed kan men geen syfilis noemen. Ik heb in Londen gehoord dat het zelfs zelden voorkomt dat men iemand anders ermee besmet. Wij moeten ook erg blij zijn dat zij morgen naar Luzern vertrekt. Alstublieft, lieve vriend, lacht u toch, want ons stuk is nog steeds een blijspel.'

'Het is helaas een tragedie. Ik ken het menselijk hart. Mevrouw ... kan niet meer van mij houden.'

'Het is waar dat er enige verandering... maar dit is niet de tijd om hieraan te denken. Snel, antwoordt u haar nu een paar regels en zendt u haar de vijfentwintig louis terug.'

Hier is mijn korte antwoord:

'Uw lage verdenking, uw gruwelijke wraakplan, en de onbeschaamde brief die u mij hebt geschreven, zijn de oorzaak van de spijt die u nu voelt. Onze boodschappers hebben elkaar gekruist, en dat is niet mijn schuld. Ik stuur u de vijfentwintig louis terug. Ik kon Leduc er niet van weerhouden u een bezoek te gaan brengen, maar u zult hem gemakkelijk tot bedaren kunnen brengen. Ik wens u een goede reis en beloof u alle situaties te vermijden waarin ik u zou kunnen zien. Ik kan u meedelen, boosaardig wezen, dat de wereld niet geheel wordt bevolkt door monsters die valstrikken spannen voor de eer van degenen die aan hun goede naam hechten. Als u in Luzern de pauselijke nuntius ontmoet, noemt u mijn naam dan, en u zult horen welke reputatie mijn brein in Europa geniet. Ik kan u verzekeren dat mijn bediende niemand de geschiedenis van zijn huidige kwaal heeft verteld, en dit ook in de toekomst niet zal doen, als u hem goed hebt ontvangen. Vaarwel, mevrouw.'

Ik liet mijn brief aan mevrouw Dubois lezen, die hem goedkeurde, en ik verstuurde hem daarna met het geld.

'Het stuk is nog niet ten einde. Er komen nog drie scènes: de terugkeer van de Spanjaard, het verschijnen van de symptomen van uw ziekte, en de verbazing van mevrouw ... als zij heel deze geschiedenis hoort.'

Twee, drie, vier uren verstreken en ten slotte de hele dag zonder dat Leduc verscheen. Ik werd nu echt bezorgd hoewel mevrouw Dubois geen ogenblik twijfelde en bleef zeggen dat hij alleen maar zo laat kon zijn omdat hij mevrouw F. niet thuis had getroffen. Er zijn mensen die niet in staat zijn onheil te voorzien. Ik was zo iemand tot mijn dertigste toen ik in de Piombi werd opgesloten. Nu mijn hersenen beginnen te verweken, zie ik uitsluitend ellende in het verschiet. Ik zie deze bij de bruiloften waarop ik word uitgenodigd, en in Praag zei ik bij de kroning[1] van Leopold II *nolo coronari* ('Ik wil niet worden gekroond'). Vervloekte ouderdom! Hij hoort thuis in de hel, zoals anderen al eerder hebben geoordeeld: *tristisque senectus*[2] (ellendige ouderdom).

Om halftien zag mijn huishoudster in het maanlicht Leduc stapvoets aankomen. Ik had geen licht op, zij trok zich in de alkoof terug. Hij kwam binnen met de mededeling dat hij verging van de honger.

'Ik heb tot halfzeven op haar gewacht,' vertelde hij. 'Toen zij mij aan de voet van de trap zag, zei zij dat zij mij niets had mee

1 Kroning: Leopold II werd op 6 september 1791 in Praag tot keizer gekroond.
2 Tristisque senectus: Vergilius, *Georgica* III,67.

te delen. Ik antwoordde haar dat *ik* haar iets had mee te delen. Zij bleef staan om een brief te lezen in uw handschrift – ik herkende dit – en stak een pakje in haar zak. Ik volgde haar naar haar kamer. Toen ik zag dat daar niemand aanwezig was, zei ik haar dat zij mij syfilis had bezorgd, en ik haar verzocht de dokter voor mij te betalen. Ik stond klaar om haar het bewijs te leveren, maar zij wendde haar hoofd af en vroeg of ik lang op haar had gewacht. Toen ik antwoordde dat ik mij vanaf elf uur op haar binnenplaats had bevonden, liep zij weg. Nadat zij van de bediende die zij naar het schijnt hierheen had gestuurd, had vernomen op welke tijd hij was teruggekomen, kwam zij de kamer weer binnen, sloot de deur en gaf mij dit pakje met de mededeling dat ik er vijfentwintig louis in zou aantreffen om mij te laten behandelen als ik ziek was. Zij voegde eraan toe dat ik, als mijn leven mij lief was, met geen mens over deze zaak diende te spreken. Ik ben weggegaan, en zo sta ik dus hier. Is het pakje van mij?'

'Ja, ga slapen.'

De huishoudster kwam daarop zegevierend tevoorschijn, en wij omhelsden elkaar. De volgende dag zag ik het eerste symptoom van mijn treurige ziekte, maar drie of vier dagen later merkte ik dat deze niet veel te betekenen had. Een week later, nadat ik alleen *eau de nitre*[1] als remedie had gebruikt, was ik van de kwaal verlost, anders dan Leduc, die in een zeer slechte toestand verkeerde.

Ik bracht de hele volgende morgen door met het schrijven van een brief aan mevrouw ... waarin ik haar tot in alle bijzonderheden verslag uitbracht van wat ik in weerwil van mijn belofte aan haar had gedaan. Ik zond haar een afschrift van alle brieven, en vermeldde haar alle gegevens die haar zouden aan-

---

1 *Eau de nitre:* vermoedelijk een oplossing van zilvernitraat (letterlijk 'salpeterwater').

tonen dat mevrouw F. naar Luzern was vertrokken in de overtuiging dat haar wraak alleen denkbeeldig was geweest. Ik eindigde mijn brief van twaalf pagina's met de bekentenis dat ik net had vastgesteld dat ik ziek was, maar verzekerde haar dat ik over twee of drie weken geheel zou zijn genezen.

Ik gaf mijn brief in het diepste geheim aan de vrouw van de conciërge, en ontving twee dagen later acht of tien regels van haar hand, waarin zij mij meedeelde dat ik haar die week zou ontmoeten in gezelschap van haar echtgenoot en mijnheer de Chavigny.

Ik leed. Ik moest iedere gedachte aan liefde opgeven, maar mevrouw Dubois, mijn enige gezelschap, die vanwege Leducs ziekte elk uur van de dag met mij doorbracht, begon mijn geest te veel bezig te houden. Hoe meer ik mij ertoe dwong niets bij haar te ondernemen, hoe meer ik verliefd op haar werd. Ik vleide mij tevergeefs met de hoop dat ik, als ik haar steeds maar zag zonder dat er iets voorviel, ten slotte mijn belangstelling voor haar zou verliezen. Ik had haar een ring geschonken en gezegd dat ik er honderd louis voor zou geven als zij hem ooit mocht willen verkopen, waarop zij mij verzekerde dat zij er pas over zou denken hem te verkopen wanneer zij in geldnood zou komen te verkeren nadat zij door mij ontslagen zou zijn. Het idee haar te ontslaan leek mij onzinnig. Zij was ongekunsteld, oprecht, amusant, en beschikte over een natuurlijke intelligentie, die haar in staat stelde uiterst scherpzinnig te redeneren. Zij was nooit verliefd geweest, en was alleen met een bejaarde man getrouwd om lady Montagu een genoegen te doen.

De enige persoon aan wie zij schreef, was haar moeder, en ik las haar brieven om haar een plezier te doen. Nadat ik haar op een dag had gevraagd of ik de antwoorden mocht lezen, schoot ik in de lach toen zij mij zei dat zij haar niet antwoordde omdat zij niet kon schrijven.

'Toen ik terugkwam uit Engeland, dacht ik dat zij dood

was,' zei zij, 'en ik was heel blij toen ik bij mijn aankomst in Lausanne haar in uitstekende gezondheid aantrof.'

'Wie vergezelde u op die reis?'

'Niemand.'

'Ongelooflijk! Een jong meisje, met uw uiterlijk, goed gekleed, dat door het toeval belandt in het gezelschap van zoveel verschillende personen, jonge mannen, rokkenjagers (want die vindt men overal) – hoe bent u in staat geweest u te verdedigen?'

'Mij verdedigen? Dat is nooit nodig geweest. Het grote geheim is nooit iemand aan te kijken, te doen alsof je niet begrijpt wat men zegt, geen antwoord te geven, een kamer alleen te nemen, of deze te delen met de vrouw van de herbergier als het een keurige gelegenheid is.'

Zij had in haar hele leven geen enkel avontuur meegemaakt; zij was nooit van haar plichten afgeweken. Zij was nooit zo onfortuinlijk geweest, – dit waren haar woorden – verliefd te worden. Zij vermaakte mij van de morgen tot de avond zonder een spoor van preutsheid, en vaak tutoyeerden wij elkaar. Zij sprak met geestdrift over de bekoorlijkheden van mevrouw ..., en luisterde uiterst belangstellend wanneer ik haar over mijn diverse liefdesavonturen vertelde. Als ik bij bepaalde situaties kwam, en zij merkte dat ik te pikante omstandigheden voor haar verborg, drong zij er met zoveel charme bij mij op aan haar alles zonder terughouding te vertellen dat ik mij gedwongen zag aan haar verlangen te voldoen. Als dan de al te realistische schildering haar te veel werd, begon zij te schateren, stond op, legde een hand op mijn mond om mij te beletten verder te gaan, en snelde naar haar kamer, waar zij zich opsloot, zei zij, om mij te beletten haar datgene te komen vragen wat zij op die ogenblikken mij maar al te graag wilde toestaan. Zij vertelde mij dit alles pas in Bern. Onze grote vriendschap was uitgerekend in haar gevaarlijkste fase gekomen toen mevrouw F. mij besmette.

Een dag voordat mijnheer de Chavigny onverwacht met mevrouw ... en haar echtgenoot bij mij langskwam om te dineren, vroeg mijn huishoudster mij na het souper of ik in Holland op iemand verliefd was geweest. Ik vertelde haar toen wat er tussen mij en Esther was voorgevallen. Toen ik echter bij de scène kwam waarin ik haar *nymphae*[1] onderzocht om het moedervlekje te vinden dat zij alleen kende, holde mijn bekoorlijke huishoudster schaterend op mij toe om mij de mond te snoeren, en viel in mijn armen. Daarop kon ik mij er niet van weerhouden te onderzoeken of zij op haar u-weet-wel[2] eveneens een moedervlekje had, en zij was nauwelijks in staat enige weerstand te bieden doordat zij schudde van het lachen. Omdat ik vanwege mijn toestand niet tot de grote afsluiting kon overgaan, verzocht ik haar mij te helpen tot een climax te komen, die noodzaak voor mij was geworden, en bewees haar tegelijkertijd dezelfde genotvolle dienst. Dit duurde nauwelijks een minuut, en onze nieuwsgierige ogen verlustigden zich op vreedzame wijze in het gebeuren.

Na deze scène zei zij mij glimlachend, maar op heel ernstige toon:

'Lieve vriend, wij houden van elkaar, en als wij niet oppassen zullen wij ons niet lang tot kinderspel beperken.'

Terwijl zij dit zei, stond zij op, zuchtte, wenste mij goede nacht en ging daarna slapen met het jonge meisje. Dit was de eerste keer dat wij ons lieten meeslepen door de kracht van onze zinnen. Ik ging naar bed met de wetenschap dat ik verliefd was. Ik voorzag geheel wat mij zou overkomen met deze jonge vrouw, die al vaste greep op mijn hart had gekregen.

Wij waren de volgende morgen aangenaam verrast toen wij mijnheer de Chavigny met mevrouw en mijnheer ... zagen ver-

1 Nymphae: kleine schaamlippen (labia minora).
2 U-weet-wel: er staat 'son cela': 'haar dat'.

schijnen. Wij maakten een wandeling tot het tijd was om te dineren, en gingen daarna aan tafel met mijn lieve mevrouw Dubois, van wie mijn twee mannelijke tafelgenoten mij verrukt leken. Tijdens de wandeling na het diner, weken zij niet van haar zijde, terwijl ik op mijn beurt alle tijd kreeg die ik nodig had om mevrouw ... mondeling de hele geschiedenis te herhalen die ik haar had geschreven. Ik vertelde haar echter niet dat mevrouw Dubois de eer van alles toekwam, aangezien zij diep gekwetst zou zijn als zij wist dat zij van haar zwakheid op de hoogte was.

Mevrouw ... zei mij dat zij met buitengewoon veel genoegen mijn hele relaas had gelezen uitsluitend vanwege het feit dat mevrouw F. nu niet meer kon denken dat zij twee uur met mij had doorgebracht.

'Maar hoe is het mogelijk,' vroeg zij, 'dat u twee uur met deze vrouw hebt kunnen doorbrengen zonder te merken – ook al was het donker – dat ik het niet was? Ik vind het vernederend dat het verschil dat tussen haar en mij bestaat, geen uitwerking op u had. Zij is kleiner dan ik, veel magerder, zij is tien jaar ouder, en wat mijn verwondering wekt is dat u niet gemerkt hebt dat zij uit haar mond ruikt. U kon alleen uw ogen niet gebruiken, en toch is dit alles u ontgaan. Het is niet te geloven.'

'Ik verkeerde in een roes van liefde, en ik had alleen u voor mijn geestesoog.'

'Ik ben mij bewust van de macht van de verbeelding, maar deze zou toch haar werking verloren moeten hebben door de afwezigheid van een bepaald iets wat u van tevoren wist bij mij te zullen aantreffen.'

'U hebt gelijk: uw mooie boezem. Als ik er nu aan denk dat ik alleen twee slappe blazen in mijn handen heb gehouden, heb ik zin mij van kant te maken.'

'U hebt het gemerkt, en er rees geen walging bij u?'

'Hoe kon ik in de zekerheid dat ik in uw armen lag, iets afstotend aan u vinden? Zelfs de ruwheid van de huid, en het al te geriefelijke binnenvertrek waren niet bij machte twijfels bij mij op te roepen en mijn begeerte te remmen.'

'Wat zegt u nu! Het verfoeilijke mens. Smerig, stinkend riool! Ik kan het nog steeds niet begrijpen. En u hebt mij dit alles kunnen vergeven?'

'Omdat ik dacht dat ik u bij mij had, kon ik door alles alleen maar in vervoering raken.'

'O, nee. Als u had gemerkt dat ik zo was, had u mij op de grond moeten gooien, zelfs klappen moeten geven.'

'Ach, mijn engel. Wat bent u nu onrechtvaardig.'

'Misschien ben ik dat inderdaad, lieve vriend. Ik ben zo boos op dit monster dat ik niet weet wat ik zeg. Maar nu zij zich aan een bediende heeft gegeven, en na het pijnlijke bezoek dat zij heeft moeten doorstaan, sterft zij vast van schaamte en boosheid. Wat mij verbaast, is dat zij het heeft geloofd, want hij is vier duim[1] kleiner dan u, bovendien: kan zij echt geloven dat een knecht het doet, zoals u moet hebben gedaan? Ik ben er zeker van dat zij op dit ogenblik verliefd op hem is. Vijfentwintig louis! Het is duidelijk. Hij zou met tien tevreden zijn geweest. Wat een geluk dat de jongen op zo'n toepasselijk ogenblik ziek bleek te zijn. Maar u hebt hem alles moeten vertellen?'

'Hoe bedoelt u: alles? Ik heb hem in de veronderstelling gelaten dat zij met mij had afgesproken in de voorkamer, en ik echt twee uur met haar heb doorgebracht. Uitgaande van wat ik hem opdroeg te doen, meende hij dat ik, omdat ik een afkeer van haar had gekregen doordat ik meteen ziek bleek te zijn, en in de positie verkeerde het gebeurde te loochenen, het plan had opgevat om haar te straffen, mijzelf te wreken, en te bewerkstelligen dat zij zich er nooit op zou kunnen beroemen dat zij mij had gehad.'

'Het is een verrukkelijke komedie. De brutaliteit van deze

1 Vier duim: 10,8 cm.

jongen is verbazingwekkend, en zijn durf nog meer, want mevrouw F. had kunnen liegen over haar ziekte, dus u begrijpt wat een risico hij heeft genomen.'

'Ik heb hieraan gedacht, en ik maakte mij er zorgen over, want ik was volkomen gezond.'

'Maar nu bent u onder behandeling, en ik ben de oorzaak daarvan. Dat vind ik heel erg.'

'Mijn ziekte stelt erg weinig voor, engel. Het is een afscheiding als bij witte vloed. Ik drink alleen *eau de nitre*. Over acht of tien dagen ben ik beter, en ik hoop...'

'Ach, lieve vriend.'

'Wat is er?'

'Ik smeek u dit te vergeten.'

'Een dergelijke tegenzin kan heel natuurlijk zijn, als de liefde niet diep wortelt. Ik ben te beklagen.'

'Nee – ik houd van u, en u zou onrechtvaardig zijn als u ophield van mij te houden. Laten wij tedere vriendschap voor elkaar voelen, en laten wij het uit ons hoofd zetten elkaar daar blijken van te geven die noodlottig voor ons zouden kunnen zijn.'

'Die vervloekte, gemene F.'

'Zij is vertrokken, en wij gaan ook weg, naar Bazel, waar wij tot eind november blijven.'

'De kaarten zijn geschud, en ik besef dat ik mij naar uw besluit moet voegen, of beter: mij moet schikken in mijn lotsbestemming. Alles wat mij namelijk is overkomen sinds ik in Zwitserland ben, is rampzalig geweest. Wat mij troost, is dat ik erin ben geslaagd uw eer te redden.'

'U hebt de achting van mijn echtgenoot verworven, wij zullen altijd ware vrienden zijn.'

'Nu u moet vertrekken, besef ik dat ik er goed aan doe vóór u te vertrekken. Dat zal de afschuwelijke F. nog overtuigender bewijzen dat onze vriendschap niet ongeoorloofd was.'

'U bent een engel dat u zo denkt. U geeft mij steeds dui-
delijker bewijzen van uw liefde. Waar gaat u naartoe?'

'Naar Italië, maar ik stop eerst in Bern en daarna in Genève.'

'Dus u komt niet naar Bazel. Dat doet mij genoegen, want
de mensen zouden erover praten. Als het mogelijk is, trekt u
dan wel een vrolijk gezicht gedurende de paar dagen die u hier
nog zult doorbrengen, want neerslachtigheid staat u niet.'

Wij voegden ons bij de ambassadeur en mijnheer ... die niet
de tijd hadden gehad aan ons te denken door de conversatie
met mevrouw Dubois. Ik verweet haar dat zij mij zo schaars be-
deelde met haar spitsheid van geest als zij bij mij was, waarop
mijnheer de Chavigny zei dat hij dacht dat wij op elkaar verliefd waren. Hierna richtte zij al haar aandacht op hem, en vervolgde ik mijn wandeling met mevrouw ...

'Deze vrouw is zeer bijzonder,' zei zij. 'Zegt u mij de waarheid, dan geef ik u voor mijn vertrek een blijk van mijn erken-
telijkheid, waarmee u ingenomen zult zijn.'

'Wat wilt u weten?'

'U houdt van haar, en zij houdt van u.'

'Ik geloof het, maar tot nu toe...'

'Meer wil ik niet weten, want als daar nog niets uit is voort
gevloeid, zal dat gebeuren, en dat komt op hetzelfde neer. Als u
mij had gezegd dat u niet verliefd op haar was, zou ik dit niet
hebben geloofd, want het is niet mogelijk dat een man van uw
leeftijd met een dergelijke vrouw samenwoont zonder verliefd
op haar te worden. Zij ziet er heel leuk uit, is erg intelligent,
vrolijk, welbespraakt – zij bezit alles om een man te boeien, en
ik ben er zeker van dat het u moeilijk zal vallen van haar te
scheiden. Lebel heeft haar een slechte dienst bewezen, want zij
genoot een zeer goede reputatie, maar zij zal nu geen betrekking
meer vinden bij fatsoenlijke mensen.'

'Ik neem haar met mij mee naar Bern.'

'Daar doet u goed aan.'

Op het ogenblik dat zij vertrokken deelde ik hun mee dat ik had besloten over enkele dagen naar Bern te gaan en dat ik daarom in Solothurn bij hen langs zou komen om afscheid te nemen. In het besef dat ik alle gedachten aan mevrouw ... moest laten varen, ging ik naar bed zonder te souperen en mijn huishoudster meende dat zij mijn verdriet moest eerbiedigen.

Twee of drie dagen later ontving ik een briefje van mevrouw ... waarin zij mij opdroeg de volgende dag om tien uur bij haar langs te komen en dan te vragen of ik kon blijven dineren. Ik voerde haar opdracht nauwkeurig uit. Mijnheer ... zei dat hij het erg genoeglijk zou vinden, maar dat hij een tocht naar het platteland moest maken, waarvan hij zeker niet voor een uur terug zou zijn. Hij voegde eraan toe dat het mij vrijstond zijn vrouw gezelschap te houden tot zijn terugkomst. Aangezien zij met een meisje zat te borduren, nam ik het aanbod aan onder voorwaarde dat zij voor mij haar bezigheid niet zou onderbreken.

Tegen twaalf uur ging het meisje echter weg. Toen wij alleen waren, gingen wij van de frisse lucht genieten op een terras van het huis. Er was daar een overdekte ruimte, vanwaar wij, zittend in het achterste gedeelte, alle rijtuigen konden zien die de straat binnenreden.

'Waarom hebt u mij dit geluk niet verschaft toen ik volkomen gezond was?' vroeg ik haar meteen.

'Omdat mijn echtgenoot toen dacht dat u alleen vanwege mij de rol van kelner had gespeeld, en hij meende dat ik een hekel aan u moest hebben. Uw gedrag heeft hem echter geheel en al gerustgesteld, en vooral uw huishoudster, op wie u volgens hem verliefd bent. Hij vindt haar zo aardig dat ik denk dat hij in ieder geval voor enkele dagen graag met u zou willen ruilen. Zou u iets voor die ruil voelen?'

Aangezien ik nog maar een uur voor mij had, dat ongetwijfeld het laatste was waarin ik haar zou kunnen overtuigen van de duurzaamheid van mijn liefde, wierp ik mij voor haar voeten. Zij legde mijn begeerte niets in de weg. Tot mijn grote spijt diende ik mijn verlangen in toom te houden, en geen ogenblik de grenzen te overschrijden die ik in acht moest nemen om haar goede gezondheid te eerbiedigen. Bij wat zij mij toestond te doen, was ongetwijfeld haar grootste bevrediging dat zij mij kon bewijzen hoe verkeerd het van mij was geweest dat ik mij gelukkig had gevoeld in de armen van mevrouw F.

Wij haastten ons naar de andere kant van de loggia buiten, toen wij het rijtuig van mijneer ... de straat zagen binnenrijden. Op die plaats trof de goede man ons aan. Hij vroeg mij het hem niet kwalijk te nemen dat hij zo lang was weggebleven.

Aan tafel sprak hij bijna voortdurend over mevrouw Dubois, en hij leek mij niet blij toen ik hem vertelde dat ik van plan was haar over te dragen aan de zorgen van haar moeder in Lausanne. Ik nam om vijf uur afscheid van hen om mijnheer de Chavigny een bezoek te brengen, aan wie ik het hele gruwelijke avontuur vertelde dat ik had meegemaakt. Ik zou het een wandaad hebben gevonden als ik de beminnelijke oude man niet volledig op de hoogte zou hebben gesteld van het amusante blijspel, waaraan hij in het begin zoveel had bijgedragen.

Hij was vol bewondering voor de vindingrijkheid van mevrouw Dubois – ik verborg namelijk niets voor hem – en verzekerde mij dat hij zich als oude man gelukkig zou prijzen als hij een dergelijke vrouw bij zich zou kunnen hebben. Hij was zeer ingenomen toen ik hem bekende dat ik verliefd op haar was. Hij zei mij dat ik zonder iedereen langs te gaan afscheid zou kunnen nemen van alle vooraanstaande mensen in Solothurn door op zijn ontvangst te komen, en wees mij erop dat ik zelfs ervan kon afzien te blijven souperen als ik niet te laat thuis wilde komen, en zo handelde ik. Ik zag mijn schoonheid, ervan uitgaand dat dit waarschijnlijk de laatste keer zou zijn, maar ik had het bij het verkeerde eind. Ik zag haar tien jaar later terug, en als wij zover zijn, zal de lezer vernemen waar, hoe en bij welke gelegenheid. Ik vergezelde de ambassadeur naar zijn kamer, betuigde hem de dank die hij verdiende en vroeg hem om een brief voor Bern, waar ik van plan was een tweetal weken door te brengen. Ik verzocht hem tegelijkertijd zijn majordomus naar mij te sturen om onze rekeningen af te wikkelen. Hij beloofde mij dat deze mij een brief zou brengen voor mijnheer de Muralt, Landamman[1] van Thun.

Toen ik weer thuis was, verkeerde ik in een sombere stemming door de gedachte dat het de vooravond was van mijn vertrek uit een stad waar ik alleen onbetekenende overwinningen had geboekt vergeleken met de substantiële verliezen die ik er had geleden. Ik bedankte mijn huishoudster vriendelijk voor haar goede zorgen. Toen ik haar goedenacht wenste, kondigde ik aan dat wij over drie dagen naar Bern zouden vertrekken, en verzocht haar mijn koffers te pakken.

Nadat zij de volgende morgen met mij had ontbeten, zei zij:

'U neemt mij dus met u mee?'

'Ja, dat wil zeggen als u voldoende belang in mij stelt om graag mee te gaan.'

'Heel graag, temeer omdat ik zie dat u somber en in zekere zin ziek bent, terwijl u gezond en heel vrolijk was toen ik bij u in dienst kwam. Als ik u moet verlaten, denk ik dat ik daar alleen in zou kunnen berusten als ik zag dat u gelukkig was.'

Op dat ogenblik kwam de oude chirurgijn mij zeggen dat de arme Leduc er zo slecht aan toe was dat hij het bed niet kon verlaten.

'Ik zal hem in Bern laten behandelen. Zegt u tegen hem dat

1 Landamman: Landamman ('avoyer') was de titel van de hoogste magistraten van sommige Zwitserse kantons. Het kasteel van Thun was de officiële verblijfplaats van de burgemeester van Bern.

wij overmorgen zullen vertrekken en er op tijd willen aankomen voor de middagmaaltijd.'

'Hoewel het maar een reis van zeven mijl is, kan hij deze niet maken, want al zijn ledematen zijn verlamd.'

Ik zocht hem op, en stelde vast dat hij niet in staat was zich te bewegen, zoals de chirurgijn had gezegd. Hij kon alleen zijn mond gebruiken om te spreken en zijn ogen om te kijken.

'Verder voel ik mij uitstekend,' zei hij.

'Dat geloof ik. Maar ik wil overmorgen in Bern dineren, en jij kunt je niet verroeren.'

'Laat u mij dragen. U kunt mij dan daar laten behandelen.'

'Dat is een goed idee. Ik zal je op een baar aan twee draagstokken laten vervoeren.'

Ik belastte een knecht met de taak voor hem te zorgen. Ik gaf de man opdracht de benodigde maatregelen te treffen om met hem naar Hotel du Faucon in Bern te reizen en twee paarden te huren die de baar zouden dragen.

's Middags zag ik Lebel die mij de brief overhandigde, die de ambassadeur mij stuurde voor mijnheer de Muralt. Hij overlegde mij zijn reeds gekwiteerde rekeningen, en ik betaalde hem met het grootste genoegen het geld terug, nadat mij was gebleken dat hij mij in alles zeer fatsoenlijk behandelde. Ik nodigde hem uit met mij en mevrouw Dubois te dineren, en was blij dat ik dit had gedaan, want hij bleek erg onderhoudend gezelschap. Van het begin tot het eind van het diner was hij geheel in haar ban. Hij zei mij dat hij pas die dag kon zeggen dat hij haar had leren kennen, want in Lausanne had hij alleen drie of vier keer een beleefdheidsgesprek met haar gevoerd. Toen hij van tafel opstond, vroeg hij mij haar toe te staan hem te schrijven. Zij ging daar meteen op in en vroeg hem woord te houden.

Lebel was een aardige man, van nog geen vijftig jaar met een zeer fatsoenlijk gezicht. Toen hij wegging, omhelsde hij haar op de Franse wijze zonder mij daarvoor toestemming te vragen, en zij aanvaardde deze omhelzing van harte.

Zij zei mij na zijn vertrek dat het contact met deze man alleen maar nuttig voor haar kon zijn, en zij daarom erg blij was dat zij een briefwisseling met hem zou onderhouden.

Wij brachten de volgende dag door met alles te regelen voor onze korte reis. Ik zag Leduc op een draagbaar vertrekken om de nacht op vier mijl afstand van Solothurn door te brengen. Nadat ik het gezin van de conciërge, de kok, en de lakei die ik achterliet, een ruime fooi had gegeven, vertrok ik de volgende morgen om vier uur met mijn dierbare huishoudster, en kwam om elf uur in Bern aan. Ik nam mijn intrek in het Hotel du Faucon, waar Leduc twee uur voor mij was aangekomen. Aangezien ik de hebbelijkheden van de herbergiers in Zwitserland kende, zorgde ik dat ik het vooraf eens werd met de hotelhouder. Daarna gaf ik de bediende die ik aan had gehouden – hij kwam uit Bern – opdracht nauwlettend zorg te dragen voor Leduc en hem onder behandeling te stellen van de beste in syfilis gespecialiseerde arts van de stad. Nadat ik met mijn huishoudster op haar kamer had gedineerd – ik had namelijk een kamer voor mijzelf – ging ik weg om mijn brief aan de portier van mijnheer de Muralt af te geven. Daarna wandelde ik wat rond.

BERN. LA MATTE. MEVROUW DE LA SAÔNE. SARA. MIJN VERTREK. AANKOMST IN BAZEL.

Toen ik in het hooggelegen gedeelte van de stad was aangekomen, vanwaar ik het uitgestrekte hoogland[1] en een kleine rivier zag, liep ik minstens honderd treden naar beneden, en bleef stilstaan toen ik dertig of veertig cabines zag, die niets anders dan ruimtes konden zijn waar mensen een bad[2] konden nemen. Een fatsoenlijk uitziend man vroeg mij of ik er wilde baden. Toen ik hem bevestigend antwoordde, opende hij een badkamer, waarop een groot aantal badmeisjes op mij toesnelde. De man zei mij dat elk van hen hoopte dat haar de eer ten deel zou vallen mij bij het baden te helpen, en dat het mij vrijstond te kiezen wie ik wilde. Als de sultan van Turkije wierp ik mijn zakdoek naar degene die mij het meest aantrok, en betrad de ruimte.

Zij sloot de deur van binnen af en deed mij sloffen aan. Met een stuurs gezicht en zonder mij eenmaal aan te kijken stopte zij mijn haar met staart onder een katoenen muts, en kleedde mij uit. Toen zij zag dat ik in het bad zat, kleedde zij zich ook uit, en stapte er eveneens in zonder mij toestemming te vragen. Daarop begon zij mij overal te wassen behalve op de plek, waarvan zij aannam dat ik er niet wilde worden aangeraakt, omdat zij zag dat ik die met mijn hand bedekte. Toen ik vond dat ik ge-

1 Hoogland: er staat 'campagne' wat gewoonlijk wel met 'platteland' kan worden vertaald, maar hier uiteraard niet.
2 Een bad: de 'de la Matte' of 'lammat' badgelegenheden in de benedenstad waren ook bordelen. De straat heet nog steeds 'An der Matte'.

noeg was gewassen, vroeg ik haar om koffie. Zij stapte uit het bad, schelde en deed de deur open. Daarna stapte zij weer in bad, zich even ongedwongen bewegend alsof zij gekleed was.

Een minuut later bracht een oude vrouw ons koffie en ging daarna weg, waarop het badmeisje opnieuw uit het bad stapte om de deur af te sluiten, en vervolgens terugkeerde naar haar plaats.

Ik had al opgemerkt, zonder mij er echt in te verdiepen, dat het meisje dat mij bediende alle schoonheden bezat die een wellustig minnaar het voorwerp van zijn liefde toedenkt. Toegegeven: ik voelde dat haar handen niet zacht waren, en mogelijk zou ook haar huid niet zacht blijken aan te voelen. Ook zag ik op haar gezicht niet de verfijning die wij adeldom noemen, en de glimlach die een goede opvoeding voortbrengt om vriendelijkheid uit te drukken. Verder zag ik niet de subtiele blikken die onuitgesproken gedachten verrieden, en evenmin de innemende uitdrukkingen van terughoudendheid, respect, verlegenheid en schaamte. Afgezien daarvan bezat dit Zwitserse meisje op achttienjarige leeftijd alles om een man die in goede gezondheid verkeerde en geen vijand van de natuur[1] was te bekoren. Desondanks trok zij mij niet aan.

Wat nu! zei ik bij mijzelf. Dit meisje is mooi, zij heeft amandelvormige ogen, witte tanden, en haar roze teint staat borg voor haar goede gezondheid – en toch laat zij mij geheel onverschillig. Ik zie haar volkomen naakt, en zij maakt geen enkele emotie bij mij los. Waarom? Het kan alleen maar zijn, omdat zij niets bezit wat de behaagzucht leent om begeerte op te roepen. Hieruit volgt dat wij alleen van het onechte en kunstmatige houden; het echte verliest zijn bekoring als het niet wordt aangekondigd door loze omhaal. Bij onze gewoonte gekleed en

1 'Vijand van de natuur': een vaste omschrijving van Casanova voor 'homoseksueel'.

niet geheel naakt rond te lopen, telt het gezicht dat men aan iedereen toont, het minst. Waarom dienen wij dan het gezicht als het belangrijkste te beschouwen? Waarom is dit hetgene wat bewerkstelligt dat wij verliefd worden? Waarom is het gezicht ons enige criterium bij de beoordeling van de schoonheid van een vrouw, en waarom zijn wij zelfs bereid haar te vergeven als de lichaamsdelen die zij ons niet toont, het tegenovergestelde blijken van wat wij op grond van haar aantrekkelijke gezicht hadden aangenomen? Zou het niet natuurlijker, logischer en beter zijn, altijd het gezicht te bedekken en zich voor de rest geheel naakt te vertonen, en op grond daarvan op iemand verliefd te worden? Het enige wat wij dan ter bekroning van onze begeerte zouden verlangen, zou een gezicht zijn dat overeenstemde met de bekoorlijkheden waarop wij al verliefd waren geworden. Dit zou ongetwijfeld veel beter zijn, want dan zouden wij alleen op volmaakte schoonheid verliefd worden, en wij zouden het gemakkelijk vergeven als wij bij het oplichten van het masker een lelijk gezicht zouden aantreffen, waar wij ons een mooi gelaat hadden voorgesteld. Hieruit zou voortvloeien dat alleen vrouwen met een lelijk gezicht er nooit toe zouden besluiten het te ontbloten, terwijl alleen de schoonheden daar geen enkel bezwaar tegen zouden hebben. De lelijke zouden ons echter tenminste niet laten smachten; zij zouden ons alles toestaan om te vermijden dat zij hun masker zouden moeten afdoen, en zij zouden daar uiteindelijk alleen toe overgaan als zij ons door het genot van hun werkelijke bekoorlijkheden ervan hadden overtuigd dat wij het gemakkelijk buiten de schoonheid van een gezicht konden stellen. Het is trouwens een onbetwistbaar feit dat ontrouw in de liefde alleen bestaat vanwege de verscheidenheid van gezichten. Als men deze niet zou zien, zou een man altijd de trouwe minnaar zijn van de eerste vrouw die hem had bekoord.

Toen ik uit het bad stapte, overhandigde ik haar de handdoeken. Nadat ik voldoende was afgedroogd, ging ik zitten, waarop zij mij in mijn hemd hielp. In de staat waarin zij zich bevond, verzorgde zij daarop mijn haar. Ik trok intussen mijn kousen en schoenen aan. Nadat zij mijn schoenen had vastgegespt, kleedde zij zich in een oogwenk aan, aangezien zij al droog was geworden door de lucht. Toen ik wegging overhandigde ik haar een petit écu, en daarna zes franc voor haarzelf. Zij gaf mij deze echter terug met een minachtende uitdrukking op haar gezicht, en ging weg. Als gevolg van dit gebaar keerde ik verslagen naar mijn hotel terug. Het meisje had namelijk gedacht dat zij niet aantrekkelijk was bevonden, terwijl zij dit wel was.

Na de avondmaaltijd kon ik mij er niet van weerhouden de hele geschiedenis uitgebreid aan mijn huishoudster te vertellen. Zij luisterde uiterst aandachtig en leverde er commentaar op. Zij zei mij dat het meisje vast niet aantrekkelijk geweest was, want anders zou ik wel gezwicht zijn voor de begeerte die zij bij mij zou hebben opgeroepen. Zij gaf te kennen dat zij haar graag wilde zien. Ik bood haar aan haar mee te nemen naar de gelegenheid. Zij zei dat ik haar daarmee een genoegen zou doen, maar dat zij zich wel als man diende te verkleden. Na deze woorden stond zij op, en een kwartier later zag ik haar voor mij verschijnen in een goed zittende jas van Leduc, maar zonder kniebroek, want deze paste haar niet. Ik zei haar dat zij een broek van mij kon kiezen. Wij spraken daarop af dat wij er de volgende morgen naartoe zouden gaan.

Ik zag haar om zes uur geheel gekleed voor mij staan. Zij beschikte ook over een blauwe overjas die haar perfect vermomde. Ik kleedde mij snel aan. Wij namen niet de moeite te ontbijten en gingen naar La Matte. Dit was de naam van de gelegenheid. Mijn huishoudster, die opgewonden was over dit uitstapje straalde van vrolijkheid. Wie haar zag, moest onvermijdelijk opmerken dat het jasje dat zij droeg, niet bij haar sekse paste. Zij verborg zich dan ook zo veel mogelijk in de overjas.

Vrijwel meteen nadat wij waren uitgestapt, zagen wij dezelfde man. Hij vroeg ons of wij een bad voor vier personen wilden, en wij liepen de badruimte binnen. De badmeisjes verschenen, en ik wees mijn huishoudster het aantrekkelijke meisje aan dat mij niet had kunnen bekoren, waarop zij haar koos. Ik koos een ander meisje, groot, goed geschapen en met een trots gezicht, en wij deden de deur op slot. Ik liet mijn meisje snel mijn haar met een muts bedekken, kleedde mij uit en stapte in het bad, en mijn nieuwe verzorgster deed hetzelfde. Mijn huishoudster nam de tijd. Het nieuwe van wat gebeurde, verbaasde haar. Ik had de indruk dat zij er spijt van had dat zij erop was ingegaan. Zij lachte toen zij mij daar zo zag onder de hoede van het grote Zwitserse meisje dat mij overal waste, en zij kon er niet toe besluiten haar hemd uit te trekken. Ten slotte overwon de ene schaamte de andere, en stapte zij in het bad, mij bijna noodgedwongen al haar schoonheden tentoonspreidend. Zij diende echter mijn zorgen te aanvaarden, al lieten wij het andere meisje wel in het bad komen en haar werk doen.

Onze twee verzorgsters, die al verscheidene malen aan een dergelijk vermaak hadden deelgenomen, maakten zich gereed ons te verstrooien met een schouwspel dat mij wel bekend was maar volkomen nieuw voor mijn huishoudster. Zij begonnen samen datgene te doen wat zij mij met mevrouw Dubois zagen doen. Zij keek naar hen, en was erg verbaasd over de vurigheid waarmee het meisje dat ik had gekozen bij het andere de rol van man vervulde. Ik was zelf ook enigszins verbaasd, ondanks het tafereel van hartstocht waar M.M. en C.C. mij zes jaar eerder getuige van hadden laten zijn. Ik zou het nooit hebben willen geloven dat iets mij zou kunnen afleiden als ik voor de eerste maal een vrouw in mijn armen hield van wie ik hield, en die op volmaakte wijze over alles beschikte om mijn zintuigen te boeien. Het merkwaardige gevecht waarin de twee jonge bacchantes waren verwikkeld, hield haar echter eveneens bezig. Zij zei mij dat het vermeende meisje dat ik had gekozen, een jongen was ondanks haar boezem, en zij dit net had gezien. Ik draaide mij om. Het meisje, dat zag dat ik nieuwsgierig was, liet mij een clitoris zien, die echter buitengewone afmetingen had en stijf was. Ik zei dit tegen mijn verblufte huishoudster, die mij antwoordde dat zoiets niet mogelijk was. Ik liet haar het lichaamsdeel aanraken en onderzoeken, en zij moest toegeven dat ik gelijk had. Het zag eruit als een grote vinger zonder nagel, maar het was buigzaam. Het meisje dat zich tot mijn mooie huishoudster voelde aangetrokken, zei dat de clitoris stijf genoeg was om die bij haar binnen te brengen, als zij dit goed vond. Zij wilde dit echter niet en ik zou het niet plezierig hebben gevonden. Wij zeiden tegen haar dat zij haar spel met haar collega moest voortzetten, en wij vermaakten ons zeer, want ondanks het komieke van de paringsdaad die de twee meisjes uitvoerden, raakten wij er uiterst opgewonden door. Mijn overprikkelde huishoudster gaf zich geheel over aan de natuur en liep vooruit op alles wat ik maar kon wensen. Dit feest duurde twee uur, waarna wij zeer tevreden naar ons hotel teruggingen. Ik gaf de meisjes, die ons zeer goed hadden vermaakt, twee louis, maar niet met de bedoeling er terug te komen. Wij hadden dit niet nodig om door te gaan met het uitwisselen van blijken van tederheid. Mijn huishoudster werd mijn maîtresse, en wel in de volle zin van het woord. Zij maakte mij volkomen gelukkig – en ik haar – gedurende al de tijd die ik in Bern doorbracht. Omdat ik al geheel genezen was, werd onze wederzijdse tederheid door geen enkel onaangenaam gevolg verstoord. Genoegens mogen voorbijgaand zijn, maar dit geldt ook voor onaangename ervaringen, en als wij tijdens het genieten terugdenken aan het onaangenaams dat voorafging aan de genieting, is het ons dierbaar, *et haec aliquando meminisse juvabit*[1] ('en op een dag zal het ons genoegen doen eraan terug te denken').

1 Haec aliquando meminisse juvabit: Vergilius, *Aeneis* (1, 203).

Om tien uur werd de Landamman van Thun bij mij aangediend. Deze al wat bejaarde man stond mij aan. Hij was volgens de Franse mode in het zwart gekleed, ernstig, vriendelijk en beschaafd. Hij drong erop aan de brief te lezen die mijnheer de Chavigny hem had geschreven. Ik zei hem dat ik de brief niet aan hem zou hebben afgegeven als hij onverzegeld was geweest. Hij nodigde mij uit de volgende dag bij hem te dineren, in gemengd gezelschap, en de dag daarop aan te zitten aan een souper waar uitsluitend mannen aanwezig zouden zijn. Ik verliet het hotel met hem. Wij gingen naar de bibliotheek, waar ik kennis maakte met mijnheer Felice, een voormalig monnik, wiens letterkundig talent onderdeed voor zijn literaire pretenties,[1] en een veelbelovende jongeman, Schmid genaamd, die al veel bekendheid genoot in de republiek der letteren. Een kenner van natuurlijke historie die uit zijn hoofd de namen van tienduizend verschillende schelpen kende, verveelde mij omdat ik niets afwist van zijn specialisme. Hij zei mij onder andere, dat de zandbodem van de Aar, de beroemde rivier van het kanton, goud bevatte. Ik zei hem dat alle grote rivieren goud bevatten, en hij leek het daar niet mee eens te zijn.

Ik dineerde bij mijnheer de Muralt met de vier of vijf vrouwen uit Bern die het meeste aanzien genoten, en zij leken mij dit waardig, vooral een mevrouw de Sacconay, die erg aardig en ontwikkeld was. Ik zou zeker haar gezelschap hebben gezocht als ik langer in de Zwitserse hoofdstad zou zijn gebleven voor zover men bij Zwitserland over een hoofdstad kan spreken.

De dames van Bern kleden zich goed, maar zonder overdaad, aangezien de wetten dit verbieden.[2] Hun omgangsvormen zijn

1 Wiens letterkundig talent onderdeed voor zijn literaire pretenties: er staat 'plus littérateur que lettre', letterlijk: 'meer literator dan letterkundige'.

los, en zij spreken zeer goed Frans. Zij beschikken over de grootst mogelijke vrijheid, maar misbruiken die niet, ondanks de hofmakerij die de sociale bijeenkomsten verlevendigt, want het fatsoen wordt overal in acht genomen. Ik merkte dat de echtgenoten in deze stad niet jaloers zijn, maar zij verlangen wel dat hun vrouwen altijd om negen uur thuis zijn om daar te souperen. In de drie weken die ik in de stad doorbracht, wekte een vijfentachtigjarige vrouw mijn belangstelling vanwege haar kennis van de chemie. Zij was de vriendin van de beroemde Boerhaave geweest. Zij liet mij een blad goud zien dat hij in haar bijzijn had gemaakt, en dat voor de omzetting van koper was geweest. Zij verzekerde mij dat zij over de steen beschikte, maar deelde mij mee dat deze alleen het vermogen bezat het leven tot ten hoogste een eeuw en enkele jaren te verlengen. Boerhaave had volgens haar niet geweten hoe hij hem moest gebruiken. Hij was gestorven aan een gezwel tussen zijn hart en longen voordat hij de volledige rijpheid had bereikt, die volgens Hippocrates met het zeventigste levensjaar komt. De vier miljoen die hij zijn dochter naliet, tonen aan dat hij het vermogen bezat goud te maken. Zij zei mij dat hij haar een manuscript had geschonken waarin het hele procédé stond vermeld, maar dat zij het onduidelijk vond.

'Geeft u het dan uit!'

'God behoede mij daarvoor!'

'Verbrandt u het dan!'

'Daar heb ik de moed niet voor.'

Omstreeks zes uur kwam mijnheer de Muralt mij ophalen om naar militaire manoeuvres te kijken die de burgers van Bern – alle mannen daar dienen in het leger – buiten de stad uitvoer-

2 Aangezien de wetten dit verbieden: het was de vrouwen van Bern niet toegestaan goud- en zilverbrokaat, kant, bont en kostbare stenen te dragen.

den. Ik vroeg hem wat de beer voorstelde bij de poort. Hij zei dat Bern in het Duits 'beer' betekende, en een beer daarom het symbool van het kanton was, dat officieel de tweede plaats innam, maar zo niet het rijkste dan toch het grootste was. Het gebied was een schiereiland, gevormd door de Aar die dicht bij de bron van de Rijn ontsprong. Hij vertelde mij over de macht van zijn kanton, over de heerlijkheden en drossaardschappen, en legde mij uit wat een Landamman was. Daarna hield hij een betoog over de staatsinrichting en beschreef de verschillende bestuursvormen binnen het Helvetische grondgebied.

'Ik begrijp heel goed,' zei ik, 'dat aangezien er dertien kantons zijn, ieder ervan een andere bestuursvorm kan hebben.'

'Er is zelfs een kanton waar er vier bestaan,'[1] zei hij.

Wat mij echt veel genoegen deed, was het souper met veertien of vijftien mannen, allen senatoren. Geen vrolijkheid, geen luchthartige gesprekken, geen letterkunde, maar burgerlijk recht, staatszaken, handel, economie, beschouwingen over winstkansen, en gesprekken over vaderlandsliefde en de plicht vrijheid hoger te stellen dan het leven. Aan het eind van het souper begonnen al deze strenge aristocraten losser te worden, *sollicitam explicuere frontem* ('het ernstig gefronste voorhoofd te ontspannen'), het onvermijdelijke gevolg van de drank. Zij vonden mij beklagenswaardig. Zij roemden matigheid, maar vonden dat ik de mijne te ver doorvoerde. Zij dwongen mij echter niet te drinken, zoals de Russen, de Zweden en vaak ook de Polen doen.

Om middernacht ging het gezelschap uiteen. In Zwitserland was dit een schandelijk laat uur. Zij bedankten mij en vroegen mij oprecht op hun vriendschap te rekenen. Een van hen, die voor hij aangeschoten raakte de republiek Venetië had veroor-

1 Een kanton... bestaan: in bepaalde kantons was het bestuur verdeeld over meerdere politieke lichamen (Neuchâtel bijvoorbeeld).

deeld vanwege het feit dat zij de Graubünders[1] uit het land had verdreven, was door de wijn tot een helder inzicht gekomen en verontschuldigde zich. Hij zei mij dat elke regering ongetwijfeld beter haar eigen belangen kende dan alle buitenlanders die haar maatregelen kritiseerden.

Toen ik thuiskwam, trof ik mijn huishoudster in mijn bed aan, wat mij veel genoegen deed. Ik overlaadde haar met liefkozingen die haar ongetwijfeld overtuigden van mijn genegenheid en dankbaarheid. Waarom zouden wij ons nog inhouden? Wij hadden alle reden elkaar als man en vrouw te beschouwen, en ik kon niet voorzien dat de dag zou komen waarop wij zouden scheiden. Als mensen van elkaar houden, lijkt dit onvoorstelbaar.

Ik ontving een brief van mevrouw d'Urfé waarin zij mij verzocht mijn diensten aan te bieden aan mevrouw de la Saône, de vrouw van een luitenant-generaal die zij kende. De dame was naar Bern vertrokken in de hoop daar van een huidziekte te genezen, die haar gezicht misvormde. Zij was al aangekomen en bezat warme aanbevelingen voor al de vooraanstaande families van de stad. Zij had een uitstekende kok en gaf elke dag een souper, waarvoor zij alleen mannen uitnodigde. Zij had laten weten dat zij niemand een tegenbezoek zou brengen. Ik ben direct naar haar toe gegaan om mijn buiging voor haar te maken; maar wat een treurig schouwspel!

Ik zag een uiterst elegant geklede vrouw, die bij mijn komst opstond van de sofa, waarop zij in een wulpse houding was gezeten. Nadat zij een sierlijke buiging voor mij had gemaakt, ging zij weer zitten en vroeg mij naast haar plaats te nemen. Zij

---

1 Graubünders: een groep immigranten (merendeels handwerkslieden) uit het kanton Graubünden die officieel pas in 1766 uit Venetië werd gezet, maar daarvoor al te kampen had met tegenwerking van de Venetiaanse autoriteiten die onder druk van de gilden handelden.

zag mijn verrassing en onthutsing, maar gedroeg zich alsof zij niets merkte en voerde de gebruikelijke beleefdheidsgesprekken met mij. Hier volgt haar portret:

Zij was zeer goed gekleed, en haar handen en armen die zij tot de ellebogen toonde, kon men niet mooier wensen. Onder een doorzichtige fichu[1] zag men een witte kleine boezem tot en met de roze tepels. Haar gezicht was afschuwelijk. Het wekte pas medelijden na eerst afgrijzen te hebben opgeroepen. Het was een gruwelijke, weerzinwekkende korst; een opeenhoping van honderdduizend puisten die een masker vormden dat zich van de bovenzijde van haar hals tot de rand van haar voorhoofd uitstrekte, van het ene oor naar het andere. Haar neus was niet zichtbaar. In haar gezicht zag men kortom alleen twee mooie donkere ogen en een liploze mond die zij steeds half geopend had om een paar prachtige rijen tanden te laten zien, en zeer onderhoudend gesprekken te voeren, die gekruid waren met spitse en geestige opmerkingen van het hoogste allooi. Zij kon niet lachen, want de pijn, veroorzaakt door het samentrekken van de spieren, zou haar aan het huilen hebben gebracht, maar zij leek met genoegen te zien hoe haar toehoorders lachten. Ondanks haar beklagenswaardige toestand bezat zij de levendige veelzijdigheid, allure en manieren van de Parijse adel. Haar leeftijd was dertig jaar. Zij had in Parijs drie heel leuke jonge kinderen achtergelaten. Haar huis bevond zich in de rue Neuve des Petits-Champs, en haar echtgenoot was een zeer knappe man. Hij hield ook veel van haar en had nooit een scheiding van bed gewenst. Er zouden maar weinig soldaten die moed hebben opgebracht. Hij moet er ongetwijfeld wel van hebben afgezien haar te zoenen, want alleen de gedachte daaraan, wekte al huiveringen. De gruwelijke toestand waarin zij zich bevond was veroorzaakt door melk die in haar bloed was gedron-

---

1 Fichu: driekantige halsdoek die de schouders bedekt.

gen[1] tijdens haar eerste bevalling tien jaar eerder. De Parijse medische faculteit had tevergeefs alle mogelijke moeite gedaan haar van deze helse kwaal af te helpen, en zij was naar Bern gekomen om zich onder behandeling te stellen van een beroemde arts, die haar had toegezegd dat hij haar zou genezen. Zij zou hem pas hoeven te betalen als hij zijn belofte zou zijn nagekomen. Dit is de gebruikelijke taal van alle empirische artsen. Dergelijke loze uitspraken betekenen net zo veel als de goedgelovige patiënt wenst te denken. Soms genezen zij hem, maar zelfs als zij hem niet genezen, slagen zij erin hem tot betaling te bewegen door hem eenvoudigweg aan te tonen dat het zijn eigen schuld is dat hij niet is hersteld.

Tijdens het meest interessante deel van mijn gesprek met haar, kwam opeens de arts binnen. Zij was begonnen met zijn medicijnen in te nemen. Het waren druppels die hij had samengesteld uit een kwikverbinding. Zij deelde hem mee dat zij de indruk had dat de jeuk die haar kwelde en haar dwong zich te krabben, erger was geworden. Hij antwoordde haar dat zij er pas aan het eind van de drie maanden durende kuur van verlost zou zijn.

'Zolang ik mij krab, blijf ik in dezelfde toestand, en komt er geen einde aan de kuur,' antwoordde zij scherp.

Hij gaf een ontwijkend antwoord. Ik ging weg, en zij nodigde mij uit elke dag bij haar te souperen. Ik ging die avond nog, en zag haar met veel smaak eten en goede wijn drinken. De arts had haar niets verboden. Ik vermoedde – naar later bleek terecht – dat zij niet zou genezen. Zij was vrolijk en haar conversatie vermaakte het hele gezelschap. Ik besefte duidelijk dat men eraan kon wennen deze vrouw te zien zonder afkeer te voe-

1   Melk die in haar bloed was gedrongen: volgens een wijdverbreide medische misvatting uit die tijd kon melk in het bloed dringen en talrijke ziekten bij jonge moeders veroorzaken.

len. Toen ik mijn huishoudster het hele verhaal vertelde, zei zij dat de dame ondanks haar lelijkheid mannen verliefd op haar kon maken door haar karakter, en ik moest dit beamen.

Toen ik mij drie of vier dagen later in een boekwinkel bevond, waar ik naartoe was gegaan om de krant te lezen, zei een negentien- tot twintigjarige jongen op beleefde toon tegen mij dat mevrouw de la Saône het jammer vond dat zij niet meer het genoegen had gehad mij te zien nadat ik bij haar had gesoupeerd.

'Dus u kent deze dame?'

' Hebt u mij niet gezien tijdens het souper daar?'

'Ja, nu herken ik u.'

'Ik voorzie haar van boeken, ik ben namelijk boekverkoper. Ik soupeer elke avond daar, en wat meer wil zeggen, ik ontbijt elke morgen alleen met haar voordat zij opstaat.'

'Mijn complimenten. Ik wil wedden dat u verliefd op haar bent.'

'U bedoelt dit als een grapje. Deze dame is aantrekkelijker dan u denkt.'

'Ik maak geen grapje en ben het met u eens, maar ik wil ook wedden dat u, als zij u haar grootste gunst zou willen verlenen, niet de moed zou hebben deze te aanvaarden.'

'U zou die weddenschap verliezen.'

'Goed, dan wedden wij. Maar op welke wijze wilt u mij overtuigen?'

'Laten wij wedden om een louis, maar praat u hier niet over. Komt u vanavond bij haar souperen. Ik zal u dan iets meedelen.'

'U zult mij daar zien, en wij wedden om een louis.'

Toen ik mijn huishoudster over mijn weddenschap vertelde, werd zij erg nieuwsgierig naar de afloop. Zij wilde graag weten hoe de jongeman te werk zou gaan om mij te overtuigen, en vroeg mij hem aan haar voor te stellen nadat hij mij had aangetoond dat het waar was wat hij beweerde. Ik beloofde haar dit.

'Mevrouw de la Saône maakte mij die avond op uiterst beleefde wijze verwijten en ik vond haar souper even plezierig als het vorige. De jongeman was aanwezig. Doordat mevrouw geen enkele maal het woord tot hem richtte, schonk niemand aandacht aan hem.

Na het souper, vergezelde hij mij naar de Faucon. Onderweg zei hij dat ik, zo ik dit wenste, hem in een liefdesworsteling met de dame kon gadeslaan, als ik bereid was de volgende morgen om acht uur naar haar huis te gaan.

'Haar dienstmeisje zal u meedelen dat zij geen bezoek ontvangt,' zei hij, 'maar zij zal u niet beletten naar binnen te gaan en in de voorkamer plaats te nemen als u haar zegt dat u wilt wachten. Deze voorkamer heeft een deur, waarvan de bovenste helft van glas is, waardoorheen men de dame zou kunnen zien, als een aan de binnenzijde voor het glas geschoven gordijn dit niet verhinderde. Ik zal het iets opzijschuiven zodat er een klein gedeelte van de ruit vrijblijft en u de gelegenheid geeft alles te zien. Als ik mijn taak heb verricht, ga ik weg. Zij zal dan schellen, waarop u zich kunt laten aandienen. Om twaalf uur in de morgen kom ik u, als u dit goed vindt, boeken brengen in de Faucon, en betaalt u mij als uw geweten u zegt dat u de weddenschap hebt verloren.'

Ik zei hem dat ik zeker zou komen, en bestelde de boeken die hij mij zou moeten brengen.

Ik ging op de afgesproken tijd naar het huis. Ik was nieuwsgierig naar dit wonder, dat mij echter niet onmogelijk leek. De dame kon nog geen bezoek ontvangen, maar het dienstmeisje had er geen bezwaar tegen dat ik wachtte. Ik ging naar de voorkamer, zag het stukje ruit dat niet bedekt was, drukte mijn oog ertegen, en zag de indiscrete jongeman aan het hoofdeinde van het bed. Hij hield zijn verovering in de armen. Een muts verhulde haar hoofd en onttrok haar trieste trekken geheel aan het gezicht.

Zodra de hoofdrolspeler merkte dat ik mij op de plaats bevond vanwaar ik hem kon zien, liet hij mij niet wachten. Hij stalde niet alleen de schatten van zijn beminde, maar ook zijn eigen rijkdom voor mij uit. Hij was klein van stuk, maar reusachtig van afmeting waar de dame dit wenste, en leek daarmee te pronken teneinde mij jaloers te maken, te vernederen, en misschien eveneens te veroveren. Hij liet mij zijn slachtoffer van voren en van achter zien, en daarnaast van alle zijaanzichten in vijf of zes verschillende standen. Hij gaf blijk van Herculische vermogens tijdens de liefdesdaad, en de misvormde vrouw putte zich uit hem weerwerk te geven. Ik zag een lichaam dat Phidias[1] niet mooier had kunnen houwen. Het overtrof in witheid het mooiste marmer van Paros. Ik was zo opgewonden dat ik wegvluchtte. Ik ging naar de Faucon. Als mijn huishoudster zich daar niet had gehaast mij de leniging te verschaffen waaraan ik behoefte had, zou ik verplicht zijn geweest daarvoor onmiddellijk naar La Matte te gaan. Nadat zij het hele verhaal had gehoord, werd zij nog nieuwsgieriger naar een kennismaking met de hoofdrolspeler van het stuk.

Hij kwam om twaalf uur en bracht de boeken voor mij mee die ik had besteld. Ik betaalde ze en gaf hem een extra louis, die hij glimlachend aannam met een blik die mij meedeelde dat het mij ongetwijfeld veel genoegen deed dat ik de weddenschap had verloren. Hij had gelijk. Mijn huishoudster nam hem uiterst aandachtig op en vroeg hem daarna of hij haar kende. Hij zei van niet.

'Ik heb u als kind gezien,' zei zij tegen hem. 'U bent de zoon van mijnheer Mingard, de predikant. U moet ongeveer tien jaar zijn geweest toen ik u in Lausanne heb gezien.'

'Dat is mogelijk, mevrouw.'

---

1 Phidias: de beroemde Griekse beeldhouwer uit de oudheid (± 495-± 431 voor Christus).

'Dus u wilde geen dominee worden?'

'Nee mevrouw, ik voelde mij te veel door de liefde aangetrokken om dit beroep te kiezen.'

'Daar hebt u goed aan gedaan. Dominees dienen namelijk bepaalde zaken voor zich te houden, en discretie betrachten is een vervelende opgave.'

De arme dwaas kreeg een kleur na deze steek onder water, die mijn huishoudster hem op goedgehumeurde toon had toegebracht. Wij zorgden echter dat hij niet alle moed verloor. Ik nodigde hem uit bij ons te blijven dineren. Zonder over mevrouw de la Saône te reppen vertelde hij ons niet alleen een groot aantal van zijn successen, maar ook alle ware of door laster ingegeven verhalen die de ronde deden over de aantrekkelijke vrouwen van Bern.

Na zijn vertrek zei mijn huishoudster, mijn gedachten verwoordend, dat een jongeman met een dergelijk karakter het niet waard was meer dan eens als gezelschap te hebben. Ik zorgde ervoor dat hij nooit meer bij ons op bezoek kwam. Ik hoorde later dat mevrouw de la Saône bewerkstelligde dat hij naar Parijs ging, en daar fortuin maakte. Ik zal het niet meer over hem hebben en ook niet over de dame, bij wie ik nog eenmaal langs ben gegaan om afscheid te nemen toen ik uit Bern vertrok.

Ik leefde tevreden met mijn lieve vriendin, die mij steeds weer zei dat zij gelukkig was. Haar mooie ziel werd niet verontrust door enige vrees of onzekerheid over de toekomst. Zij was er evenals ik van overtuigd dat wij bij elkaar zouden blijven, en zei mij steeds dat zij mij al mijn avontuurtjes vergaf onder voorwaarde dat ik deze altijd volkomen eerlijk aan haar opbiechtte. Zij bezat het karakter van de vrouw die ik nodig had om rustig en tevreden te leven, maar ik was niet geboren om een dergelijk groot geluk te smaken.

Toen wij twee of drie weken in Bern waren, ontving mijn huishoudster een brief uit Solothurn. Hij was afkomstig van

Lebel. Omdat ik merkte dat zij de brief aandachtig las, vroeg ik haar wat voor nieuws hij bevatte. Zij zei mij daarop dat ik hem moest lezen, en ging voor mij zitten om te zien wat zich in mijn binnenste afspeelde.

De majordomus vroeg haar in bondige bewoordingen of zij zijn vrouw wilde worden. Hij schreef haar dat hij zijn aanzoek had uitgesteld om eerst zijn zaken te regelen en ervoor te zorgen dat hij ook met haar in het huwelijk zou kunnen treden als de ambassadeur zijn toestemming mocht weigeren. Hij deelde haar mee dat hij genoeg bezat om goed in B. te leven zonder genoodzaakt te zijn nog langer te werken, maar dat hij zich daarop niet hoefde voor te bereiden, aangezien hij net met de ambassadeur had gesproken, en deze volledig met zijn voornemen had ingestemd. Hij verzocht haar daarom hem meteen te antwoorden en hem ten eerste mee te delen of zij hem als echtgenoot wilde aanvaarden, en ten tweede of zij liever met hem in B. wilde gaan wonen, waar zij het geheel voor het zeggen zou hebben in haar eigen huis, dan als zijn vrouw met hem in Solothurn te blijven in het huis van de ambassadeur, wat alleen maar bevorderlijk kon zijn voor hun vermogen. Tot slot deelde hij mee dat alles wat zij zou inbrengen, haar zou blijven toebehoren, en dat hij haar als waarborg een bedrag tot honderdduizend franc bood. Dit zou haar bruidsschat zijn. Hij repte met geen woord over mij.

'Lieve vriendin, het staat je vrij te doen wat je wilt, maar bij de gedachte dat je mij zou verlaten zou ik mij onherroepelijk de ongelukkigste man op aarde voelen.'

'En ik zou mij de ongelukkigste vrouw op aarde voelen, vanaf het ogenblik dat ik niet meer bij jou zou zijn, want zolang jij maar van mij houdt, kan het mij niet schelen of ik je vrouw word of niet.'

'Heel goed. Wat ga je hem antwoorden?'

'Je zult morgen mijn brief zien. Ik zal hem beleefd maar onomwonden meedelen dat ik van jou houd en gelukkig ben, en dat ik gezien de omstandigheden onmogelijk kan openstaan voor de goede partij die het lot mij in zijn persoon aanbiedt. Ik zal hem zelfs schrijven dat ik besef dat ik, als ik verstandig was, zijn hand niet zou weigeren, maar dat ik in de verblindheid van mijn liefde, alleen naar de stem van mijn hart kan luisteren.'

'Ik vind dat je dit uitstekend formuleert in je brief, want de enige goede grond om een dergelijk aanbod van de hand te wijzen, is de reden die jij hem geeft. Het zou bovendien absurd zijn het te doen voorkomen dat wij niet op elkaar verliefd zijn, want dat is toch duidelijk. Toch stemt deze brief mij droevig.'

'En waarom, lieve vriend?'

'Omdat ik geen honderdduizend franc klaar heb liggen om je die direct te geven.'

'Ach, lieve vriend. Dat geld laat mij onverschillig. Je bent beslist niet een man om arm te worden, maar zelfs als dat zo was, weet ik dat je mij gelukkig zou maken door je armoede met mij te delen.'

Wij wisselden toen de gebruikelijke betuigingen van genegenheid uit die gelukkige geliefden elkaar op een dergelijk ogenblik geven, maar op dit moment van ontroering viel er een schaduw van treurigheid op onze harten. Kwijnende liefde lijkt in kracht te verdubbelen, maar dit is niet echt het geval. Liefde is een speels kind, dat als voeding vrolijkheid en vermaak verlangt. Met ander voedsel teert het weg.

De volgende dag schreef zij Lebel datgene waartoe zij onmiddellijk had besloten na ontvangst van het uiterst belangrijke nieuws. Tegelijkertijd voelde ik mij verplicht mijnheer de Chavigny een brief te schrijven die werd ingegeven door liefde, genegenheid en levenswijsheid. Ik vroeg hem mij zijn oordeel over de kwestie te geven. Ik verborg hem niet dat ik verliefd was, maar gaf hem te kennen dat het, omdat ik daarbij ook een fatsoenlijk man was, even pijnlijk voor mij was ertoe te besluiten mijn hart uit te rukken als het blijvend geluk van mevrouw Dubois iets in de weg te leggen.

Mijn brief deed haar veel genoegen, want zij wilde heel graag weten hoe de ambassadeur over deze zaak dacht. Aangezien ik voor Lausanne een aanbevelingsbrief had gekregen van mevrouw d'Urfé voor markies Gentil de Langallerie, en van baron de Bavois, toen kolonel en eigenaar van het Balaregiment, een aanbevelingsbrief voor zijn oom en tante, besloot ik twee weken in deze stad door te brengen. Mijn huishoudster was erg ingenomen met dit vooruitzicht. Als men veel van iemand houdt, meent men dat die persoon onze liefde waardig is en dat iedereen afgunstig moet zijn op het geluk dat men bij een ander waarneemt.

Een mijnheer de M.F.,[1] lid van de Raad van Tweehonderd,[2] die ik tijdens een souper bij mevrouw de la Saône had leren kennen, was mijn vriend geworden. Hij was bij mij op bezoek gekomen, en ik had hem mijn huishoudster voorgesteld, die hij behandelde alsof zij mijn echtgenote was. Hij had mij de zijne voorgesteld op de wandeldreef, en was met haar en zijn oudste dochter bij ons komen souperen. Deze dochter heette Sara, was dertien, donker en erg aantrekkelijk. Zij bezat een subtiel gevoel voor humor en maakte ons aan het lachen met naïeve opmerkingen waarvan zij de uitwerking heel goed kende. Haar talent kwam erop neer dat zij mensen de indruk gaf dat zij onschuldig was, en haar vader en moeder dachten dit ook echt.

Het meisje had verklaard dat zij verliefd was op mijn huishoudster. Zij haalde deze op allerlei manieren aan, en kwam

1 Een mijnheer de M.F.: geïdentificeerd als Louis de Muralt-Favre, een Zwitsers diplomaat en hoge regeringsambtenaar. Hij trouwde in 1745 met Sara Favre, en was een neef van Bernard de Muralt.
2 Raad van Tweehonderd: de meestal als 'Grote Raad' aangeduide Geneefse regeringsraad, bestaande uit tweehonderd leden.

vaak 's morgens bij ons langs om te vragen of zij met ons mocht ontbijten. Als zij ons in bed aantrof, noemde zij mijn huishoudster haar vrouw en bracht haar aan het lachen door haar hand onder de dekens te steken en haar te kietelen. . Terwijl zij haar kussen gaf, zei zij dan dat zij haar kleine echtgenoot was en een kind bij haar wilde maken. Mijn huishoudster lachte hierom.

Op een morgen zei ik eveneens lachend dat zij mij jaloers maakte, dat ik dacht dat zij eigenlijk een kleine man was, en dat ik wilde zien of ik mij vergiste. Terwijl ik dit zei, maakte ik mij van haar meester. Het geraffineerde kind bleef zeggen dat ik mij vergiste, maar bood nauwelijks enige weerstand en gaf mijn hand alle gelegenheid mij ervan te overtuigen dat zij een meisje was. Ik liet haar toen los, beseffend dat zij mij in de val had gelokt, want een dergelijk onderzoek door mij was precies wat zij verlangde, en mijn huishoudster zei mij dit. Omdat het mij niets uitmaakte, geloofde ik haar echter niet.

De volgende keer kwam zij net binnen op het ogenblik dat ik opstond. Nog steeds voorwendend dat zij verliefd op mijn huishoudster was, zei zij mij dat nu ik mij ervan had vergewist dat zij geen man was, ik er geen bezwaar tegen kon hebben dat zij op mijn plaats ging liggen. Mijn huishoudster die zin had zich te amuseren, zei haar dat dit een goed idee was. De kleine Sara sprong op van blijdschap, trok haar jurk uit, maakte haar onderrok los en liet zich boven op haar vallen. Op dit ogenblik begon het schouwspel mij te interesseren. Ik liep naar de deur en sloot deze af. Niet weerhouden door mijn huishoudster nam het ondeugende meisje dat geheel naakt was en alle schoonheden van de ander had ontdekt, zoveel verschillende houdingen aan om haar doel te bereiken, dat ik zin kreeg haar de daad te laten zien. Zij keek heel aandachtig toe tot het eind en toonde zich erg verbaasd.

'Doe het nog een keer met haar,' zei zij.

'Dat kan ik niet,' antwoordde ik, 'want ik ben dood, zoals je ziet.'

Onschuld voorwendend legde zij zich erop toe mijn herrijzenis tot stand te brengen, en slaagde daarin. Mijn huishoudster zei toen tegen haar dat nu zij zich erop kon beroemen dat zij mij weer tot leven had gewekt, het ook haar taak was datgene te verrichten waardoor ik opnieuw zou sterven. Zij zei dat zij dit wel graag wilde, maar niet genoeg ruimte had om mij te herbergen. Terwijl zij dit zei, nam zij een houding aan die mij toonde dat zij gelijk had, en dat het niet haar fout zou zijn, als ik het niet met haar kon doen.

Ik speelde toen op mijn beurt onschuld. Ik trok het ernstige gezicht van een man die best bereid is iemand ter wille te zijn, en voldeed aan het verlangen van het geraffineerde meisje, dat ons geen enkel teken gaf op grond waarvan wij zouden kunnen zweren dat zij dit niet eerder had gedaan. Uit niets bleek dat zij pijn voelde, en er was geen spoortje bloed dat op een breuk wees. Ik had echter voldoende redenen mijn huishoudster te verzekeren dat Sara nog nooit omgang met een andere man had gehad.[1]

Wij moesten lachen om haar dankbetuigingen, die gepaard gingen met dringende verzoeken niets hierover tegen papa en mama te zeggen, aangezien dezen haar een standje zouden geven, zoals het jaar daarvoor toen zij zonder hun toestemming gaatjes in haar oren had laten maken.

Sara wist dat wij ons niet lieten misleiden door haar gespeelde naïviteit, maar om haar doel te bereiken, wendde zij voor dat

[1] Dat Sara nog nooit omgang met een andere man had gehad: er staat: 'que Sara n'avait jamais connu un autre homme'. Omdat in archaïsch Frans het werkwoord connaître ook de betekenis heeft van 'paren' ('bekennen'), gebruikt Casanova hier dit werkwoord in dubbele zin.

zij zich er niet van bewust was. Wie had haar geleerd zich zo te gedragen? Niemand. Het was natuurlijk raffinement, iets wat bij kinderen minder zelden voorkomt dan bij jonge mensen, maar toch een zeldzaam verschijnsel blijft. Haar moeder noemde haar naïeve opmerkingen de voorboden van scherpzinnigheid, maar haar vader zag ze voor domheden aan. Als zij dom zou zijn geweest, zou zij van slag zijn geraakt door ons gelach, en zou zij niet zijn doorgegaan. Ik heb haar nog nooit zo vergenoegd gezien als op de ogenblikken waarop haar vader zijn leedwezen uitsprak over haar domheid. Zij deed alsof zij verbaasd was, en gaf om de eerste naïeve opmerking goed te maken, een tweede ten beste die nog naïever was. Zij stelde ons om beurten vragen, waarop lachen ons de beste reactie leek, aangezien wij niet wisten wat wij erop moesten antwoorden en ze voortvloeiden uit een uiterst zinnige gedachtegang. Sara had dan de gelegenheid gehad haar idee beter te formuleren en ons aan te tonen dat de domheid bij ons school, maar zou wel uit haar rol zijn gevallen.

Lebel antwoordde mevrouw Dubois niet, maar de ambassadeur schreef mij een brief van vier pagina's, waarin hij als wijs man mij voorhield dat ik, als ik net zo oud zou zijn als hij, en tevens over de middelen beschikte mijn huishoudster ook na mijn dood gelukkig te maken, haar nooit zou moeten afstaan, vooral omdat zij net zo over de zaak dacht als ik. Omdat ik echter jong was en niet van plan met haar te trouwen, zo schreef hij, behoorde ik niet alleen toe te stemmen in een huwelijk dat haar ongetwijfeld gelukkig zou maken, maar diende ik ook mijn best te doen haar te overreden op het aanzoek in te gaan, en dit vanwege het feit dat ik met mijn levenservaring moest voorzien dat ik het op een dag zou betreuren dat ik deze gelegenheid voorbij had laten gaan, want het was volgens hem niet mogelijk dat mijn liefde na verloop van tijd niet in zuivere vriendschap zou overgaan. Als dit was gebeurd, zo vervolgde hij, hoefde hij mij niet uit te leggen dat ik, als gevolg van de behoefte aan nieuwe liefdesavonturen die bij mij zou rijzen, mij alleen maar in mijn vrijheid beperkt kon voelen door het feit dat ik alleen nog vriendschap voor mevrouw Dubois voelde, wat ertoe zou leiden dat ik spijt zou krijgen – een gemoedstoestand waardoor een man zich altijd ongelukkig voelt. Hij deelde mij voor de goede orde mee dat hij, toen Lebel hem van zijn voornemen op de hoogte stelde, er geen ogenblik aan had gedacht hem te zeggen dat hij er niet mee instemde, maar hem had aangemoedigd, aangezien mijn huishoudster tijdens de vier of vijf keer dat hij haar bij mij thuis had ontmoet, zijn volledige vriendschap had gewonnen, en hij haar daarom met groot genoegen op deze goede positie in zijn huis zou zien, waar hij in alle eer en fatsoen van haar charmante persoonlijkheid zou kunnen genieten zonder ook maar enige aanspraak te maken op haar andere bekoorlijkheden, waaraan hij op zijn leeftijd niet mocht denken. Hij eindigde zijn welsprekende brief met de mededeling dat Lebel niet als een jongeman verliefd was geworden op mevrouw Dubois, maar na rijp beraad, en hij haar daarom niet wilde haasten. Zij zou dit vernemen in het antwoord dat hij haar nu aan het schrijven was. Het besluit tot een huwelijk diende absoluut weloverwogen tot stand te komen.

Nadat mijn huishoudster de brief aandachtig had gelezen, gaf zij hem aan mij terug met een onverschillig gezicht.

'Wat vind je ervan, lieve vriendin?'

'Dat we moeten doen wat de ambassadeur je schrijft. Hij vindt dat wij ons niet hoeven te haasten, en dat is alles wat wij willen. Laten wij er dus niet meer aan denken, en van elkaar houden. Deze brief is overigens door de wijsheid zelf ingegeven, maar ik moet je wel zeggen dat ik mij niet kan voorstellen dat wij elkaar onverschillig zullen laten, hoewel ik weet dat dit kan gebeuren.'

'Niet onverschillig, daarin vergis je je.'

'Ik bedoel: goede vrienden worden.'

'Maar vriendschap houdt nooit onverschilligheid in, mijn lieve huishoudster. Het is alleen wel zo dat de mogelijkheid bestaat dat de liefde daarbij geen rol meer speelt. We weten dit, omdat het sinds het bestaan van het mensdom altijd zo is geweest. De ambassadeur heeft dus gelijk. Het is mogelijk dat onze zielen door spijt zullen worden gekweld als wij niet meer van elkaar houden. Laten we daarom morgen trouwen, en op deze wijze de menselijke natuur straffen voor haar kwalijke trekken.'

'Trouwen doen wij evengoed wel, maar laten we om dezelfde reden daarmee geen haast maken.'

Mijn huishoudster ontving de volgende dag de brief van Lebel. Zij vond deze even redelijk als die van de ambassadeur. Wij hadden al afgesproken niet meer over de zaak na te denken. Wij besloten uit Bern te vertrekken en naar Lausanne te gaan, waar degenen voor wie ik aanbevelingsbrieven had gekregen mij verwachtten, en het leven meer verstrooiing bood dan in Bern.

Terwijl mijn huishoudster en ik in bed in elkaars armen lagen, namen wij een besluit dat ons beiden heel goed en verstandig leek. Lausanne was een kleine stad, waar ik volgens haar zeker alom zou worden onthaald, en waar ik gedurende minstens twee weken al mijn tijd zou moeten wijden aan het afleggen van bezoeken, en het bijwonen van de diners en soupers die elke dag voor mij zouden worden gegeven. De hele adel kende haar, en de hertog van Roxburghe die op haar verliefd was geweest, bevond zich nog steeds daar. Als zij er samen met mij zou verschijnen, zou dit het gesprek van de dag vormen op alle bijeenkomsten, wat ons ten slotte beiden erg zou storen. Bovendien had zij te maken met haar moeder, die weliswaar geen aanmerkingen zou maken op haar gedrag, maar in haar hart niet al te blij zou zijn met het feit dat zij haar in dienst zou zien als huishoudster bij een man wiens minnares zij volgens ieder zinnig denkend mens moest zijn.

Nadat wij ons van dit alles rekenschap hadden gegeven, besloten wij dat zij alleen naar het huis van haar moeder in Lausanne zou reizen, en dat ik twee of drie dagen later zou komen. Ik zou daar dan alleen wonen en er net zo lang verblijven als ik wenste. Ik zou haar natuurlijk wel elke dag thuis bij haar moeder kunnen zien. Zodra ik van Lausanne naar Genève was gegaan, zou zij zich bij mij voegen. Van daar zouden wij samen overal naartoe reizen waar ik wilde zolang onze liefde voortduurde.

Twee dagen na dit besluit vertrok zij in een tamelijk goede stemming. Omdat zij namelijk zeker was van de bestendigheid van mijn gevoelens voor haar, prees zij zichzelf gelukkig dat zij een zeer verstandig voornemen uitvoerde. Zij liet mij echter treurig achter. Mijn afscheidsbezoeken namen twee dagen in beslag. Omdat ik graag de beroemde Haller[1] wilde ontmoeten voor ik Zwitserland verliet, gaf Landamman de Muralt mij tot mijn grote genoegen een brief voor hem. Hij was baljuw van Roche.

Toen ik afscheid kwam nemen van mevrouw de la Saône, trof ik haar in bed aan, en ik was verplicht een kwartier met haar alleen door te brengen. Zoals voor de hand lag, sprak zij over niets anders dan haar ziekte. Zij leidde het gesprek op zodanige wijze dat zij mij op een bepaald ogenblik in alle eer en fatsoen kon laten zien dat de kwaadaardige uitslag[2] die haar gezicht misvormde, heel haar lichaam had ontzien. Ik was niet meer zo

1 Haller: Albrecht von Haller (1708-1777), een Zwitsers natuurkundige, botanicus en dichter, hoogleraar aan de universiteit van Göttingen.
2 Kwaadaardige uitslag: er staat 'feu sacré', letterlijk 'het vervloekte vuur'. Vermoedelijk was Casanova van oordeel dat zij aan antoniusvuur (gordelroos) leed, en ging het hier in werkelijkheid om erysipelas (belroos).

erg onder de indruk van Mingards prestatie, want zij zou ondervonden hebben dat ik daartoe eveneens in staat zou zijn geweest. Men kon zich geen mooier lichaam voorstellen, en het was niet moeilijk alleen de ogen daarop gericht te houden. Door zo gemakkelijk haar lichaam te tonen nam de arme vrouw wraak voor het feit dat de natuur haar gezicht zo gruwelijk had misvormd; mogelijk meende zij ook dat zij beleefdheidshalve verplicht was op deze wijze een welopgevoed man te belonen die de kracht opbracht met haar te converseren. Ik weet zeker dat zij erg karig met de rest van haar persoon zou zijn geweest, als zij een aantrekkelijk gezicht had gehad.

Op de laatste dag dineerde ik bij M.F. thuis waar de lieve Sara, mij verweet dat ik mijn vrouw voor mij had laten vertrekken. Wij zullen nog zien hoe ik haar drie jaar later in Londen ontmoette.

Leduc stond nog steeds onder behandeling en was erg zwak, maar toch wilde ik dat hij met mij vertrok, want ik had veel bagage en kon alleen hem vertrouwen.

Dit was dus de situatie waarin ik Bern verliet, een stad die in mijn herinnering zo'n gelukkige indruk heeft achtergelaten, dat ik iedere keer vrolijk word als ik eraan terugdenk.

Aangezien ik de arts Herrenschwandt moest raadplegen ten behoeve van mevrouw d'Urfé, stopte ik in Murten, waar hij woonde. Deze plaats ligt maar op vijf mijl afstand van Bern. Hij nodigde mij uit bij hem te dineren teneinde mij te overtuigen van de uitstekende kwaliteit van de vis uit het meer daar. Toen ik terugging naar de herberg, besloot ik er de nacht door te brengen om een bepaalde nieuwsgierigheid te bevredigen die de lezer mij wel zal willen vergeven.

Nadat Dr. Herrenschwandt twee klinkende louis in ontvangst had genomen voor een consult over een lintworm, en hij dit voor mij op schrift had gezet, nodigde hij mij uit een wandeling met hem te maken over de hoofdweg naar Avenches, naar een kapel die gevuld was met doodsbeenderen.

'Deze beenderen zijn van een afdeling Bourgondiërs die tijdens de beroemde slag[1] door de Zwitsers zijn gedood.'

Ik las het Latijnse opschrift, lachte en zei daarna op ernstige toon tegen hem dat het een beledigende grap bevatte waardoor het een koddige uitwerking had. Ik zei verder dat de ernst van een inscriptie een wijze natie niet toestond de lachlust te wekken[2] van degenen die de tekst lazen. De Zwitserse arts was het niet met mij eens. Hier is het opschrift: *Deo. Opt. Max. Caroli inclyti, et fortissimi Burgundiae ducis exercitus Muratum obsidens, ab Helvetiis caesus, hoc sui monumentum reliquit anno 1476.* ('Aan de Goedertieren, Almachtige God. Het leger van de vermaarde en zeer koene Karel, hertog van Bourgondië, dat door de Zwitsers werd verslagen, liet in het jaar 1476 dit monument voor zichzelf achter').

Ik had tot dit tijdstip een groots idee van Murten gehad. Het was al zeven eeuwen befaamd, had driemaal een zwaar beleg doorstaan en afgeslagen – ik verwachtte dat ik iets zou zien, maar ik zag niets.

'Ik neem aan dat Murten met de grond gelijk is gemaakt, verwoest is,' zei ik tegen de arts. 'Ik zie namelijk...'

'O, nee, zo is het altijd geweest.'

Een man die kennis wil vergaren, doet er verstandig aan te lezen, en vervolgens te reizen om na te gaan in hoeverre zijn

---

1 De beroemde slag: tijdens de slag van Murten op 22 juni 1476 versloegen de Zwitsers de troepen van Karel de Stoute van Bourgondië.
2 Lachlust te wekken: de reden voor Casanova's hilariteit school in het feit dat het woord *sui* – de genitivus van het wederkerend voornaamwoord in de derde persoon ook kan worden opgevat als de dativus singularis van *sus, suis* (zwijn), wat tot gevolg zou hebben dat het laatste deel van het opschrift meedeelde 'liet dit monument achter voor een zwijn'.

kennis juist is. Slecht weten is erger dan niet weten. Montaigne deelt mee dat kennis grondig dient te zijn. Maar nu mijn avontuur in de herberg.

Een Rhaeto-Romaans sprekend meisje dat bij de herberg hoorde, trof mij als iets buitengewoons. Zij leek op de kousenverkoopster die ik in La Petite Pologne had gehad. Zij maakte een grote indruk op mij. Haar naam was Raton. Ik bood haar zes franc voor haar gunsten. Zij weigerde en zei dat zij een fatsoenlijk meisje was. Ik gaf opdracht de paarden voor mijn rijtuig te spannen. Toen zij zag dat ik klaarstond om te vertrekken, zei zij mij lachend en tegelijkertijd verlegen dat zij twee louis nodig had, en dat zij, als ik ze haar wilde geven en pas de volgende dag zou vertrekken, naar mijn kamer zou komen en de nacht in mijn bed zou doorbrengen.

'Ik blijf, maar denk er wel aan dat je lief bent.'
'U zult tevreden zijn.'

Toen iedereen naar bed was, kwam zij naar mijn kamer met iets schuws in haar houding dat ik prikkelend vond. Omdat ik in een natuurlijke behoefte wilde voorzien, vroeg ik haar waar ik dit kon doen, waarop zij mij de plaats wees, die zich aan de oever van het meer bevond. Ik pakte de kaars, en ging ernaartoe. Terwijl ik verrichtte waarvoor ik was gekomen, las ik links en rechts van mij de onzin die men altijd op deze plaatsen ziet. Rechts van mij las ik het volgende: 10 augustus 1760. Raton heeft mij een week geleden een permanente druiper bezorgd, die mij volledig sloopt.

Ik kon mij niet voorstellen dat er twee Ratons waren. Ik dankte God en kwam in de verleiding in wonderen te geloven. Ik kwam met een zeer opgewekt gezicht mijn kamer binnen, waar ik Raton al in bed aantrof. Des te beter. Terwijl ik haar bedankte voor het feit dat zij haar hemd had uitgetrokken – zij had het in de smalle ruimte tussen muur en bed gegooid – raapte ik het op. Zij schrok. Zij zei mij dat het vies was ten gevolge van een zeer natuurlijk verschijnsel, maar ik zag wat er werkelijk aan de hand was. Ik maakte haar verwijten, waarop zij mij geen antwoord gaf. Zij kleedde zich in tranen aan en ging weg.

Op deze wijze ontsnapte ik aan dit onheil. Zonder de bij mij gerezen natuurlijke behoefte en zonder de geschreven kennisgeving, zou ik verloren zijn geweest. Het zou namelijk nooit bij mij zijn opgekomen dit meisje met haar teint van lelies en rozen aan een onderzoek te onderwerpen.

De volgende dag ging ik naar Roche om kennis te maken met de beroemde Haller.

MIJNHEER VON HALLER. MIJN VERBLIJF IN LAUSANNE. LORD ROXBURGHE. MEJUFFROUW DE SACCONAY. EEN UITWEIDING OVER SCHOONHEID. EEN THEOLOGISCH GESCHOOLD MEISJE.

Ik zag een zes voet[1] grote, gezette man met een voornaam ge-zicht. Nadat hij de brief van mijnheer de Muralt had gelezen, onthaalde hij mij uiterst gastvrij en opende de schatkamer van zijn kennis voor mij. Hij gaf nauwkeurig antwoord op mijn vragen, en toonde daarbij een opvallende bescheidenheid, die hij volgens mij beslist te ver dreef. Zelfs als hij mij iets uitlegde, deed hij namelijk zijn best als een scholier over te komen. Deze instelling nam ik ook waar toen hij mij wetenschappelijke vra-gen stelde: ze bevatten de gegevens die ik nodig had om ze juist te beantwoorden. Behalve een groot fysioloog, was hij een arts, en een anatoom, die evenals Morgagni[2] – zijn leermeester naar hij zei – nieuwe ontdekkingen in de microcosmos had gedaan. In de tijd dat ik in zijn huis verbleef, liet hij mij een groot aantal brieven van hem zien, en ook brieven van Pontedera,[3] hoogle-raar botanie aan dezelfde universiteit, want Haller was ook een zeer geleerd botanicus. Toen hij mij over deze grote mannen had horen spreken wier melk ik had gedronken,[4] klaagde hij op

1 Zes voet: 1 m. 95.
2 Morgagni: Giovanni Battista Morgagni (1682-1771), hoogleraar aan de universiteit van Padua, grondlegger van de pathologische ana-tomie.
3 Pontedera: Giuliano Pontedera (1688-1757).
4 Wier melk ik had gedronken: toen Casanova in Padua studeerde (1738-1741) had hij ongetwijfeld colleges van Morgagni en Pontedera bijgewoond.

milde toon over Pontedera, wiens brieven niet alleen bijna on-leesbaar waren, maar ook nog geschreven in erg onduidelijk La-tijn. Een lid van de Berlijnse Academie schreef hem dat de ko-ning van Pruisen na lezing van zijn brief het voornemen had opgegeven het Latijn geheel te verbieden.

'Een vorst,' had Haller hem in de brief meegedeeld, 'die erin zou slagen in de republiek der letteren de taal van Cicero en Horatius te verbieden zou een onsterfelijk monument voor zijn eigen onwetendheid oprichten. Als letterkundigen over een taal moeten kunnen beschikken om hun inzichten aan elkaar mee te delen, dan is Latijn van de dode talen beslist het meest ge-schikt, want de heerschappij van het Grieks en het Arabisch is verleden tijd.'

Haller was een groot Pindarisch[1] dichter en een goed staats-man die zich zeer verdienstelijk voor zijn vaderland maakte. Zijn levenswandel is altijd onberispelijk geweest. Hij zei mij dat men alleen op overtuigende wijze levensvoorschriften kon ge-ven als men hun waarde bewees door er zelf naar te leven. Aan-gezien hij een goed burger was, moest hij uiteraard eveneens een uitstekende echtgenoot en vader zijn, en dit bleek hij dan ook. Enige tijd nadat hij zijn eerste echtgenote had verloren, was hij getrouwd met een vrouw wier mooie gezicht wijsheid uitdrukte. Hij had ook een aantrekkelijke, negentienjarige dochter, die aan tafel alleen af en toe op zachte toon met een jongeman sprak, die naast haar zat. Toen ik na het diner alleen met mijn gastheer was, vroeg ik hem wie de jongeman was die ik naast zijn dochter had zien zitten.

'Hij is haar gouverneur.'

1 Pindarisch: in de trant van de Griekse dichter Pindarus (521-441 voor Chr.) wiens oden na de vijftiende eeuw in de moderne talen wer-den nagevolgd. Casanova zinspeelt op Hallers grote epische gedicht *Die Alpen*.

'Een dergelijke gouverneur en een dergelijk meisje zouden gemakkelijk op elkaar verliefd kunnen worden.'

'Moge God dit geven.'

Door dit socratische antwoord zag ik hoe dom en misplaatst mijn opmerking was. Ik pakte een octavo-uitgave van een van zijn werken en las: *Utrum memoria post mortem dubito* ('Ik betwijfel het of na de dood het geheugen blijft bestaan').

'Dus u bent niet van mening dat het geheugen een wezenlijk onderdeel vormt van de ziel?' zei ik.

De filosoof was toen gedwongen een ontwijkend antwoord te geven, want hij had redenen geen twijfels aan zijn rechtzinnigheid te laten rijzen. Ik vroeg hem aan tafel of mijnheer de Voltaire vaak bij hem op bezoek kwam. Hij glimlachte en herhaalde de volgende regels van de grote dichter van de rede: *Vetabo qui Cereris sacrum vulgarit arcanae suh iisdem sit trabibus* ('Ik ontzeg mijn dak aan iemand die de riten van de heilige Ceres heeft onthuld'[1]). Na dit antwoord bracht ik de godsdienst niet meer bij hem ter sprake tijdens de drie dagen die ik met hem heb doorgebracht. Toen ik hem zei dat ik er zeer naar uitzag kennis te maken met de beroemde Voltaire, antwoordde hij mij zonder een zweem van geprikkeldheid dat ik terecht ernaar verlangde hem te ontmoeten, maar dat een aantal mensen hem ondanks de wetten van de natuurkunde 'van ver groter hadden gevonden dan van dichtbij'.[2]

De tafel van mijnheer von Haller bleek zeer overvloedig, maar hij zelf erg sober. Hij dronk alleen water en bij het dessert een glaasje likeur dat hij wegspoelde met een groot glas water.

---

1 'Ik ontzeg ..., heeft onthuld': Horatius, *Carmina* III, 2, 26-28. Haller keurde dus net als Casanova Voltaires aanvallen op het geloof af.

2 Van ver... dichtbij: plus grand de loin que de près. Noot van Casanova: 'De loin c'est quelque chose, et de près ce n'est rien': 'Van ver is het iets, maar van dichtbij niets.' (La Fontaine)

Hij sprak veel tegen mij over Boerhaave, wiens meest geliefde leerling hij was geweest. Hij zei mij dat na Hippocrates Boerhaave de grootste van alle artsen was geweest, en een groter chemicus dan Hippocrates en alle anderen die na hem waren gekomen.

'Hoe komt het dan dat hij nooit de leeftijd van de rijpheid[1] heeft bereikt?'

'Omdat *contra vim mortis nullum est medicamen in hortis.* ('tegen de macht van de dood geen kruid is gewassen'), maar als Boerhaave geen geboren arts was geweest zou hij voor zijn veertiende jaar zijn overleden aan een kwaadaardige zweer die geen enkele arts kon genezen. Hij heeft zichzelf genezen door zich met zijn eigen urine in te wrijven waarin hij tafelzout had opgelost.'

'Mevrouw[2] heeft mij gezegd dat hij de steen der wijzen bezat.'

'Dat zegt men, maar ik geloof het niet.'

'Gelooft u dat het mogelijk is de steen te maken?'

'Ik leg mij er al dertig jaar op toe aan te tonen dat dit niet mogelijk is, en ik ben er niet in geslaagd dit vast te stellen. Men kan geen goed chemicus zijn zonder te erkennen dat het opus magnum[3] binnen de wetten van de fysica mogelijk is.'

Toen ik afscheid nam, verzocht hij mij of ik hem mijn mening over de grote Voltaire wilde schrijven, en dit werd het be-

1 Leeftijd van de rijpheid: Boerhaave leefde van 1668-1738. Elders vermeldt Casanova dat volgens Hippocrates de rijpheid van de mens op zeventigjarige leeftijd begint.
2 Mevrouw: Casanova doelt hier ongetwijfeld op de vijfentachtigjarige dame die de vriendin van Boerhaave was geweest (zie vorig hoofdstuk).
3 Opus magnum: letterlijk 'het grote werk'; het bemachtigen van de Steen.

gin van onze briefwisseling in het Frans. Ik heb tweeëntwintig brieven van hem; de laatste ervan is gedateerd zes maanden voordat hij overleed[1] – eveneens voordat hij de jaren van de rijpheid had bereikt. Hoe ouder ik word, des te meer betreur ik mijn papieren.[2] Het is de enige schat die mij aan het leven hecht, en datgene waardoor ik de dood verfoei.

Ik had in Bern net *Héloïse* van J.J. Rousseau gelezen en ik wilde weten wat mijnheer von Haller erover zou zeggen. Hij deelde mij mee dat de weinige bladzijden die hij – om zijn vriend ter wille te zijn – van de roman had gelezen, voldoende voor hem waren over het hele werk een oordeel te vellen.

'Het is de slechtste roman die bestaat, omdat het de meest welsprekende is. U zult het Waadtland zien. Het is een mooie streek, maar u moet niet verwachten dat u daar de originelen ziet van de prachtige schilderingen die Rousseau u geeft. Rousseau heeft gedacht dat men in een roman mag liegen. Uw Petrarca heeft niet gelogen. Ik heb zijn in het Latijn geschreven werken, die niemand meer leest omdat zijn Latijn niet fraai is, maar ze worden ten onrechte vergeten. Petrarca was een geleerd man, en zijn liefde voor de edele Laura was gemeend. Hij hield van haar zoals iedere man van een vrouw houdt op wie hij verliefd is. Als Laura Petrarca niet gelukkig had gemaakt, zou hij haar lof niet hebben gezongen.'

Op deze wijze sprak mijnheer von Haller tegen mij over Petrarca. Hij sloeg het onderwerp Rousseau over, wiens welsprekendheid hem zelfs niet bekoorde, omdat hij deze alleen kleur gaf door het gebruik van antithesen en paradoxen. De gezette Zwitser was een eersterangs geleerde, maar zonder enig

1 Overleed: Albrecht von Haller overleed in 1777, op negenenzestigjarige leeftijd.
2 'Des te meer betreur ik mijn papieren': lees 'des te meer betreur ik dat ik afstand zal moeten doen van mijn papieren.'

vertoon van geleerdheid. Hij liep daarmee niet te koop als hij zich in zijn huiselijke kring bevond of in gezelschap was van mensen die geen wetenschappelijke discussies nodig hebben om zichzelf te vermaken. Hij paste zich aan aan het gezelschap waarin hij verkeerde, was vriendelijk en wekte niemands ongenoegen. Waardoor kwam het dat iedereen hem aardig vond? Ik weet het niet. Het is gemakkelijker te zeggen wat hij niet bezat dan wat hij wel bezat. Hij had geen van de gebreken die zeer geleerde mensen en zogeheten grote geesten eigen zijn.

Zijn principes waren streng, maar hij zorgde ervoor hun strengheid niet te openbaren. Hij keek ongetwijfeld neer op de onontwikkelde geesten die, in plaats van binnen de grenzen te blijven die hun intellectuele armoede hun stelt, in het wilde weg over alles willen spreken, en zelfs degenen die iets weten belachelijk trachten te maken, maar hij toonde zijn minachting niet. Hij wist maar al te goed dat een onontwikkeld persoon die niet ernstig wordt genomen, ergernis voelt, en hij wilde niet dat iemand een hekel aan hem kreeg. Mijnheer von Haller was een geleerd man die de mensen niet wilde laten gissen naar zijn intellectuele vermogens – hij toonde deze immers – maar hij wilde geen voordeel trekken van de reputatie die hij genoot. Hij bezat de gave goed te spreken, en hield interessante betogen zonder iemand van de aanwezigen te beletten hetzelfde te doen. Hij sprak nooit over zijn boeken, en als iemand erover begon, bracht hij het gesprek op een ander onderwerp. Als hij een andere mening was toegedaan, gaf hij met tegenzin blijk van zijn afwijkende mening.

Omdat ik meende dat ik mijn incognito zeker één dag zou kunnen bewaren, gaf ik zoals voor de hand lag vrijwel meteen na mijn aankomst in Lausanne voorrang aan mijn hart. Ik ging naar mevrouw Dubois toe zonder dat ik iemand hoefde te vragen waar zij woonde – zo goed had zij de straten getekend die ik moest volgen om bij haar huis te komen. Ik trof haar aan in gezelschap van haar moeder. Ik was evenwel uiterst verbaasd toen ik Lebel zag. Zij gaf mij niet de tijd mijn verbazing te laten blijken. Nadat zij een uitroep had geslaakt, viel zij mij om de hals. Haar moeder verwelkomde mij zoals de beleefdheid voorschreef. Ik vroeg Lebel hoe de ambassadeur het maakte, en sinds wanneer hij in Lausanne was.

De goede man deelde mij op hartelijke toon mee dat de ambassadeur het erg goed maakte, en dat hij die morgen in Lausanne voor zaken was aangekomen. Nadat hij had gedineerd, was hij de moeder van mevrouw Dubois gaan opzoeken, bij wie hij tot zijn grote verrassing haar dochter had aangetroffen.

'U weet wat mijn plannen zijn,' zei hij. 'Ik moet morgen vertrekken. Wanneer u een besluit hebt genomen, zal ik, als u mij dit schrijft, haar komen halen en meenemen naar Solothurn waar ik met haar zal trouwen.'

In antwoord op deze verklaring die niets aan duidelijkheid en fatsoenlijkheid te wensen liet, deelde ik hem mee dat ik mij nooit zou verzetten tegen de wil van mijn dierbare huishoudster. Op haar beurt zei zij dat zij er nooit toe zou besluiten mij te verlaten, tot ik haar zou ontslaan. Omdat hij onze antwoorden te vaag vond, zei hij openhartig dat hij een definitief antwoord nodig had, waarop ik met de bedoeling zijn voorstel in zijn geheel af te wijzen, hem meedeelde dat ik hem over tien of twaalf dagen zou schrijven. Hij vertrok de volgende morgen naar Solothurn.

Na zijn vertrek sprak de moeder van mijn lieve vriendin op ons in. Deze vrouw, bij wie het gezond verstand de plaats innam van intelligentie, richtte zich tot ons op de wijze die onze geestesgesteldheid vergde. Omdat wij namelijk verliefd waren, konden wij er niet toe besluiten uiteen te gaan. In afwachting van wat zou gaan gebeuren sprak ik met mijn huishoudster af dat zij elke dag tot middernacht op mij zou wachten, en dat wij een definitief besluit zouden nemen zoals ik Lebel had beloofd.

Zij had een eigen kamer en een heel goed bed, en zette mij een goede avondmaaltijd voor. De volgende morgen waren wij erg verliefd, en voelden niet de minste behoefte na te denken over het voorstel van Lebel. Wij hadden echter een klein verschil van mening.

De lezer herinnert zich misschien dat mijn huishoudster mij had beloofd mij al mijn avontuurtjes te vergeven onder voorwaarde dat ik haar er volledig over inlichtte. Ik had geen enkel avontuur op te biechten, maar vertelde haar tijdens het souper het voorval met Raton.

'Wij moeten ons allebei gelukkig prijzen,' zei zij, 'want als het toeval niet had gewild dat je je gedwongen voelde naar de plaats te gaan waar je de heilzame raad aantrof, zou je je gezondheid zijn kwijtgeraakt. Doordat de ziekte zich niet meteen zou hebben geopenbaard, zou je mij er ook mee hebben besmet.'

'Dat is mogelijk, en ik zou wanhopig zijn geweest.'

'Dat weet ik, en je zou het nog erger vinden omdat ik er niet over zou klagen.'

'Ik zie maar een manier om een dergelijk onaangenaam feit te voorkomen. Als ik je ontrouw ben geweest, zal ik mijzelf straffen door mij ervan te onthouden jou blijken van mijn liefde te geven.'

'Dan zou je mij dus willen straffen. Als je veel van mij hield, zou je volgens mij een betere manier weten.'

'Welke dan?'

'Mij niet ontrouw te zijn.'

'Je hebt gelijk. Vergeef mij. Ik zal daar voortaan mijn toevlucht toe nemen.'

'Ik denk dat dit moeilijk voor je zal zijn.'

De auteur van dergelijke tweegesprekken is de liefde, maar deze wint er niets bij.

Toen ik de volgende morgen in mijn hotel geheel gekleed gereed stond mijn brieven naar de personen te brengen aan wie ze waren gericht, zag ik baron de Bercher, een oom van mijn vriend Bavois.

'Ik weet,' zei hij, 'dat mijn neef zijn carrière aan u te danken heeft, dat hij waardering geniet, en dat hij bij de volgende promotie de rang van generaal zal krijgen. Heel mijn familie zal, net als ik, blij zijn met u kennis te maken. Ik kom u mijn diensten aanbieden, en ik nodig u uit vandaag bij mij thuis te dineren, en er daarna langs te komen op ogenblikken dat u niets beters te doen hebt. Tegelijkertijd verzoek ik u echter niemand iets te zeggen over de afkeurenswaardige stap die hij heeft genomen door katholiek te worden, want dat is een laakbare daad die hem volgens de opvattingen in dit land tot oneer strekt. Het gaat hier om een soort oneer die haar weerslag heeft op zijn familieleden.'

Ik beloofde nooit deze episode in het leven van zijn neef te vermelden als ik over hem zou spreken, en zei hem toe dat ik meteen bij hem thuis zou komen dineren. Al degenen voor wie ik aanbevelingsbrieven had gekregen, bleken respectabele, voorname, zeer beleefde, en begaafde mensen te zijn. Mevrouw Gentil de Langallerie was naar mijn mening de aantrekkelijkste van de dames, maar ik had geen tijd aan een van hen speciale aandacht te besteden. Diners, soupers en bals iedere dag, waarbij ik beleefdheidshalve niet mocht ontbreken, vormden een zware last voor mij. In de twee weken die ik in dit stadje doorbracht, had ik geen ogenblik vrij juist doordat men er zo fanatiek van de vrijheid wilde genieten. Ik kon maar eenmaal een nacht met mijn huishoudster doorbrengen. Ik verlangde ernaar met haar te vertrekken naar Genève. Iedereen wilde mij brieven geven voor mijnheer de Voltaire, die daar echter – zo zei men – werd verfoeid om zijn bijtende spot.

'Wat zegt u nu, dames! U bent zo vriendelijk geweest met hem in zijn toneelstukken te spelen, en dan gedraagt hij zich onaardig, onvriendelijk, gemelijk en onwelwillend tegen u?'

'Ja, mijnheer. Als hij ons onze rollen liet repeteren, mopperde hij op ons. Wij zeiden nooit iets op de manier die hij wenste, wij spraken geen enkel woord goed uit, hij vond dat onze stemmen en ons spel niet deugden, en als wij het stuk speelden was het nog erger. Niet te geloven hoe hij zich druk maakte over een vergeten of toegevoegde lettergreep die een van zijn versregels had bedorven. Hij joeg ons angst aan. Een van ons had op een verkeerd ogenblik gelachen, een ander had in *Alzire*[1] alleen maar gedaan of zij huilde.'

'Verlangde hij dat u echt huilde?'

'Ja, hij wilde dat wij echte tranen vergoten. Hij stelde dat een acteur het publiek pas tot tranen kon bewegen als hij zelf echt huilde.'

'Ik denk dat hij daarin gelijk had, maar een verstandig en redelijk auteur stelt niet zulke strenge eisen aan amateurs. Men kan dit alleen maar verlangen van beroepstoneelspelers. Elke schrijver maakt deze fout echter. Hij vindt altijd dat een speler niet genoeg kracht in zijn tekst heeft gelegd om zijn betekenis weer te geven.'

'Toen ik een keer erg geprikkeld was door zijn uitbarstingen zei ik dat het niet mijn schuld was als zijn tekst niet de vereiste overtuigingskracht had.'

'Ik ben er zeker van dat hij hier alleen om moest lachen.'

'Lachen? Zegt u liever: hoonlachen. Hij is onbeschoft, lomp, in een woord onuitstaanbaar.'

'Maar u hebt hem vast al zijn gebreken niet aangerekend.'

'Weest u daar niet te zeker van; wij hebben er namelijk voor gezorgd dat hij wegging.'

'Ervoor gezorgd dat hij wegging?'

'Ja. Hij gaf plotseling de huizen op die hij had gehuurd, en is

1 *Alzire:* tragedie van Voltaire, voor het eerst opgevoerd in 1736.

279

gaan wonen waar u hem zult aantreffen. Hij komt nooit meer hier, zelfs niet als hij wordt uitgenodigd. Wij hebben namelijk, alles bij elkaar genomen, wel achting voor zijn grote begaafdheid, en wij hebben hem alleen getergd om ons te wreken en hem manieren bij te brengen. Brengt u het gesprek op Lausanne, dan hoort u wat hij over ons zal zeggen – maar hij zal erbij lachen, want dat is nu eenmaal zijn stijl.'

Ik ontmoette verschillende malen lord Roxburghe, die zonder succes op mijn huishoudster verliefd was geweest. Hij was een knappe jongeman, die zwijgzamer was dan enig ander persoon die ik heb gekend. Men vertelde mij meteen dat hij intelligent en ontwikkeld was, en niet zwaarmoedig van nature. In gezelschap van andere mensen, op ontvangsten, bals en diners bestond zijn bijdrage uitsluitend uit beleefde buigingen. Als iemand iets tegen hem zei, gaf hij een lapidair[1] antwoord in goed Frans, maar met een verlegen gezicht dat toonde dat elke vraag hem tot last was. Toen ik bij hem dineerde, stelde ik hem een vraag over zijn land, die een reactie van vijf of zes zinnen vereiste. Hij beantwoordde deze heel goed, maar kreeg daarbij een kleur. De beroemde Fox,[2] die ook bij het diner aanwezig was, en toen twintig jaar oud was, maakte hem aan het lachen, maar sprak daarbij wel Engels tegen hem. Ik zag de hertog acht maanden later terug in Turijn. Hij was toen verliefd op mevrouw Martin, een bankiersvrouw die de gave bezat zijn tong los te maken.

Ik zag in dit kanton een meisje van elf of twaalf jaar, wier schoonheid mij trof. Zij was de dochter van mevrouw de Sac-

1 Lapidair: Casanova gebruikt het woord 'laconique' in de oorspronkelijke betekenis.
2 De beroemde Fox: dit kan niet de vermaarde Charles Jones Fox zijn (1749-1806) die in 1760 pas elf was. Casanova bedoelt vermoedelijk zijn oudere broer Stephen Fox (1744-1775).

conay, met wie ik in Bern kennis had gemaakt. Ik weet niet wat er van dit meisje is geworden dat een zeer diepe indruk op mij heeft gemaakt zonder dat daar iets uit voortvloeide.

Gedurende heel mijn leven heeft niets op aarde mij zo getroffen als het gezicht van een mooie vrouw, zelfs als zij nog maar een kind was. Schoonheid bezit dit vermogen, heeft men mij gezegd. Daar ben ik het mee eens, want het is een feit dat datgene wat mij aantrekt mooi is in mijn ogen, maar is het dat ook echt? Ik moet dit betwijfelen, aangezien datgene wat ik mooi vind, niet altijd unaniem als zodanig wordt aangemerkt. Volmaakte schoonheid bestaat dus niet, of bezit zelf dit vermogen niet. Al degenen die zich over schoonheid hebben uitgesproken, zijn de essentie uit de weg gegaan. Zij waren gedwongen zich te houden aan het woord dat de Grieken en Romeinen ervoor gebruikten: Vorm. Schoonheid is dus niets anders dan vorm bij uitnemendheid. Wat niet mooi is, heeft geen vorm, en dit *deformis* was het tegengestelde van *pulchrum*[1] of *formosum*.[2] Wij doen er goed aan naar definities te zoeken, maar als een definitie al in de naam ligt opgesloten, waarom zouden wij dan nog verder zoeken? Als het woord 'vorm', *forma*, Latijn is, laten wij dan onze blik richten op de Latijnse betekenis, en niet op de Franse – hoewel in deze taal vaak 'déforme'[3] in de zin van lelijk wordt gebruikt zonder dat men zich er rekenschap van geeft dat het tegenovergestelde logischerwijs een woord is dat het bestaan van een vorm aangeeft, en dit woord alleen maar 'schoonheid' kan zijn. Wij dienen er acht op te slaan dat *informe* zowel in het Frans als Latijn 'zonder vorm' betekent. Het is een niet omlijnde substantie.

Wat mij dus altijd volledig heeft betoverd is de zielvolle

1 Pulchrum: mooi.
2 Formosum: ('wel'-)gevormd.
3 Déforme: dit bijvoeglijk naamwoord bestaat niet in het Frans, wel het voltooid deelwoord déformé: 'misvormd'.

schoonheid van een vrouw, maar dan wel de schoonheid die op het gezicht is waar te nemen. Dat is de plaats waar de toverkracht zetelt. Hierin schuilt ook de verklaring voor het feit dat de sfinxen die wij in Rome en Versailles zien bijna liefde bij ons oproepen voor hun lichamen, hoewel deze misvormd zijn in de volle zin van het woord. Als wij naar hun gezichten kijken, komen wij ertoe hun misvorming mooi te vinden. Maar wat is nu deze schoonheid? Wij weten dit gewoonweg niet, en als wij haar aan regels willen onderwerpen, of deze regels willen vaststellen, gaan wij, zoals Socrates, voorbij aan het wezen ervan. Het enige wat ik weet, is dat de lijnen die mij bekoren, in vervoering brengen en in liefde doen ontvlammen, datgene zijn wat men schoonheid noemt. Het is iets wat door het oog wordt bepaald – ik fungeer als spreekbuis voor mijn gezichtsvermogen. Als mijn ogen konden spreken, zouden zij een beter vertoog over schoonheid houden dan ik.

Geen enkel schilder overtrof Raphael in de schoonheid van de gezichten die zijn penseel voortbracht, maar als men Raphael zou hebben gevraagd wat nu de schoonheid was, waarvan hij de wetten zo goed kende, zou hij geantwoord hebben dat hij er geen idee van had, dat hij de ingevingen van zijn hart volgde, en dat hij meende dat hij haar had voortgebracht als hij haar voor zich zag. 'Dit gezicht bevalt mij,' zou hij gezegd hebben. 'Dus is het mooi.' Hij heeft ongetwijfeld God gedankt voor het feit dat hij geboren was met een uitnemend gevoel voor schoonheid. Maar *omne pulchrum difficile* ('alles wat mooi is, is moeilijk'). De enige schilders die hoog werden aangeslagen, waren degenen die uitmuntten in het weergeven van schoonheid.[1] Hun aantal is klein. Als wij een schilder willen ontslaan van de verplichting schoonheid in zijn werken te leggen, zou el-

1 Die uitmuntten in het weergeven van schoonheid: er staat 'die uitmuntten in schoonheid.'

ke man schilder kunnen worden, want niets is makkelijker dan iets lelijks voort te brengen. Dit is het onafwendbaar lot van een schilder die niet door God zelf is geroepen. Wij dienen ons te realiseren hoe zelden men een goede schilder aantreft onder degenen die zich gewijd hebben aan het maken van portretten. Dit is het meest essentiële genre van deze kunst. Er zijn drie soorten van deze schilders. Er zijn er die gelijkende portretten maken, waarop de geportretteerde lelijker staat afgebeeld dan hij is. Dezen verdienen naar mijn mening met stokslagen te worden betaald, want zij zijn onbeleefd, en zij geven nooit toe dat zij de geportretteerde lelijker of minder mooi hebben afgebeeld. De tweede groep wordt gevormd door schilders die zeker verdiensten bezitten: zij leveren perfect gelijkende portretten af, en wel van dien aard dat ze onze verbazing wekken, want de gelijkenis is sprekend.

Heel weinigen, werkelijk zeldzame uitzonderingen, beelden personen volkomen natuurgetrouw af en leggen tevens een subtiele extra nuance van schoonheid in de gezichten die zij op hun doeken weergeven. Deze schilders verdienen het succes dat hun ten deel valt. Zo iemand was de Parijse schilder Nattier, met wie ik in het vijftigste jaar van deze eeuw heb kennis gemaakt. Hij was toen tachtig jaar.[1] Hij schilderde het portret van een lelijke vrouw. Het gezicht dat Nattier haar op zijn doek had gegeven, was natuurgetrouw, en toch vond iedereen haar mooi op dit portret. Men bestudeerde het portret, maar men kon niet vaststellen dat hij iets had veranderd. Het was niet waarneembaar wat hij had toegevoegd of weggelaten.

'Wat is toch de verklaring voor deze magie?' zei ik op een keer tegen Nattier die net de lelijke Mesdames de France[2] had

---

1 Hij was toen tachtig jaar: Casanova vergist zich. Jean Marie Nattier (1685-1766) was pas vijfenzestig in 1750.
2 Mesdames de France: de prinsessen.

geschilderd en stralende schoonheden van hen had gemaakt.

'Het bewijst de goddelijke oorsprong van schoonheid. Iedereen aanbidt haar, maar niemand weet waaruit zij bestaat. Dit toont ook aan hoe onmerkbaar klein het verschil tussen de schoonheid en lelijkheid van een gezicht is, al lijkt dit nog zo groot in de ogen van degenen die geen inzicht hebben in onze kunst.'

De Griekse schilders schepten er behagen in Venus, de godin van de schoonheid, scheel af te beelden. De critici mogen zeggen wat zij willen, maar deze schilders deden hier verkeerd aan. Twee schele ogen kunnen mooi zijn, maar die scheelheid stoort mij wel, en doet voor mij af aan hun schoonheid.

Op de negende dag van mijn verblijf in Lausanne soupeerde ik met mijn huishoudster en bracht de nacht met haar door. Toen ik 's morgens met haar en haar moeder koffie dronk, zei ik haar dat het ogenblik naderde dat wij afscheid zouden nemen. Haar moeder zei mij dat ik fatsoenshalve Lebel voor mijn vertrek uit de droom moest helpen, en liet mij een brief van de eerzame man zien die zij de vorige dag had ontvangen. Hij verzocht haar mij voor te houden dat, als ik er niet toe kon besluiten haar dochter aan hem af te staan voor ik wegging uit Lausanne, dit mij nog moeilijker zou vallen wanneer ik mij elders zou bevinden en zij mij misschien een levende blijk van haar genegenheid zou hebben geschonken, waardoor ik mij sterker aan de moeder zou hechten. Hij deelde haar mee dat hij beslist niet van plan was op zijn woord terug te komen, maar dat hij zich nog gelukkiger zou prijzen als hij kon zeggen dat hij de vrouw met wie hij in het huwelijk trad uit de handen van haar moeder had gekregen.

De goede moeder verliet in tranen het vertrek. Ik bleef achter met mijn lieve maîtresse en besprak deze belangrijke zaak met haar. Zij was degene die de moed bezat mij te zeggen dat ik Lebel direct moest schrijven óf haar uit zijn hoofd te zetten óf meteen te komen om haar op te halen.

'Als ik hem schrijf dat hij jou uit zijn hoofd moet zetten, dien ik met je te trouwen.'

'Nee.'

Nadat zij dit 'nee' had uitgesproken, liet zij mij alleen. Ik hoefde maar een kwartier na te denken om Lebel een korte brief te schrijven waarin ik hem meedeelde dat de weduwe Dubois die geheel vrij was te doen wat zij wenste, had besloten hem haar hand te geven, en dat mij niets anders restte dan hiermee in te stemmen en mijn blijdschap uit te spreken over het geluk dat hem te wachten stond. Ik verzocht hem derhalve meteen uit Solothurn te vertrekken om haar in mijn tegenwoordigheid uit de handen van haar moeder te ontvangen.

Ik liep daarop de kamer van haar moeder binnen, gaf de brief aan haar dochter, en zei haar dat zij alleen maar haar handtekening naast de mijne hoefde te zetten als zij het eens was met de inhoud. Nadat zij de brief gelezen en herlezen had, terwijl haar moeder tranen vergoot, richtte zij gedurende een minuut haar mooie ogen op mijn gezicht, en zette toen haar handtekening. Ik droeg daarna haar moeder op een betrouwbaar man te zoeken om de brief meteen naar Solothurn te brengen. De man kwam, en vertrok meteen met mijn brief.

'Wij zien elkaar weer zodra Lebel is aangekomen,' zei ik tegen mijn huishoudster, terwijl ik haar omhelsde.

Ik keerde terug naar mijn hotel. Ik sloot mij op in mijn kamer om mijn verdriet te verwerken, en gaf opdracht te zeggen dat ik mij niet goed voelde.

Vier dagen later tegen de avond zag ik Lebel voor mij staan. Nadat hij mij had omhelsd, ging hij weg met de woorden dat hij op mij zou wachten in het huis van zijn aanstaande vrouw. Ik verzocht hem mij te verontschuldigen en verzekerde hem dat ik de volgende dag met hem bij haar zou dineren. Ik trof alle voorbereidingen om na het diner te vertrekken, en nam de volgende morgen afscheid van iedereen. Omstreeks twaalf uur kwam Lebel mij ophalen.

Ons diner was niet somber, maar evenmin opgewekt. Toen ik op het punt stond weg te gaan, verzocht ik mijn ex-huishoudster mij de ring terug te geven die ik haar had geschonken, en daarvoor honderd louis aan te nemen, zoals wij waren overeengekomen. Zij nam ze met een verdrietig gezicht in ontvangst.

'Ik zou hem niet hebben teruggegeven,' zei zij tegen mij, 'want ik heb geen geld nodig.'

'In dat geval geef ik hem aan je terug, maar beloof mij dat je hem nooit zult verkopen. Houd ook de honderd louis. Ze vormen een povere vergoeding voor de diensten die je mij hebt bewezen.'

Zij gaf mij de gouden trouwring van haar eerste huwelijk, en liet mij alleen omdat zij haar tranen niet kon bedwingen. Nadat ik de mijne had afgewist zei ik tegen Lebel:

'U staat op het punt een schat in uw bezit te krijgen, die ik u niet hoog genoeg kan aanbevelen. Het zal niet lang duren voor u de volle waarde ervan zult kennen. Zij zal haar liefde uitsluitend aan u geven. Zij zal waken over uw huishouden en nooit geheimen voor u hebben. Zij zal u amuseren met haar scherpe geest en moeiteloos iedere zweem van slechtgehumeurdheid verdrijven die u zou kunnen overvallen.'

Toen ik met hem de kamer van haar moeder binnenliep voor het laatste afscheid, vroeg zij mij of ik mijn vertrek wilde uitstellen tot ik nog eenmaal met haar had gesoupeerd. Ik antwoordde haar dat mijn paarden ingespannen voor mijn deur stonden, en dat uitstel daarom stof tot gesprek zou geven. Ik beloofde echter dat ik op haar, haar echtgenoot en haar moeder zou wachten in een herberg die zich twee mijl verder op de weg naar Genève bevond. Wij zouden daar net zo lang kunnen blijven als wij wensten. Lebel was erg ingenomen met dit uitstapje.

Toen ik terugkwam bij mijn hotel, vertrok ik meteen omdat alles klaar was. Ik stopte op de afgesproken plaats en bestelde daar onmiddellijk een souper voor vier personen. Ik zag hen een uur later aankomen. Het ongedwongen, vrolijke optreden van de aanstaande echtgenote verraste mij, en vooral de vrijmoedigheid waarmee zij met open armen op mij toeliep om zich door mij te laten omhelzen. Zij bracht mij van mijn stuk; zij was verstandiger dan ik. Ik bezat evenwel de kracht mij aan haar gemoedstoestand aan te passen. Het leek mij niet mogelijk dat zij van mij had gehouden en ineens op deze wijze van liefde op zuivere vriendschap kon overschakelen. Desondanks besloot ik haar voorbeeld te volgen, en onthield haar niet de blijken van intimiteit die vriendschap zijn toegestaan en niet geacht worden gewaarwordingen op te roepen die haar grenzen overschrijden.

Gedurende het souper meende ik te zien dat Lebel verheugder was over de gelukkige wending van het lot die hem deze vrouw had geschonken dan over het door hem verworven recht haar te bezitten dat hem de gelegenheid gaf een eventuele hevige hartstocht te bevredigen die zij eerder bij hem had opgeroepen. Ik kon niet jaloers zijn op een man die zo dacht. Ik merkte ook dat de opgewektheid van mijn huishoudster alleen werd ingegeven door haar verlangen mij haar vrolijkheid kenbaar te maken, en zo haar aanstaande man ervan te overtuigen dat zij hem alles zou bieden wat hij wenste. Zij was ongetwijfeld ook erg ingenomen met het feit dat zij een duurzame en degelijke positie had verworven en niet meer was blootgesteld aan de grillen van het lot.

Deze overpeinzingen aan het einde van het souper dat twee uur duurde, brachten mij in dezelfde gemoedstoestand als mijn vroegere huishoudster. Het deed mij genoegen haar te zien als een schat die mij had toebehoord en na eerst mij gelukkig te hebben gemaakt, nu met mijn toestemming een ander geluk zou brengen. Ik had het gevoel dat ik mijn huishoudster de beloning gaf die zij verdiende, zoals een edelmoedige muzelman een geliefde slaaf zijn vrijheid schenkt als beloning voor zijn trouw. Ik sloeg haar gade, lachte om haar geestige opmerkingen, en de herinnering aan de genoegens die ik met haar had ondervonden, verving voor mij de werkelijkheid. Ik voelde geen spoor van bitterheid, en betreurde het niet dat ik mij het recht had ontzegd die genoegens te vernieuwen. Als ik naar Lebel keek, vond ik het zelfs jammer dat hij mij niet de man leek om mij te vervangen. Zij raadde mijn gedachte en zei mij met haar ogen dat haar dit onverschillig liet.

Toen Lebel na het souper zei dat hij echt naar Lausanne moest teruggaan teneinde twee dagen later in Solothurn te zijn, omhelsde ik hem en vroeg hem tot de dood mijn vriend te blijven. Terwijl hij zich gereedmaakte met de moeder in het rijtuig te stappen, zei mijn huishoudster toen zij met mij de trap afliep met haar gebruikelijke eerlijkheid tegen mij dat zij pas gelukkig zou zijn als de wond volkomen zou zijn geheeld.

'Lebel is iemand die alleen mijn achting en vriendschap kan winnen,' zei zij, 'maar dit zal mij niet beletten uitsluitend hem toe te behoren. Wees er zeker van dat ik alleen van jou heb gehouden, en dat jij de enige man bent die mij de kracht van de zinnen heeft leren kennen en tevens de onmogelijkheid haar te weerstaan als niets haar tegenhoudt. Als wij elkaar zullen weerzien, zoals jij mij hebt toegezegd, zullen wij in staat zijn volmaakte vriendschap voor elkaar te voelen, en zullen wij verheugd zijn over het besluit dat wij zojuist hebben genomen. Wat jou aangaat, ik ben er zeker van dat het niet lang zal duren voor je verdriet zal worden verdreven door iemand anders die in meerdere of mindere mate waardig is mijn plaats in te nemen. Ik weet niet of ik zwanger ben, maar als dit het geval is, zul je tevreden zijn over de wijze waarop ik voor je kind zal zorgen. Ik zal het wanneer je maar wenst aan je overdragen. Wij hebben afgesproken dat wij meteen zullen trouwen als wij in Solothurn zijn, maar dat wij pas over twee maanden het huwelijk feitelijk zullen voltrekken. Op deze wijze zullen wij de zekerheid hebben dat het kind van jou is als ik voor de maand april beval. Wij zullen de buitenwacht met genoegen laten denken dat het kind de wettige vrucht is van ons huwelijk. Hij is degene die dit wijze plan heeft bedacht, waardoor vrede in ons huis zal heersen. Het zal verder ieder spoor van twijfel bij mijn echtgenoot wegnemen over de uiterst ongewisse kwestie van de invloed van het bloed, iets waarin hij net zomin gelooft als ik. Mijn echtgenoot zal van ons kind houden alsof het zijn eigen was, en als je mij schrijft, zal ik je in mijn antwoord nieuws over mijn zwangerschap en ons leven berichten. Als het geluk mij ten deel valt je een kind te geven, meisje of jongen, zal dit aandenken mij dierbaarder zijn dan je ring. Maar wij huilen, en Lebel kijkt naar ons en lacht.'

Ik kon haar alleen antwoorden door haar in mijn armen te klemmen. Zo droeg ik haar over aan de hoede van haar echtgenoot in het rijtuig, die mij zei dat ons lange gesprek hem erg veel genoegen had gedaan. Zij vertrokken – tot groot genoegen van de diensters, die het beu waren daar met hun kandelaren in de hand te staan. Ik ging naar mijn kamer om te slapen.

Toen ik de volgende morgen opstond, vroeg een predikant van de kerk van Genève mij of ik zo vriendelijk wilde zijn hem een plaats in mijn rijtuig te geven. Ik stemde toe in zijn verzoek. Wij zouden maar tien mijl hoeven te reizen. Aangezien ik echter om twaalf uur iets wilde eten, liet ik hem de voorbereidingen daartoe treffen.

De man was een welbespraakte beroepstheoloog die mij tot Genève toe zeer vermaakte door het gemak waarmee hij antwoord gaf op iedere vraag, tot de neteligste toe, die ik hem over godsdienstzaken kon stellen. Voor hem bestonden er geen raadsels, alles was op rede gegrond. Ik heb nooit een priester ontmoet wie het christelijk geloof zo gemakkelijk afging als deze goede man, wiens levenswijze smetteloos was, zoals ik later in Genève vernam. Ik kwam echter ook tot de conclusie dat de manier waarop hij zijn christelijk geloof beleefde niet kenmerkend voor zijn persoon was, aangezien heel zijn kerk deze geloofsopvattingen huldigde. Toen ik hem wilde aantonen dat hij alleen maar in naam calvinist was, aangezien hij niet geloofde dat Jezus en God de Vader consubstantieel[1] waren, antwoordde hij dat Calvijn nooit had gepretendeerd dat hij onfeilbaar was als onze paus. Ik zei hem toen dat wij de paus alleen dan voor onfeilbaar hielden als hij *ex cathedra*[2] stellingen verkondigde, en bracht hem tot zwijgen door uit het evangelie te citeren. Ik zorgde dat hij een kleur kreeg toen ik hem verweet dat Calvijn verkondigde dat de paus de antichrist uit de *Openbaring* was. Hij antwoordde mij dat deze dwaling in Genève niet kon worden uitgeroeid zolang de regering niet de opdracht gaf een inscriptie op de kerk te verwijderen waarop iedereen kon lezen dat het hoofd van de rooms-katholieke kerk als zodanig werd aangemerkt. Hij zei dat het volk overal onwetend en dom was, maar dat hij een nicht had die op twintigjarige leeftijd anders dacht dan de massa.

'Ik zou u met haar kennis willen laten maken,' zei hij. 'Zij is theologe en ziet er leuk uit.'

'Ik zal met genoegen naar haar kijken, mijnheer, maar God verhoede dat ik met haar ga discussiëren.'

'Zij zal u dwingen te discussiëren, en dit zal u genoegen doen, daar sta ik voor in.'

Ik vroeg hem om zijn adres, maar in plaats van dit te geven zei hij dat hij mij zelf zou komen ophalen in mijn hotel om mij

1 Consubstantieel: theologische term: 'tot dezelfde substantie behorend'.
2 Ex cathedra: lett. 'van het leergestoelte'.

naar zijn huis te brengen. Ik stopte bij A la Balance, waar ik zeer comfortabel onderdak vond. Het was twintig augustus 1760.[1]

Toen ik naar het raam liep, keek ik toevallig naar de ruiten, en zag daarop de met de punt van een diamant geschreven woorden *Je zult ook Henriëtte vergeten*. Ik herinnerde mij meteen het ogenblik waarop zij alweer dertien jaar geleden deze woorden voor mij had geschreven en mijn haren gingen recht overeind staan. Wij hadden uitgerekend in deze kamer verbleven toen zij van mij scheidde om terug te keren naar Frankrijk. Ik liet mij in een stoel vallen om mijn gedachten de vrije loop te geven. Ach, mijn lieve Henriëtte. Mijn edele, liefdevolle Henriëtte van wie ik zoveel heb gehouden, waar ben je? Ik had nooit meer iets over haar gehoord en evenmin naar haar geïnformeerd. Toen ik mijzelf vergeleek met mijzelf, kwam ik tot de slotsom dat ik nu minder waard was haar te bezitten dan toen. Ik was nog in staat van iemand te houden, maar trof in mijzelf niet meer de fijngevoeligheid aan uit die tijd, noch de hooggestemde ideeën die de zinsverbijstering rechtvaardigen, noch de voorkomendheid, noch een bepaalde rechtschapenheid, en ik stelde tot mijn ontzetting vast, dat ik ook niet meer over dezelfde kracht beschikte. Ik had evenwel het gevoel dat deze zuiver en alleen al door de herinnering aan Henriëtte geheel terugkeerde. Doordat mijn huishoudster mij had verlaten, raakte ik zo sterk in vervoering, dat ik haar[2] meteen zou hebben opgezocht, als ik had geweten waar zij zich bevond, in weerwil van

1 Twintig augustus 1760: een onwaarschijnlijke datum. In een brief van 7 juli 1760 refereert Voltaire al aan een persoon die zeker Casanova moet zijn. Verder schreef Casanova op 25 juni 1760 aan Muralt uit Lausanne dat hij daar maar twee weken verbleef. Alles wijst erop dat Casanova tweemaal in Genève heeft verbleven, en deze bezoeken om praktische redenen in zijn memoires samenvoegt.

2 Haar: Henriëtte.

het feit dat haar verboden nog steeds in mijn geheugen leefden.

De volgende morgen vroeg ging ik naar de bankier Tronchin, die al mijn geld had. Nadat hij mij mijn rekening had laten zien, gaf hij mij op mijn verzoek een kredietbrief op Marseille, Genua, Florence en Rome. Aan baar geld nam ik alleen twaalfduizend franc op. Ik had vijftigduizend Franse écu[1] tot mijn beschikking. Nadat ik mijn brieven op hun adressen had afgegeven, ging ik terug naar A la Balance, uitziende naar mijn ontmoeting met mijnheer de Voltaire.

Ik trof de predikant in mijn kamer aan. Hij nodigde mij uit bij hem thuis te dineren en zei dat ik daar mijnheer Villars Chandieu zou zien, die mij na het diner naar het huis van mijnheer de Voltaire zou brengen, waar men mij al verscheidene dagen verwachtte. Nadat ik bescheiden toilet had gemaakt, ging ik naar het huis van de predikant, waar ik het hele gezelschap belangwekkend vond, maar vooral zijn jonge nicht, de theologe. Pas tijdens het dessert betrok haar oom haar in het gesprek:

'Waarmee hebt u zichzelf vanmorgen vermaakt, lieve nicht?'

'Ik heb Sint Augustinus gelezen, maar ben ermee opgehouden omdat ik het niet met hem eens was in de zestiende les, en ik geloof dat ik in een paar woorden zijn stelling heb weerlegd.'

'Waar ging het om?'

'Hij zegt dat de Maagd Maria Jezus door haar oren heeft ontvangen. Dit is onzinnig, om drie redenen. Ten eerste had God omdat Hij onstoffelijk was geen opening nodig om in het lichaam van de Heilige Maagd te komen. Ten tweede omdat de gehoorgangen op geen enkele wijze in verbinding staan met de baarmoeder. Ten derde omdat zij, als zij door haar oren zou zijn bevrucht, ook via deze plaats had moeten baren, en in dat geval,' zei zij terwijl zij mij aankeek, 'zou u terecht geloven dat zij

---

1 Vijftigduizend Franse écu: een *gros écu* was zes franc (één vierde louis). Casanova bezat toen dus twaalf en een half duizend louis.

tijdens en ook na haar bevalling maagd was.'

De verbazing van alle tafelgenoten evenaarde de mijne, maar wij dienden ons in te houden. De goddelijke drang tot theologische beschouwingen bezit het vermogen boven alle vleselijke sensaties te rijzen – in ieder geval dient men aan te nemen dat hij dit grote voorrecht geniet. De geleerde nicht was niet bang dat zij er misbruik van maakte, en wist zich in ieder geval verzekerd van vergeving. Ik was degene tot wie zij zich wendde voor een antwoord.

'Ik zou uw mening delen, mejuffrouw, als ik een theoloog was, en mij in die hoedanigheid veroorloofde de wonderen in het licht van de rede te onderzoeken. Aangezien ik echter geen theoloog ben, verzoek ik u mij toe te staan dat ik in alle bewondering voor u, mij ertoe beperk Sint Augustinus te veroordelen voor het feit dat hij heeft getracht het wonder van de annunciatie te ontleden. Wat mij zeker lijkt, is dat de incarnatie niet tot stand zou zijn gekomen als de Heilige Maagd doof was geweest. Gezien ook het anatomische gegeven dat de drie paar zenuwen waardoor het gehoor functioneert niet uitlopen naar de baarmoeder, kan men zich niet voorstellen hoe de incarnatie tot stand is gekomen, maar het is een wonder.'

Zij antwoordde mij op heel vriendelijke toon dat ik degene was die als een groot theoloog had gesproken, en haar oom bedankte mij voor de goede les die ik zijn nicht had gegeven. Het gezelschap liet haar over zeer uiteenlopende onderwerpen spreken, maar zij blonk daarbij niet uit. Het onderwerp waarin zij het best was ingevoerd, was het Nieuwe Testament. Ik zal nog reden hebben over haar te berichten als ik terugkom in Genève.

Wij gingen naar het huis van mijnheer de Voltaire, die juist op dat ogenblik opstond van tafel. Hij was omringd door heren en dames; mijn introductie werd daardoor een plechtige aangelegenheid. Deze plechtstatigheid was niet bepaald geschikt Voltaire en zijn gezelschap voor mij in te nemen.

MIJNHEER DE VOLTAIRE. MIJN DISCUSSIES MET
DEZE GROTE MAN. EEN GEËMOTIONEERD
OGENBLIK BIJ HEM THUIS NAAR AANLEIDING VAN
ARIOSTO. HERTOG DE VILLARS. DE SYNDIC EN ZIJN
DRIE MOOIE MEISJES. EEN TWISTGESPREK BIJ
VOLTAIRE. AIX-EN-SAVOIE. MARKIES DESARMOISES.

'Dit is het gelukkigste ogenblik van mijn leven,' zei ik tegen
hem. 'Ik ontmoet eindelijk mijn leermeester. Sinds twintig jaar
ben ik uw leerling.'

'Vereert u mij met nog eens twintig jaar, en belooft u mij
daarna mijn honorarium te komen brengen.'

'Dat beloof ik u, maar belooft u mij dan op mij te wachten.'

'Ik geef u mijn woord daarop, en ik zal liever het leven laten
dan het niet na te komen.'[1]

Deze eerste Voltairiaanse spitsheid werd met algemeen gelach verwelkomd. Die reactie paste bij de situatie. De functie
van een dergelijk gelach is een van de partijen aan te moedigen,
altijd ten koste van de andere, en degene die de lachers op zijn
hand heeft, is er altijd zeker van dat hij wint. Dit geheime sa-
menspel vindt ook plaats in de allerhoogste kringen.[2]

Ik verwachtte dat dit zou gebeuren, maar ik hoopte dat ik op

1   En ik zal liever... na te komen: er staat in het Frans 'et je manquerai
de la vie plutôt d'y manquer.'
2   In de allerhoogste kringen: Casanova schrijft 'en bonne compagnie
aussi'; 'ook in goede kringen'. Aangezien het gezelschap waarin hij
zich op dat ogenblik bevindt, zeker vooraanstaand was, moet 'en bonne compagnie' in deze context een superlatieve betekenis hebben: de
allerhoogste kringen.

mijn beurt de gelegenheid zou krijgen hem aan te vallen. Twee Engelsen die net waren aangekomen, werden aan hem voorgesteld. Hij stond op en zei tot hen: 'Deze heren zijn Engelsen. Ik zou graag Engelsman zijn.'

Dit was een ongelukkig compliment, want het verplichtte hen hem te antwoorden dat zij graag Fransen zouden zijn, en zij hadden misschien geen zin om te liegen of schaamden zich ervoor de waarheid te zeggen. Naar mijn mening is het een man van eer toegestaan zijn eigen land boven de andere te plaatsen.

Vrijwel meteen nadat hij weer was gaan zitten, richtte hij zich opnieuw tot mij, en zei mij op zeer hoffelijke toon, maar nog steeds lachend dat ik als Venetiaan ongetwijfeld graaf Algarotti[1] kende.

'Ik ken hem, maar niet uit hoofde van het feit dat ik Venetiaan ben. Zevenachtste van mijn geliefde landgenoten weet namelijk niet van zijn bestaan af.'

'Ik had moeten zeggen "als letterkundige".'

'Ik ken hem doordat ik zeven jaar geleden twee maanden in Padua met hem heb doorgebracht, en ik bewonder hem vooral omdat ik merkte dat hij een bewonderaar van u was.'

'Wij zijn goede vrienden. Om de achting te verwerven van allen die hem kennen, hoeft hij echter niemands bewonderaar te zijn.'

'Als hij niet was begonnen met te bewonderen, zou hij nooit naam hebben gemaakt. Als bewonderaar van Newton heeft hij bewerkstelligd dat dames over het licht kunnen spreken.'

'Is hem dat werkelijk gelukt?'

1 Algarotti: Francesco Algarotti (1712-1764), schrijver van onder meer *Il Newtonianismo per le dame ovvero Dialoghi sopra la luce ed i colori* ('Newtonianisme voor dames, of Dialogen over het licht en de kleuren'). Dit boek was een poging wetenschappelijke kennis toegankelijk te maken voor leken.

'Niet in die mate als mijnheer de Fontenelle in zijn *Pluralité des Mondes*,[1] maar men kan wel zeggen dat het hem is gelukt.'

'Dat is waar. Als u hem in Bologna ziet, wilt u mij dan het genoegen doen hem te zeggen dat ik uitkijk naar zijn brieven over Rusland.[2] Hij kan ze mij toesturen in Milaan op het adres van de bankier Bianchi. Ik heb gehoord dat de Italianen niet veel op hebben met zijn stijl.'

'Dat kan ik mij voorstellen. Al zijn Italiaanse werken zijn geschreven in een stijl die alleen hij bezigt. Zijn Italiaans wordt bedorven door gallicismen. Wij vinden het erbarmelijk.'

'Maar wordt uw taal door die Franse uitdrukkingen niet mooier?'

'Zij wordt er onverdraaglijk door, op dezelfde wijze als met Italiaans doorspekt Frans irritant zou zijn, zelfs als het door u zou zijn geschreven.'

'U hebt gelijk, men dient een taal zuiver te schrijven. Men heeft aanmerkingen gehad op Titus Livius.[3] Men heeft gezegd dat zijn Latijn een Patavinische tint had.'

'Abate Lazzarini[4] vertelde mij toen ik begon te schrijven dat

1 Pluralité des Mondes: Fontenelles *Entretiens sur la pluralité des mondes* ('Gesprekken over de meervoudigheid van de werelden') uit 1684 was een eerste poging wetenschappelijk materiaal in een literaire vorm te gieten, en daardoor een algemeen publiek te bereiken.

2 Brieven over Rusland: Voltaire doelt op Algarotti's *Viaggi in Russia* ('Reizen in Rusland') dat in 1760 was gepubliceerd. De tweede editie (1763) had als titel *Saggio di Lettere sulla Russia*. Voltaire schreef in deze tijd zijn geschiedenis van Rusland tijdens Peter de Grote.

3 Titus Livius: 59 v. Chr.-17 na Chr., een Romeinse geschiedschrijver, die afkomstig was uit Patavium (nu Padua).

4 Abate Lazzarini: Domenico Lazzarini (1668-1734), hoogleraar klassieke talen aan de universiteit van Padua. Hij publiceerde *Ulisse il giovane* ('De jonge Odysseus') in 1720. Casanova was negen jaar toen hij in april 1734 naar Padua ging. Lazzarini stierf in juli van dat jaar.

hij de voorkeur gaf aan Titus Livius boven Sallustius.'

'Abate Lazzarini, de schrijver van de tragedie *Ulisse il giovane.* U moet toen nog erg jong zijn geweest. Ik zou hem graag ontmoet hebben, maar ik heb wel abate Conti[1] gekend, een vriend van Newton, wiens vier tragedies de hele Romeinse geschiedenis omspannen.'

'Die heb ik ook gekend en bewonderd. Als ik mij in het gezelschap van deze grote mannen bevond, prees ik mijzelf gelukkig vanwege het feit dat ik jong was. Nu ik hier tegenover u sta, voel ik mij of ik eergisteren ben geboren, maar dat vind ik geen vernederende gewaarwording. Ik zou graag de jongste telg van het menselijk geslacht zijn.'

'U zou dan beter af zijn dan wanneer u de oudste zou zijn. Mag ik u vragen aan welk genre van de literatuur u zich hebt gewijd?'

'Aan geen enkel, maar misschien komt dat nog. Intussen lees ik zoveel ik kan, en amuseer ik mij door al reizend het mensdom te bestuderen.'

'Dat is de manier om het mensdom te leren kennen, maar het boek is te dik. Een gemakkelijker manier is geschiedkundige werken te lezen.'

'Geschiedkundige werken zijn niet te vertrouwen; men is niet zeker van de feiten, en ze zijn saai. Het al reizend bestuderen van de mensheid vermaakt mij echter. Horatius, die ik uit mijn hoofd ken, is mijn reisgids, en ik tref hem overal aan.'

'Algarotti kent hem ook uit zijn hoofd. U houdt ongetwijfeld van poëzie?'

'Hartstochtelijk veel.'

1   Abate Conti: Antonio Schinella Conti (1677-1749), een Italiaanse dichter. Hij had in 1715 Newton ontmoet in Londen. Zijn vier tragedies (*Giunio Bruto, Marco Bruto, Giulio Cesare* en *Druso*) werden postuum in één band gepubliceerd in 1751.

'Hebt u veel sonnetten geschreven?'

'Tien of twaalf waar ik op ben gesteld, en misschien wel twee- of drieduizend die ik niet heb herlezen.'

'Italianen zijn bezeten van sonnetten.'

'Ja, mits men de wens een bepaalde gedachte in een harmonieuze vorm te gieten teneinde haar zo goed mogelijk te doen uitkomen, bezetenheid kan noemen. Een sonnet is moeilijk, mijnheer de Voltaire, want het is niet toegestaan ten behoeve van de veertien regels een gedachte uit te smeren, en evenmin er iets van af te doen.'

'Het is het bed van de tiran Procrustes.[1] Daarom hebt u zo weinig goede. Wij hebben er niet één, maar dat is te wijten aan onze taal.'

'En ook aan de Franse instelling, denk ik. Fransen gaan ervan uit dat een gedachte die uitvoerig wordt uitgesponnen, al haar glans en kracht verliest.'

'En u bent die mening niet toegedaan?'

'Neemt u mij niet kwalijk. Waar het om gaat is de aard van de gedachte. Een geestige opmerking bijvoorbeeld is niet genoeg voor een sonnet.'

'Wat is de Italiaanse dichter van wie u het meest houdt?'

'Ariosto, en ik kan niet zeggen dat ik meer van hem houd dan van de anderen, want hij is de enige van wie ik houd. Ik heb ze wel allen gelezen. Toen ik vijftien jaar geleden uw ongunstig oordeel over hem[2] las, zei ik meteen dat u het zou herroepen als u hem zou hebben gelezen.'

1 Procrustes (letterlijk: 'strekker'): een legendarische rover in Attica, bond zijn slachtoffers op een ijzeren bed vast. Waren hun benen te lang voor dit bed, dan hakte hij ze af; waren ze te kort, dan rekte hij ze uit.

2 Uw ongunstig oordeel over hem: Voltaire had in zijn *Essai sur la poésie épique* Tasso boven Ariosto geplaatst.

'Ik ben u dankbaar voor het feit dat u dacht dat ik hem niet had gelezen. Ik had hem wel gelezen, maar omdat ik jong was, uw taal onvoldoende kende, en bevooroordeeld was door Italiaanse letterkundigen die Tasso bewonderden, heb ik helaas een oordeel over hem gepubliceerd dat ik te goeder trouw voor het mijne aanzag. Dit was niet zo. Ik heb grote bewondering voor uw Ariosto.'

'Ik heradem. Laat u, nu de zaken zo staan, het boek in de ban doen waarin u hem belachelijk hebt gemaakt.'

'Al mijn boeken zijn al in de ban gedaan, maar ik ga u nu een goed bewijs geven van mijn herziene oordeel.'

Op dat ogenblik wekte Voltaire mijn verbazing: hij declameerde uit zijn hoofd twee lange passages uit de vierendertigste en vijfendertigste canto van de gezegende dichter, waarin hij Astolpho's gesprek met de apostel Johannes beschrijft. Hij sloeg geen regel over, en sprak elk woord precies zo uit als de prosodie vereiste. Hij toonde mij de schoonheid ervan met bespiegelingen waartoe alleen een werkelijk groot man in staat is. Van de voortreffelijkste Italiaanse commentatoren zou men niets beters hebben verwacht. Ik luisterde ademloos toe, zonder eenmaal met mijn ogen te knipperen, vergeefs hopend hem op een fout te betrappen. Ik draaide mij om naar het gezelschap en zei dat ik volkomen overdonderd was en heel Italië op de hoogte zou stellen van mijn gerechtvaardigde verwondering.

'Heel Europa,' zei hij, 'zal door mij op de hoogte worden gesteld van de zeer nederige genoegdoening die ik het grootste genie verschuldigd ben dat het heeft voortgebracht.'

In zijn onverzadigbare hang naar lof gaf hij mij de volgende dag zijn vertaling van Ariosto's stanza *Quindi avvien che tra principi e signori* ('Wat alleen tussen vorsten en grote heren voorvalt'). Hier is zij:

299

Les papes, les césars apaisant leur querelle
Jurent sur l'Évangile une paix éternelle;
Vous les voyez demain l'un de l'autre ennemis;
C'était pour se tromper qu'ils s'étaient, réunis:
Nul serment n'est gardé, nul accord n'est sincère;
Quand la bouche a parlé, le coeur dit le contraire.
Du ciel qu'ils attestaient ils bravaient le courroux,
L 'intérêt est le dieu qui les gouverne tous.

(Pausen en keizers leggen hun twist bij en zweren eeuwige vrede op het evangelie. Morgen blijkt u dat zij vijanden zijn. Om elkaar te misleiden waren zij bijeengekomen. Geen enkele eed wordt gehouden, geen afspraak is oprecht. Als de mond heeft gesproken, zegt het hart het tegendeel. Zij tarten de toorn van de hemel die zij als getuige aanroepen. Eigenbelang is de god naar wie zij zich allen richten.)

Na mijnheer de Voltaires voordracht die hem het applaus van alle aanwezigen opleverde, hoewel niemand van hen Italiaans verstond, vroeg zijn nicht mevrouw Denis mij of ik van mening was dat de grote passage die haar oom had voorgedragen een van de mooiste van de grote dichter was.

'Ja, mevrouw, maar niet de mooiste.'

'Dus er is uitspraak gedaan over wat het mooiste gedeelte is?'

'Zeker – anders zou men nooit tot de vergoding van Signor Lodovico[1] hebben besloten.'

'Dus hij is heilig verklaard, dat wist ik niet.'

Alle lachers, Voltaire voorop, stonden aan de kant van mevrouw Denis, met mij als uitzondering. Ik bleef volkomen ernstig. Voltaire, die geprikkeld was door mijn ernst, zei:

'Ik weet waarom u niet lacht. U stelt dat hij op grond van een

1 Lodovico: voornaam van Ariosto.

bovenmenselijke passage het epitheton "goddelijk"[1] heeft gekregen.'

'Juist.'

'Welke passage is dat dan?'

'De zesendertig laatste stanza's van de drieëntwintigste canto, waarin hij precies beschrijft hoe Orlando krankzinnig wordt. Sinds het begin van de wereld, heeft nooit iemand geweten hoe men krankzinnig wordt, met uitzondering van Ariosto, die in staat was dit op papier te zetten, en aan het eind van zijn leven eveneens krankzinnig[2] werd. Ik ben er zeker van dat u zult rillen door deze stanza's – ze zijn huiveringwekkend.'

'Ik herinner me ze. Zij maken van de liefde een verschrikking. Ik verlang ernaar ze opnieuw te lezen.'

'Misschien wil mijnheer zo vriendelijk zijn ze voor ons voor te dragen,' zei mevrouw Denis met een nauwelijks waarneembare blik op haar oom.

'Waarom niet, mevrouw, als u de goedheid hebt mij aan te horen.'

'Dus u hebt de moeite genomen ze uit het hoofd te leren.'

'Aangezien ik vanaf mijn vijftiende jaar Ariosto twee- of driemaal per jaar heb gelezen, heeft hij zich in mijn geheugen vastgezet zonder dat ik daar enige moeite voor heb gedaan. Het is als het ware mijns ondanks gegaan. Zijn stambomen vormen een uitzondering, evenals zijn historische passages, die de geest vermoeien zonder het hart te raken. Alleen Horatius staat volledig in mijn ziel gegrift ondanks de vaak te prozaïsche verzen van zijn *Epistolae*.'

'In het geval van Horatius valt het nog te begrijpen,' voegde

1 Goddelijk: er staat 'divin', dat zowel 'goddelijk' als 'verrukkelijk' betekent.
2 Eveneens krankzinnig: historisch is niets bekend over deze door Casanova vermelde krankzinnigheid.

Voltaire hieraan toe, 'maar in het geval van Ariosto, is het veel, want het gaat over zesenveertig lange canto's.'

'Zegt u liever eenenvijftig.'[1]

Voltaire verstomde.

'En nu de zesendertig huiveringwekkende stanza's die de schrijver het epitheton "goddelijk" hebben opgeleverd,' zei mevrouw Denis.

Ik droeg ze daarop voor, maar niet op de ritmische dichterlijke toon die wij in Italië gebruiken. Om een gehoor aan te spreken en goed uit te komen heeft Ariosto als hij wordt voorgedragen niet de dreun van het recitatief nodig. De Fransen vinden dit recitatief terecht onuitstaanbaar. Ik droeg de stanza's voor alsof het om proza ging, en bracht ze tot leven door mijn stem, ogen en de wisselende intonaties die vereist zijn om emoties uit te drukken. De toehoorders zagen en voelden mijn emoties. Zij zagen en voelden het geweld dat ik mij aandeed om mijn tranen terug te dringen, en zij huilden. Toen ik echter bij de stanza kwam:

Poichè allargare il freno al dolor puote
Che resta solo senza altrui rispetto
Giù dagli occhi rigando per le gote
Sparge un fiume di lacrime sil petto

(Aangezien iemand die alleen is en op niemand acht hoeft te slaan, zijn verdriet de vrije teugel mag geven, vergoot hij een stroom van tranen die van zijn wangen op zijn borst viel.)

---

1 Eenenvijftig: de uitgave van *Orlando Furioso* van 1516 bevatte veertig canto's, die van 1532 zesenveertig, en die van 1545 – uitgegeven door de zoon van Ariosto – eenenvijftig.

vloeiden mijn tranen zo hevig en overvloedig dat ieder van de aanwezigen ze eveneens vergoot. Mevrouw Denis kreeg rillingen en Voltaire snelde op mij af om mij te omhelzen, maar hij kon mij niet onderbreken, aangezien Orlando om volkomen waanzinnig te worden, eerst moest ontdekken dat hij zich in hetzelfde bed bevond als waarin Angelica[1] kort daarvoor naakt in de armen van de meer dan fortuinlijke Medoro had gelegen. Mijn klaaglijke, treurige toon werd gevolgd door de angstaanjagende stembuigingen die door zijn waanzin werden geïnspireerd – een razernij die door haar ontzaglijk geweld vernietigingen aanrichtte die alleen door een aardbeving of de bliksem hadden kunnen worden teweeggebracht. Aan het einde van mijn voordracht nam ik met een somber gezicht de gelukwensen van heel het gezelschap in ontvangst. Voltaire riep uit:

'Ik heb het altijd gezegd: als men de mensen wil laten huilen, moet men zelf huilen, maar om te huilen dient men te voelen, en dan komen de tranen uit de ziel.'

Hij omhelsde mij, bedankte mij, en beloofde dat hij de volgende dag dezelfde stanza's voor mij zou voordragen, en eveneens zou huilen.

Hij hield zijn woord.

Mevrouw Denis sprak verder over Ariosto en zei dat het verbazingwekkend was dat Rome hem niet op de index had gezet. Voltaire vertelde haar dat Leo x^2 in een bul al degenen had geëxcommuniceerd die het zouden wagen hem te veroordelen.

1 Angelica, Medoro: karakters uit *Orlando Furioso*. Orlando die hartstochtelijk verliefd is op Angelica, de dochter van een oosterse koning en magiër, ontdekt dat zij haar liefde aan de eenvoudige schaapherder Medoro heeft geschonken.
2 Leo x: Giovanni de'Medici (1475-1521) was als Paus Leo x (vanaf 1513) de grote beschermheer van Italiaanse renaissance-kunstenaars.

De twee vooraanstaande families Este en Medici[1] achtten het in hun belang hem te steunen.

'Was dit niet gebeurd, dan zou alleen al de regel over de schenking van *Rome*[2] door Constantijn aan Sylvester, waarin hij zegt dat deze *puzza forte* ('erg stinkt') genoeg zijn geweest om het gedicht te laten verbieden.'

Ik vroeg hem vergiffenis en deelde hem mee dat de regel die nog meer verontwaardiging had gewekt, die was waarin Ariosto de wederopstanding van het hele menselijk geslacht aan het einde van de wereld in twijfel trekt.

'Sprekend over de kluizenaar die Rodomonte trachtte te beletten zich meester te maken van Isabella, de weduwe van Zerbino,' zei ik, 'beschrijft Ariosto hoe de Afrikaan[3] geprikkeld raakt door zijn zedenpreek, hem vastpakt en hem zo ver weggooit dat hij tegen een rots te pletter valt. Hij is meteen dood en rust dan alsof hij

Che al novissimo dì forse fia desto
("misschien wakker wordt op de jongste dag")

---

1 Este en Medici: de familie Medici in Florence en de familie Este in Ferrara droegen veel bij tot het stimuleren van de kunsten in het Italië van de vijftiende en zestiende eeuw. Ariosto woonde aan het hof van Este, evenals later Tasso.

2 De schenking van Rome: de zogenaamde Donatie van Constantijn, een vervalst document uit de achtste eeuw, verklaarde dat keizer Constantijn de Grote, onder wiens bewind het christendom tot staatsgodsdienst in het Romeinse rijk werd verheven, Paus Sylvester 1 de keizerlijke macht over Rome en Italië had verleend.

3 Sprekend over ... de Afrikaan: personen uit *Orlando Furioso*. 'De Afrikaan' is Rodomonte.

Dit *forse* ("misschien") dat de dichter alleen als een retorische versiering heeft aangebracht, wekte een verontwaardiging, waarom de dichter zich erg vrolijk zou hebben gemaakt.'

'Het is jammer,' zei mevrouw Denis, 'dat Ariosto het niet kon stellen zonder zijn hyperbolen.'

'Zegt u daar maar niets over, nicht, ze zijn alle weloverwogen en buitengewoon mooi.'

Wij spraken over andere onderwerpen, alle literair van aard, en tot slot kwam het gesprek op de opvoering van *L'Écossaise* in Solothurn. Zij waren van alles op de hoogte. Voltaire zei tegen mij dat hij, als ik in zijn huis wilde spelen, mijnheer de Chavigny zou schrijven mevrouw ... te overreden Lindane te komen spelen, en hij de rol van Monrose op zich zou nemen. Ik wees het aanbod af. Ik zei hem dat mevrouw ... in Bazel was, en ik bovendien de volgende dag moest vertrekken. Hij kwam hier hevig tegen in opstand, zette het hele gezelschap tegen mij op, en stelde dat mijn bezoek een belediging werd als ik niet in ieder geval een week bleef. Ik antwoordde hem dat ik alleen voor hem naar Genève was gekomen, en ik er dus niets anders had te doen.

'Bent u hier gekomen om tegen mij te spreken, of om mij te horen spreken?'

'Voornamelijk om u te horen spreken.'

'Blijft u dan in ieder geval nog drie dagen hier, en komt u steeds bij mij dineren. Dan zullen we met elkaar spreken.'

Ik beloofde dat, en nam afscheid teneinde naar mijn hotel te gaan, aangezien ik veel schrijfwerk had te verrichten.

Een syndic[1] van de stad, wiens naam ik niet zal vermelden,

1 Syndic: een van de vier hoogste magistraten van Genève. Het gaat hier vermoedelijk om Michel Lullin de Châteauvieux (geb. 1695). Châteauvieux hield als 'Seigneur scolarque' toezicht op de uitgave van boeken, en had in die hoedanigheid vaak met Voltaire te maken.

kwam mij een kwartier later vragen of hij met mij kon souperen. Hij had de hele dag in het huis van Voltaire doorgebracht.

'Ik ben aanwezig geweest bij het geschil dat u met deze grote man hebt gehad, en heb geen woord gezegd. Ik zou graag een uur met u onder vier ogen doorbrengen.'

Ik omhelsde hem. Mij verontschuldigend voor het feit dat ik hem met nachtmuts op ontving, zei ik hem dat hij de hele nacht met mij kon doorbrengen als hij dit wenste.

De beminnelijke man bracht twee uur met mij door zonder over literatuur te reppen, maar dat hoefde hij niet om mijn sympathie te wekken. Hij was een groot leerling van Epicurus en Socrates. Tot middernacht vermaakten wij ons met het uitwisselen van belevenissen, komische anekdotes, en gesprekken over de verschillende genoegens die men zich in Genève kon verschaffen. Toen hij wegging, nodigde hij mij uit de volgende dag bij hem te souperen, mij verzekerend dat ons souper amusant zou zijn. Ik beloofde op hem te wachten in mijn hotel. Hij verzocht mij niemand iets over onze afspraak te vertellen.

De volgende morgen kwam de jonge Fox naar mijn kamer. Hij was in gezelschap van de twee Engelsen die ik bij mijnheer de Voltaire had gezien. Zij stelden mij een partij quinze[1] voor met inzetten van twee louis. Nadat ik in nog geen uur vijftig louis had verloren, hield ik op. Wij bezichtigden daarop Genève, en gingen tegen dinertijd naar Les Délices.[2] De hertog de Villars[3] was daar net aangekomen om Tronchin[4] te raadplegen

---

1 Quinze: een kaartspel, waarbij de speler die met vijftien punten eindigt of daar het dichtst bij komt, de winnaar is.

2 Les Délices: de naam van het huis van Voltaire in de omstreken van Genève.

3 De hertog de Villars: Honoré Armand de Villars (1702-1770), een Franse generaal en gouverneur van de Provence. Sinds 1734 lid van de Académie Française.

die hem sinds tien jaar met kunstgrepen in leven hield.

Tijdens het diner zei ik niets. Daarna bracht Voltaire mij er evenwel toe een betoog te houden over de wijze waarop Venetië werd bestuurd, wetend dat ik daar ontevreden over moest zijn. Ik stelde hem teleur in zijn verwachting. Ik trachtte aan te tonen dat er geen land ter wereld was waarin men zo'n grote vrijheid kon genieten. Beseffend dat het onderwerp mij niet aanstond, nam hij mij mee naar buiten naar zijn tuin, die hij, zo vertelde hij, zelf had ontworpen. De hoofdlaan eindigde bij een beek. Hij zei mij dat het de Rhône was, die hij naar Frankrijk liet stromen. Hij liet mij het mooie uitzicht op Genève bewonderen, en ook La Dente Blanche,[5] de hoogste berg van de Alpen.

Hij bracht ons gesprek op Italiaanse literatuur, en begon onzinnige theorieën te verkondigen. Hij deed dit op intelligente, zeer erudiete wijze, maar eindigde altijd met een verkeerd oordeel. Ik sprak hem niet tegen. Hij sprak over Homerus, Dante en Petrarca, en iedereen weet hoe hij dacht over deze grote genieën. Het enige wat ik tegen hem zei was dat deze schrijvers niet de hoge plaats zouden hebben gekregen die zij innamen als zij niet de waardering hadden verworven van al degenen die hen bestudeerden.

De hertog de Villars en de vermaarde arts Tronchin voegden zich bij ons. Tronchin was groot, goedgebouwd, had een knap gezicht, was beleefd, sprak weinig, maar formuleerde uitstekend, was intelligent en geestig, een geleerd natuurkundige, en de favoriete leerling van Boerhaave. Het jargon en de kwakzalverige instelling van vakgenoten op de universiteit waren hem vreemd. Ik mocht hem zeer. Zijn behandelingswijze bestond alleen uit dieet houden, maar om dit als remedie voor te schrij-

4 Tronchin: Theodore Tronchin (1709-1781), een vermaarde Zwitserse arts, familie van de door Casanova genoemde bankier Tronchin.
5 La Dente Blanche: 'De Witte Tand', de Mont Blanc.

ven, diende hij een groot wijsgeer te zijn. Hij was degene die een teringlijder van een geslachtsziekte genas door middel van kwik dat hij hem toediende in de melk van een ezelin, die hij dertig keer had laten masseren door de sterke armen van drie of vier kruiers. Ik vermeld dit omdat men mij dit heeft verteld, maar het kost mij moeite het te geloven.

De persoon van de hertog de Villars nam al mijn aandacht in beslag. Toen ik zijn houding, voorkomen en gezicht opnam, had ik de indruk dat ik een magere, uitgeteerde, zwakke, zeventigjarige als man verklede vrouw zag, die in haar jonge jaren misschien mooi was geweest. Zijn rood dooraderde wangen waren met rouge bedekt, zijn lippen met karmijn, en zijn wenkbrauwen waren zwart geverfd. Hij had zowel valse tanden als vals haar, dat met veel amberpommade aan zijn hoofd was geplakt, en droeg in zijn bovenste knoopsgat een grote ruiker die tot zijn kin reikte. Hij legde zich erop toe sierlijke bewegingen te maken, en sprak met zachte stem, waardoor men niet goed verstond wat hij zei. Hij was verder zeer beleefd, minzaam, en welgemanierd, geheel in de stijl van de Régence.[1] Men vertelde mij dat hij in zijn jeugd van vrouwen had gehouden, maar dat hij op zijn oude dag had besloten de bescheiden rol van vrouw te vervullen bij drie of vier mooie jongens die bij hem in dienst waren en om beurten de eer hadden met hem te slapen. De hertog was gouverneur van de Provence. Zijn hele rug was door koudvuur aangetast, en hij zou volgens de wetten van de natuur al tien jaar dood moeten zijn. Tronchin hield hem echter in leven door een dieet. Hij voedde de wonden die zonder voeding zouden zijn afgestorven, en de hertog in de dood zouden hebben meegesleept.[2] Dit is nu wat men noemt met kunstgrepen in leven houden.

1 De stijl van de Régence: tijdens het Regentschap (1715-1723) werd aan het hof een minder strenge etiquette ingevoerd.
2 Hij voedde ... meegesleept: sic!

Ik ging met Voltaire naar zijn slaapkamer, waar hij van pruik wisselde en een andere muts opzette die hij over de pruik droeg om te voorkomen dat hij kou vatte. Ik zag op een tafel de *Summa*[1] van de Heilige Thomas liggen en de werken van een aantal Italiaanse dichters, waaronder de *Secchia rapita* van Tassoni.[2]

'Dit is het enige tragi-komische gedicht dat Italië bezit,' zei hij, 'Tassoni was een monnik, intelligent, ontwikkeld en als schrijver een geniaal geleerde.'[3]

'Het overige wil ik niet betwisten, maar wel zijn geleerdheid. In zijn geschrift waarin hij het systeem van Copernicus belachelijk maakt, zegt hij dat men volgens diens opvattingen niet de maandstonden en de zons- en maansverduisteringen kon verklaren.'

'Waar heeft hij die domheid beweerd?'

'In zijn *Discorsi academici*.'[4]

'Die heb ik niet, maar ik zal zorgen dat ik ze krijg.'

Hij schreef daarop de titel op.

'Maar Tassoni leverde op zeer juiste wijze kritiek op uw Petrarca,' vervolgde hij.

---

1 De Summa: de *Summa theologiae* van Thomas van Aquino (1226-1274).

2 De *Secchia rapita* van Tassoni: Alessandro Tassoni (1565-1635) was een Italiaans dichter die vooral bekendheid genoot vanwege zijn komisch heldendicht *La Secchia rapita* ('De gestolen emmer').

3 Als schrijver een geniaal geleerde: er staat 'savant génie en qualité de poète', wat letterlijk betekent 'geleerd genie in zijn hoedanigheid van dichter'. Uit de discussies van Tassoni's wetenschappelijke verhandelingen blijkt dat Casanova poète hier gebruikt in de zin van het Duitse 'Dichter', dat zowel 'dichter' als 'schrijver' betekent.

4 Discorsi academici: Casanova bedoelt ongetwijfeld Tassoni's *Dieci libri di pensieri diversi,* waarin Tassoni het Copernicaanse stelsel aanvalt.

'Daarmee werpt hij een smet op zijn naam en de literatuur, net als Muratori.'[1]

'Hier is hij. U moet toegeven dat hij over een immense ontwikkeling beschikt.'

Est ubi peccat.' ('Daarin schuilen de fouten die hij maakt.')

Hij opende een deur en ik zag een archief waarin bijna honderd dikke pakken waren opgeslagen.

'Dit is mijn correspondentie,' zei hij. 'U ziet hier bijna vijftigduizend brieven, waarop ik een antwoord heb geschreven.'

'Hebt u een afschrift van uw antwoorden?'

'Van de meeste wel. Dat is de taak van een knecht die ik speciaal voor dit doel in dienst heb genomen.'

'Ik ken uitgevers[2] die er heel wat geld voor over zouden hebben om deze schat in hun bezit te krijgen.'

'Hoedt u voor uitgevers wanneer u iets gaat publiceren, voor zover u daar nog niet mee bent begonnen.'

'Ik begin daarmee als ik oud ben.'

Ik citeerde daarop een macaronische regel van Merlin Cocai.[3]

'Wat is dat?'

'Het is een regel uit een beroemd gedicht[4] van vierentwintig canto's.'

'Beroemd?'

---

1 Muratori: Lodovico Antonio Muratori (1672-1750), een Italiaans historicus en literair criticus. Hij viel eveneens Petrarca en diens navolgers aan.

2 Uitgevers: er staat 'imprimeurs', 'drukkers'. In de achttiende eeuw ging het drukken, uitgeven en verhandelen van boeken vaak samen.

3 Merlin Cocai: pseudoniem van Teofilo Folengo (1496?-1544) uit Mantua.

4 Een beroemd gedicht: *Il Baldus,* een komisch epos in macaronisch Latijn, uit 1517.

'Sterker nog: waard beroemd te zijn. Om het te waarderen dient men het dialect van Mantua te kennen.'

'Ik zal het begrijpen. Wilt u het mij doen toekomen?'

'Ik zal u er morgen een ten geschenke geven.'

'Erg vriendelijk van u.'

Men kwam ons daar ophalen. Wij brachten daarop twee uur converserend met het gezelschap door. De grote, briljante schrijver vermaakte tijdens deze gesprekken het hele gezelschap. Hij verwierf steeds bijval, ondanks zijn hekelende toon en vaak bijtende spot. Hij lachte echter steeds, en de lachers lieten hem nooit in de steek. Hij voerde een vorstelijke staat, en zijn huis was het enige waar men uitgelezen maaltijden kreeg. Hij was toen zesenzestig jaar en had een inkomen van honderdtwintigduizend livre jaarlijks. De mensen die zeggen dat hij rijk werd door uitgevers te bedriegen, vergissen zich. Uitgevers hebben hem juist erg opgelicht, uitgezonderd de Cramers,[1] die hij tot welstand bracht. Hij schonk hun al zijn werken, wat tot gevolg had dat zij zo wijdverbreid werden. In de tijd dat ik daar was schonk hij hun *La Princesse de Babylone,* een innemende vertelling die hij in drie dagen schreef.

Mijn epicuristische syndic kwam bij mij langs in A la Balance zoals hij had beloofd. Hij nam mij mee naar een huis aan de rechterkant van de volgende straat, die heuvelopwaarts liep. Hij stelde mij voor aan drie jongedames, onder wie twee zusters, die voor de liefde geschapen waren hoewel men hen geen schoonheden kon noemen. Een ongedwongen, vriendelijke ontvangst, intelligente gezichten, en een vrolijke toon die gemeend

---

1 De Cramers: de gebroeders Gabriel Cramer (1723-1793) en Philibert Cramer (1727-1779), drukkers en uitgevers in Genève. Zij gaven van 1756 tot 1775 bijna alle werken van Voltaire uit. Voltaire stond hun al zijn auteursrechten af in ruil voor een onbeperkt aantal presentexemplaren.

bleek. Het halfuur voor het souper brachten wij met decente, maar ongedwongen gesprekken door. Tijdens het souper voorzag ik echter door de toon die de syndic mij aangaf, wat er na het souper zou gebeuren.

Aangezien het erg warm was en wij er zeker van waren dat niemand ons zou komen storen, kleedden wij ons uit tot wij ons bijna in natuurlijke staat bevonden. Het zou misplaatst zijn geweest als ik niet het voorbeeld van de vier anderen had gevolgd. Wat een orgie! Onze vrolijkheid steeg tot zulke hoogten dat ik, nadat ik Grécourts[1] *Y grec* had voorgedragen, mij tot taak stelde om beurten de drie meisjes aan te tonen waarom het decreet *Gaudeant bene nati* (Laat degenen die goedgeschapen op de wereld zijn gekomen, vreugdevol leven) was uitgevaardigd. Ik zag dat de syndic trots was op het geschenk dat hij in de vorm van mijn persoon aan de drie meisjes had gegeven. Naar wat ik zag, moesten dezen zeer karig door de syndic zijn onthaald, wiens zondige verlangens alleen in zijn hoofd leefden. Genegenheid bracht hen er één uur na middernacht toe mij een ejaculatie te bezorgen die ik echt nodig had. Ik kuste herhaaldelijk de zes mooie handen die zich verlaagden tot deze taak, die voor elke voor de liefde geschapen vrouw altijd vernederend is. Dit kon echter niet het geval zijn in de klucht die wij hadden opgevoerd. Nadat ik zo voorkomend was geweest hen te ontzien, had ik hun namelijk met hulp van de wellustige syndic dezelfde dienst bewezen. Zij bedankten mij langdurig, en ik zag dat zij verheugd waren toen de syndic mij voor de volgende dag uitnodigde.

Ik was echter degene die hem oneindig bedankte toen hij mij terugbracht naar mijn hotel. Hij vertelde mij dat hij als enige verantwoordelijk was geweest voor de opvoeding die de drie

---

1 Grécourt: Jean Baptiste Joseph Villaret de Grécourt (1683-1743), een kanunnik in Tours. Zijn *l'Y grec* was een scabreus gedicht.

meisjes hadden gekregen, en ik de eerste man was aan wie hij hen had voorgesteld. Hij verzocht mij of ik wilde doorgaan mij ervoor te hoeden hen zwanger te maken, aangezien dit een ramp voor hen zou betekenen in een stad als Genève, waar men zo scrupuleus en streng oordeelt over een dergelijk feit.

De volgende dag schreef ik mijnheer de Voltaire een brief in blanke verzen, die mij meer moeite kostte dan wanneer ik ze had laten rijmen. Ik stuurde hem deze toe met het gedicht van Teofilo Folengo. Ik maakte daarmee een grote fout, want ik had kunnen weten dat hij hem niet zou waarderen. Ik ging daarna naar het hotel van mijnheer Fox, waar de twee Engelsen langskwamen die mij mijn revanche aanboden. Ik verloor honderd louis. Na de middagmaaltijd vertrokken zij naar Lausanne.

Aangezien de syndic mij zelf had verteld dat de drie meisjes niet rijk waren, ging ik naar een juwelier om zes *doblones de a ocho*[1] te laten smelten, en gaf hem opdracht direct drie kogeltjes te maken van elk twee aasjes.[2] Ik wist op welke wijze ik deze aan hen zou kunnen geven zonder hen te vernederen.

Ik ging tijdens het middaguur naar het huis van mijnheer de Voltaire, die geen bezoek wilde ontvangen.[3] Mevrouw Denis stelde mij echter schadeloos. Zij was intelligent, had veel smaak, en was belezen zonder daarop prat te gaan. Zij vroeg mij hoe het met mijn mooie huishoudster ging, en was erg blij te horen dat de majordomus van de ambassadeur met haar was getrouwd. Zij vroeg mij haar te vertellen hoe ik uit de Piombi was ontsnapt, en ik beloofde een andere keer aan haar verzoek te zullen voldoen.

Mijnheer de Voltaire kwam niet aan tafel. Hij verscheen pas

1 Doblone de a ocho: een gouden Spaanse munt.
2 Aasjes: een aasje was ongeveer dertig gram.
3 Die geen bezoek wilde ontvangen: er staat 'visible', letterlijk 'zichtbaar', 'te spreken'.

omstreeks vijf uur, en had een brief in zijn hand.

'Kent u,' vroeg hij, 'markies Albergati Capacelli,[1] een senator van Bologna, en graaf Paradisi?'[2]

'Paradisi ken ik niet, maar ik ken mijnheer Albergati van gezicht en naam. Hij is geen senator, maar een "veertiger",[3] en afkomstig uit Bologna, waar de veertig vijftig zijn.'

'Goeie genade, wat een raadsel!'

'Kent u hem?'

'Nee, maar hij stuurt mij het toneelwerk van Goldoni,[4] Bolognese worsten, en de vertaling van mijn *Tancrède*,[5] en hij komt mij opzoeken.'

'Hij komt niet, zo dom is hij niet.'

'Hoezo dom? Feit is wel dat mij een bezoek brengen niet erg wijs is.'

'Ik doel op Albergati. Hij weet dat het niet in zijn belang zou zijn, want hij geniet van het beeld dat u misschien van hem hebt. Hij is er zeker van dat u zult opmerken hoe onbetekenend hij is als hij bij u op bezoek komt, en dan kan hij zijn illusie wel gedag zeggen. Overigens is hij een keurige edelman met een inkomen van zesduizend zecchinen per jaar, en een obsessie voor toneel.[6] Hij is een goed acteur, en schrijver van komische toneelstukken in proza, die niemand komisch vindt.'

1 Albergati Capacelli: markies Francesco Albergati Capacelli (1728-1804), een Bolognese senator en schrijver van komedies.

2 Paradisi: graaf Agostini Paradisi (1736-1783), een Italiaans geleerde en literator.

3 "Veertiger": de senaat van Bologna werd Quaranta ('veertig') genoemd, hoewel hij vijftig leden telde. Ook de leden werden 'veertig' genoemd.

4 Goldoni: Carlo Goldoni (1707-1793), een bekend Italiaans schrijver van komedies, een vriend van Albergati.

5 *Tancrède*: een tragedie van Voltaire, voor het eerst opgevoerd in 1759 bij Voltaire thuis, en daarna door de Comédie-Française in 1760.

'U schildert hem mooi af. Maar hoe kan hij zowel "veertiger" als "vijftiger" zijn?'

'Op de wijze waarop in Bazel twaalf uur in de middag elf uur is.'[7]

'Ik begrijp het. Zoals uw Consiglio de' Dieci ('Raad van Tien') zeventien leden telt.'

'Ja. Maar de vervloekte "veertigers" van Bologna vormen een speciaal geval.'

'Hoezo: "vervloekt"?'

'Omdat zij immuniteit genieten voor de fiscus. Dit stelt hen in staat alle misdrijven te begaan die zij willen. Vervolgens gaan zij buiten de staat wonen en leven daar nog steeds van hun inkomen.'

'Dat lijkt mij meer een zegen dan een vloek. Maar laten we doorgaan. Markies Albergati houdt zich ongetwijfeld bezig met schrijven.'

'Hij schrijft goed, want hij beschikt over taalvaardigheid, maar hij verveelt de lezer door zijn zelfingenomenheid en wijdlopigheid.'

'Hij is acteur, vertelde hij mij.'

'Hij is een uitstekend acteur als hij iets van zichzelf speelt, vooral minnaarsrollen.'

'Is hij knap om te zien?'

'Op het toneel wel, maar niet in het dagelijks leven. Hij heeft een onbetekenend gezicht.'

'Maar bevallen zijn stukken het publiek?'

'In het geheel niet. Ze zouden worden uitgefloten als de mensen ze begrepen.'

---

6 Obsessie voor toneel: er staat 'théâtromanie'; Albergati had een privéschouwburg laten bouwen bij zijn landhuis.

7 'Op de wijze... elf uur is': tot 1791 liepen de klokken in Bazel een vol uur voor. De verschillende verklaringen voor dit feit zijn niet betrouwbaar.

'En wat is uw oordeel over Goldoni?'

'Hij is onze Molière.'

'Waarom noemt hij zich hofdichter van de hertog van Parma?'[1]

'Om zichzelf een titel te geven, de hertog weet hier echter niets van. Hij noemt zich ook advocaat, maar hij is dit alleen in theorie.[2] Hij is een goed blijspelschrijver, dat is alles. Ik ben zijn vriend, en iedereen in Venetië weet dit. In gezelschap blinkt hij niet uit, hij is flauw en zoet als Engelse drop.'

'Iemand heeft mij dit geschreven. Hij is arm, en hij wil Venetië verlaten. Dat moet de exploitanten van de schouwburgen waar zijn stukken worden opgevoerd niet welkom zijn.'

'Er is sprake van geweest hem een vaste toelage te geven, maar men besloot daarvan af te zien. Men dacht dat hij niet meer zou werken als hij een toelage zou ontvangen.'

'Cuma heeft Homerus een toelage geweigerd omdat men bang was dat alle blinden er dan een zouden vragen.'

Wij brachten een zeer vrolijke dag door. Hij bedankte mij voor de *Macaronicon*[3] en beloofde het te lezen. Hij stelde mij voor aan een jezuïet die hij in dienst had, met de woorden dat diens naam weliswaar Adam was, maar dat hij niet de eerste

---

1 Hofdichter van de hertog van Parma: in 1756 werd Goldoni uitgenodigd door de Infante hertog van Parma toneelstukken te schrijven voor de hertogelijke schouwburg. Hij kreeg een toelage tot zijn dood en ontving de titel Hofdichter van de hertog van Parma.

2 Advocaat... in theorie: Goldoni had in Pavia, Udina en Modena Romeins recht gestudeerd. Hij werd in 1734 doctor utriusque juris (doctor 'in elk van beide rechten', namelijk wereldlijk en kerkelijk recht) en vestigde zich als advocaat in Venetië en Pisa waar hij zelfs een zekere faam genoot.

3 *Macaronicon:* andere titel van het gedicht *Il Baldus* van Teofilo Folengo.

man op aarde was. Men vertelde mij dat wanneer hij zichzelf vermaakte door triktrak[1] met hem te spelen, hij hem vaak de dobbelstenen en de beker in het gezicht gooide als hij verloor.

Toen ik 's avonds terugkwam in mijn hotel, ontving ik vrijwel meteen mijn drie gouden ballen, en zag kort daarna mijn waarde syndic verschijnen, die mij meenam naar zijn orgie.

Onderweg hield hij een betoog over het schaamtegevoel dat ons ervan weerhoudt de lichaamsdelen te tonen die men ons vanaf onze vroege jeugd geleerd heeft te bedekken. Hij zei dat dit schaamtegevoel vaak kon voortvloeien uit een bepaalde deugdzaamheid, maar dat deze ingetogenheid nog zwakker was dan de invloed van de opvoeding, aangezien zij niet bestand was tegen een aanval, als de aanvaller wist hoe hij te werk moest gaan. De gemakkelijkste manier was volgens hem te doen of zij niet bestond, te laten blijken dat men er geen enkel gewicht aan hechtte, en haar belachelijk te maken. Men moest haar overrompelen door het voorbeeld te geven en over de hindernissen van de schaamte heen te stappen, dan was de overwinning zeker. Door de vrijmoedigheid van de aanvaller werd in een oogwenk de schaamte van de aangevallene weggevaagd.

'Clemens van Alexandrië,'[2] zo zei hij, 'een geleerde en filosoof, zegt dat de ogenschijnlijk zo diep in een vrouw gewortelde kuisheid zich in feite tot hun hemd beperkte, aangezien men er geen spoor meer van bemerkte als men erin slaagde hen dit te laten uittrekken.'

Wij troffen de drie jongedames[3] zittend op een grote sofa aan, luchtig gekleed in fijnlinnen jurken, en wij gingen voor hen zitten op armlozestoelen. Het halfuur voor het souper werd

1 Triktrak: een soort backgammon.
2 Clemens van Alexandrië: Titus Flavius Clemens (2e-3e eeuw), een kerkvader. Hij weidt in het tweede en derde boek van zijn *Paidagogos* uit over kuisheid.

slechts in beslag genomen door amusante gesprekken als die van de avond ervoor, en door een massa kussen. Toen het souper voorbij was, begon het gevecht.[4]

Zodra wij er zeker van waren dat het dienstmeisje ons niet meer zou komen onderbreken, maakten wij het ons gemakkelijk. De syndic begon met uit zijn zak een pakje fijne Engelse overjassen[5] te halen, en roemde dit bewonderenswaardige voorbehoedsmiddel tegen een ongeluk dat reden zou kunnen geven tot gruwelijke wroeging. Zij kenden het, leken ermee ingenomen en lachten om de vorm die het opgeblazen werktuig voor hun ogen aannam. Ik zei hun toen dat hun eer mij beslist dierbaarder was dan hun schoonheid, maar dat ik er nooit toe zou kunnen besluiten mijn geluk bij hen te vinden door mijzelf in een stuk dode huid te hullen.

'Hier is iets,' zei ik, terwijl ik uit mijn zak de drie gouden ballen haalde, 'dat jullie zal behoeden voor mogelijke onplezierige gevolgen. Na vijftien jaar ervaring kan ik verzekeren dat jullie met deze kogeltjes nergens bang voor hoeven te zijn, en jullie in de toekomst die akelige foedralen niet meer nodig zullen hebben. Vereren jullie mij in deze zaak met jullie volle vertrouwen, en nemen jullie dit kleine geschenk aan van een Venetiaan die jullie aanbiddelijk vindt.'

'Wij zijn je hiervoor dankbaar,' zei de oudste van de zusters, 'maar hoe wordt dit mooie balletje gebruikt om de rampzalige dikke buik te voorkomen?'

'Het enige wat nodig is, is dat het balletje zich tijdens het ge-

---

3 Jongedames: Casanova schrijft nadrukkelijk 'demoiselles' en niet 'filles'. De meisjes in kwestie waren naar alle waarschijnlijkheid Pernette Elisabeth de Fernex, haar zuster Marie en hun nicht Jeanne Christine. Zij behoorden tot een verarmde adellijke familie.

4 Gevecht: er staat 'conflict', botsing.

5 Engelse overjassen: condooms.

vecht onder in het liefdeskamertje bevindt. Een antagonistische eigenschap van dit metaal zorgt ervoor dat er geen bevruchting plaatsvindt.'

'Maar het kan gemakkelijk gebeuren dat het balletje uit zijn plaats glijdt voordat aan de handeling een einde is gekomen.'

'Dat is uitgesloten, als men weet hoe men te werk moet gaan. Er is een houding die voorkomt dat het balletje door zijn eigen gewicht eruit valt.'

'Laat ons dat dan eens zien,' zei de syndic, terwijl hij een kaars pakte om mij bij te lichten als ik het balletje zou inbrengen.

De bekoorlijke nicht had te veel gezegd om terug te durven krabbelen en het bewijs te weigeren dat haar nichten verlangden. Ik plaatste haar zodanig op de voet van het bed dat het balletje, dat ik bij haar inbracht, niet uit haar kon vallen. Het viel echter wel uit haar na de daad, en zij bemerkte dat ik haar had ontzien,[1] maar deed alsof zij zich er niet van bewust was. Zij pakte het balletje op, en daagde de twee zusters uit haar voorbeeld te volgen. Zij ondergingen het evenement geïnteresseerd.

Aangezien de syndic geen enkel vertrouwen had in de werking van het balletje, wilde hij zich er niet op verlaten. Hij beperkte zijn genoegen tot toezien, en hij had geen reden zich te beklagen. Na een pauze van een halfuur hernieuwde ik het feest zonder de balletjes, hun verzekerend dat zij geen enkel risico liepen, en ik hield mijn woord.

Toen ik wegging, zag ik dat de drie meisjes diep geroerd waren. Zij vonden dat zij mij veel verschuldigd waren, maar mij niets hadden gegeven. Terwijl zij de syndic met liefkozingen overlaadden, vroegen zij hem hoe hij had geweten dat ik degene was die het verdiende bij hun grote geheim te worden betrokken.

1   Dat ik haar had ontzien: d.w.z. geen ejaculatie had gekregen.

Bij ons vertrek spoorde de syndic de drie meisjes aan mij te vragen nog een dag langer in Genève te blijven, en ik stemde daarin toe. Hij was de volgende dag bezet. Ik had trouwens echt behoefte aan een dag rust. Hij vergezelde mij naar mijn hotel, en zei daarbij de aardigste dingen tegen mij.

Na een diepe slaap van tien uur voelde ik mij in staat van het innemende gezelschap van mijnheer de Voltaire te gaan genieten. Het beliefde de grote man echter die dag in een spotzieke, satirische en sarcastische bui te zijn. Hij wist dat ik de volgende dag zou vertrekken.

Hij begon aan tafel door tegen mij te zeggen dat hij mij bedankte voor het geschenk van Merlin Cocai, dat ik hem ongetwijfeld met goede bedoelingen had gegeven, maar dat hij mij niet dankbaar was voor de lofrede die ik op het gedicht had gehouden, aangezien ik er de oorzaak van was dat hij vier uur had verloren met het lezen van onzin. Mijn haren gingen overeind staan, maar ik bedwong mij. Ik antwoordde hem tamelijk bedaard dat hij het een andere keer misschien waardig zou achten er een lofzang op te houden die nog mooier was dan de mijne. Ik noemde een aantal voorbeelden van de ontoereikendheid van een eerste lezing.

'Dat is zo, maar wat uw Merlin betreft, die laat ik aan u over. Ik heb hem naast *La Pucelle*[1] van Chapelain gezet.'

'– dat ondanks de versbouw door alle kenners wordt gewaardeerd. Het is een goed gedicht, en Chapelain was een dichter. Zijn buitengewoon talent is mij niet ontgaan.'

Deze uitspraak van mij moest hem ergeren, en ik had dit kunnen weten nadat hij mij had gezegd dat hij de *Macaronicon* die ik hem had gegeven naast *La Pucelle* zou zetten. Ik wist ook dat een wijdverbreid schunnig gedicht met die titel aan hem

1 *La Pucelle:* een episch gedicht van Jean Chapelain (1595-1674) over Jeanne d'Arc.

werd toegeschreven. Aangezien hij dit echter loochende,[1] dacht ik dat hij niet zou laten merken hoe onaangenaam hij getroffen moest zijn door mijn eerlijkheid – maar niets daarvan. Hij sprak mij op scherpe toon tegen, en ik werd eveneens scherp. Ik zei hem dat Chapelain de verdienste had bezeten zijn onderwerp op aangename wijze te behandelen zonder met smerigheid en goddeloosheid naar de gunst van de lezer te dingen.

'Dat is de mening van mijn leermeester mijnheer de Crébillon,[2] zei ik.

'U haalt daar een zeer oordeelkundig man aan. Maar mag ik van u weten waarin mijn confrater Crébillon uw leermeester is?'

'Hij heeft mij in nog geen twee jaar geleerd Frans te spreken. Om hem mijn dankbaarheid te tonen heb ik zijn *Rhadamiste*[3] in Italiaanse alexandrijnen vertaald. Ik ben de eerste Italiaan die het heeft aangedurfd deze versmaat in onze taal te gebruiken.'

'Neemt u mij niet kwalijk dat ik u tegenspreek, maar de eerste was mijn vriend Pier Jacopo Martelli.'[4]

'Neemt u mij niet kwalijk dat ik *u* tegenspreek.'

'Wel allemachtig. Ik heb zijn in Bologna uitgegeven werken op mijn kamer staan.'

1 Loochende: Voltaire voltooide zijn kluchtige episch gedicht over Jeanne d' Arc in 1739, maar durfde dit toen niet te publiceren. Hoewel handgeschreven kopieën van het originele manuscript in Parijs en Genève de ronde deden, ontkende Voltaire dat hij het had geschreven. De eerste ongeautoriseerde uitgaven begonnen vanaf 1755 in Frankfurt, Genève, Londen en Parijs te verschijnen. De eerste geautoriseerde uitgave werd gepubliceerd door Cramer in Genève in 1762. Het werk werd veroordeeld tot openbare verbranding in 1757 in Parijs.

2 Crébillon: zie blz. 28 -32.

3 *Rhadamiste: Rhadamiste et Zénobie,* een treurspel van Crébillon.

4 Pier Jacopo Martelli: Martelli (1665-1727), Italiaans dichter die als eerste een equivalent van de Franse alexandrijnen in het Italiaans introduceerde.

'U kunt alleen regels van veertien lettergrepen[1] hebben gelezen zonder afwisselend mannelijk en vrouwelijk rijm. Hij heeft echter gedacht dat hij de alexandrijnvorm navolgde, en ik heb mij vrolijk gemaakt om zijn voorwoord. U hebt dit misschien niet gelezen.'

'Mijnheer, ik ben dol op het lezen van voorwoorden! Martelli bewijst dat in Italiaanse oren zijn dichtregels hetzelfde klinken als alexandrijnen in het Frans.'

'Dat is een grote vergissing van hem, en ik zou graag willen dat u in deze zaak vonnis wijst. Uw mannelijke dichtregel telt maar twaalf lettergrepen, en de vrouwelijke dertien. Alle regels van Martelli bevatten er veertien, met uitzondering van degene die eindigen op een lange lettergreep, die aan het eind van een regel altijd voor twee telt. U zult merken dat de eerste hemistiche van Martelli altijd maar dan ook altijd zeven lettergrepen bevat, terwijl een Franse alexandrijn er altijd en immer zes telt. Uw vriend Pier Jacopo was doof, of één van zijn oren werkte niet goed.'

'U volgt dus al onze regels in uw schema?'

'Alle, hoe moeilijk dit ook is. Bijna al onze woorden eindigen op een korte lettergreep.'

'En hoe heeft men gereageerd op uw nieuwe versmaat?'

'Zij viel niet in de smaak, omdat niemand in staat was mijn verzen voor te dragen, maar als ik ze zelf in onze literaire kringen ten gehore bracht, oogstte ik succes.'

'Herinnert u zich nog een passage uit uw *Rhadamiste*?'

'Zoveel als u wilt.'

Ik droeg daarop dezelfde scène voor die ik tien jaar eerder in

1 Regels van veertien lettergrepen: de Franse alexandrijn heeft twaalf lettergrepen. Martelli's equivalent bevat volgens de Italiaanse metrische berekening veertien lettergrepen, het zogenaamde *verso martelliano*.

blanke verzen aan Crébillon had voorgedragen, en hij leek onder de indruk te zijn. Hij zei dat men niet merkte dat ze zoveel moeite hadden gekost, en dit was het grootste compliment dat hij mij kon maken. Hij droeg mij op zijn beurt een passage uit zijn *Tancrède* voor, dat hij toen, geloof ik, nog niet had gepubliceerd, en dat men later terecht voor een meesterwerk hield.

Wij zouden in een goede verstandhouding zijn gescheiden, als een dichtregel van Horatius die ik citeerde om een van zijn opvattingen te loven hem er niet toe had gebracht te zeggen dat Horatius een groot leermeester op het gebied van de dramatische handeling was door zijn voorschriften die altijd geldig zouden blijven.

'U schendt er maar een van,' zei ik, 'maar u doet dit als groot man.'

'Welke?'

'U schrijft niet *contentus paucis lectoribus*[1] (genoegen nemend met weinig lezers).'

'Als Horatius het bijgeloof had moeten bestrijden, zou hij net als ik voor de hele wereld hebben geschreven.'

'U kunt zich de moeite besparen dit te bestrijden, lijkt mij, want u zult er nooit in slagen het uit te roeien, en zelfs al zou u daarin slagen, dan zou ik graag van u willen horen waardoor u het zou vervangen.'

'Dat is me wat moois! Als men het mensdom bevrijdt van een wild dier dat het verscheurt, kan iemand mij dan vragen wat ik daarvoor in de plaats wil stellen?'

'Het verslindt het mensdom niet, maar is juist noodzakelijk voor het voortbestaan ervan.'

'Omdat ik van het mensdom houd, zou ik het graag gelukkig zien, vrij zoals ik, en geloof[2] en vrijheid zijn onverenigbaar. Hoe komt u erbij dat dienstbaarheid een volk gelukkig kan maken?'

1 Contentus paucis lectoribus: Horatius, *Sermones* 1, 10, 74.

'Wilt u dan dat het volk de oppermacht krijgt?'

'God behoede mij daarvoor! Er moet er maar één zijn die regeert.'

'Dan is het geloof een vereiste, want zonder godsdienst zal het volk nooit de monarch gehoorzamen.'

'Een monarch wil ik in het geheel niet, want bij dat woord denk ik aan despotisme, dat ik evenzeer dien te verafschuwen als dienstbaarheid.'

'Wat wilt u dan? Als u verlangt dat er maar één man regeert, kan ik hem alleen maar als een monarch zien.'

'Ik wil dat hij over een vrij volk regeert. Als dat het geval is, is hij de leider ervan, en kan men hem geen monarch noemen, want hij zal nooit zijn eigen wil kunnen opleggen.'

'Addison[3] zegt dat een dergelijke monarch, een dergelijke leider, niet tot de reële mogelijkheden behoort. Ik ben Hobbes'[4] mening toegedaan. Van twee kwade zaken, moet men de minst erge kiezen. Een volk zonder godsdienst, zou filosofisch gaan denken, en filosofen zijn nooit gehoorzame naturen. Het volk kan pas gelukkig zijn als het wordt gesmoord en geplet, en aan de ketting wordt gehouden.'

'Als u mij had gelezen, zou u de bewijzen hebben gevonden, waarop ik mijn stelling baseer dat godsdienst de vijand van koningen is.'

'Of ik u heb gelezen! Gelezen en herlezen, en vooral op de

2 Geloof: Casanova gebruikt steeds het woord 'superstition': 'bijgeloof'. Uit wat hij elders over Voltaire schrijft, blijkt dat *superstition* in deze passages moet worden opgevat als 'geloof', 'godsdienst'.

3 Addison: Joseph Addison (1672-1719), een Engelse essayist en dichter. Hij verdedigde onder meer in zijn tragedie *Cato* vrijzinnige politieke ideeën.

4 Hobbes: Thomas Hobbes (1588-1679), een Engelse filosoof. Hij verdedigde in zijn essay *Leviathan* de absolute monarchie.

ogenblikken waarop ik uw mening niet deel. Uw overheersende hartstocht is liefde voor de mensheid. *Est ubi peccas* ('en daarin schuilt uw fout'). De liefde verblindt u. Er is niets tegen uw liefde voor de mensheid, maar u kunt haar alleen liefhebben zoals zij is. Zij staat niet open voor het goeds waarmee u haar wilt bedenken, en door uw weldaden zult u haar ongelukkiger en slechter maken. Laat u haar maar voortleven met het dier dat haar verscheurt, zij is aan dit monster gehecht. Ik heb nog nooit zo gelachen als toen ik las hoe Don Qijote in grote verlegenheid geraakte toen hij zich moest verdedigen tegen de galeiboeven die hij in zijn grootmoedigheid net had vrijgelaten.'

'Bent u in Venetië vrij?'

'Zo vrij als mogelijk is onder een aristocratisch bewind. Onze vrijheid is niet zo groot als die men in Engeland geniet, maar wij zijn tevreden. Om een voorbeeld te geven: mijn gevangenneming was een regelrechte daad van despotisme. Omdat ik echter wist dat ik zelf misbruik had gemaakt van die vrijheid, waren er ogenblikken dat ik vond dat zij mij terecht zonder de gebruikelijke formaliteiten hadden laten opsluiten.'

'Als men zo te werk gaat, is niemand vrij in Venetië.'

'Dat is mogelijk, maar u moet toegeven dat het om vrij te zijn volstaat dat men denkt dat men het is.'

'Dat geef ik niet zo gemakkelijk toe. Zelfs de aristocraten die deel uitmaken van de regering zijn niet vrij – zij kunnen bijvoorbeeld niet zonder toestemming reizen.'

'Dat is een wettelijk verbod dat zij zich welbewust hebben opgelegd om hun macht te behouden. Zou u zeggen dat een inwoner van Bern niet vrij is omdat hij gebonden is aan weeldewetten. Hijzelf is verantwoordelijk voor die wetgeving.'

Om van onderwerp te veranderen, vroeg hij mij vanwaar ik naar Genève was gereisd.

'Ik kom uit Roche. Ik zou het erg vervelend hebben gevonden als ik Zwitserland zou hebben verlaten zonder de befaamde

Haller te ontmoeten. Ik breng mijn geleerde tijdgenoten hulde, en heb u als delicatesse voor het laatst bewaard.'

'U vond mijnheer von Haller ongetwijfeld innemend.'

'Ik heb drie voortreffelijke dagen bij hem doorgebracht.'

'U kunt uzelf gelukkig prijzen. Men dient voor deze grote man te knielen.'

'Dat vond ik ook. U doet hem recht, en ik betreur het voor hem dat hij niet zo rechtvaardig is ten opzichte van u.'

'Ach toch! Het is zeer goed mogelijk dat wij ons allebei vergissen.'

Na dit antwoord, waarvan de verdienste uitsluitend school in de snelheid waarmee het werd gegeven, applaudisseerden alle aanwezigen.

Er werd niet meer over letterkunde gesproken, en ik deed er het zwijgen toe. Toen mijnheer de Voltaire zich had teruggetrokken, liep ik echter naar mevrouw Denis toe om haar te vragen of ik misschien iets voor haar kon doen in Rome.

Bij mijn vertrek was ik tamelijk ingenomen met het feit dat ik op deze laatste dag de gladiator tot rede had gebracht. Er bleef echter een wrokgevoel bij mij achter dat mij ertoe dreef tien jaar achtereen aanmerkingen te maken op alles wat ik las, wat deze man aan het publiek schonk en had geschonken, nieuw en oud. Ik betreur dit in weerwil van het feit dat ik, als ik lees wat ik tegen hem heb gepubliceerd,[1] vind dat mijn kritiek redelijk was. Ik had moeten zwijgen, hem moeten ontzien, en aan mijn oordeel moeten twijfelen. Ik had moeten bedenken dat ik hem in alle opzichten subliem zou hebben gevonden zonder de sarcastische opmerkingen die mij onaangenaam troffen op de derde dag. Alleen die overweging had mij al het zwijgen dienen op te leggen, maar iemand die boos is, denkt altijd

1   Wat ik tegen hem heb gepubliceerd: in het bijzonder Casanova's *Scrutinio del libro eloges de M. de Voltaire* (Venetië 1779).

dat hij gelijk heeft. Als het nageslacht mij leest, zal het mij misschien rangschikken onder de Zoïlussen,[1] en mijn zeer nederige herroeping van nu zal misschien niet worden gelezen.

Ik bracht een deel van de nacht en de volgende dag door met het opschrijven van mijn drie gesprekken met hem. Ik heb die hier in bekorte vorm gekopieerd. Tegen de avond kwam de syndic mij ophalen, en wij gingen souperen bij zijn drie jongedames.

---

1 Zoïlus: een Grieks retor uit Amphipolis (285-247 voor Christus) die vermaard was om zijn boosaardige kritiek op Homerus, daarom werd hij wel Homeromastix (gesel van Homerus) genoemd.